CHARLES MAURRAS

KIEL ET TANGER

1895-1905

LA RÉPUBLIQUE FRANÇAISE
DEVANT L'EUROPE

> Ne sois donc pas de mau-
> vaise foi : tu sais bien que
> nous n'en avons pas, de
> politique extérieure, et que
> nous ne pouvons pas en
> avoir.
>
> Anatole FRANCE, 1897.

PARIS

NOUVELLE LIBRAIRIE NATIONALE

85, RUE DE RENNES (VIe)

—

1910

A
FRÉDÉRIC AMOURETTI
PATRIOTE FRANÇAIS
FÉDÉRALISTE DE PROVENCE
ROYALISTE DE RAISON ET DE TRADITION
1863-1903

A L'AMI DISPARU
QUI M'INITIAIT A LA POLITIQUE ÉTRANGÈRE
A
SON ESPRIT
A
SA MÉMOIRE

AU LIVRE QU'IL AURAIT ÉCRIT
A L'ACTION QU'IL AURAIT CONDUITE
SI
LE DESTIN DE L'HOMME
ET
LA COURSE DES CHOSES
NE S'ÉTAIENT PAS CONTRARIÉS

INTRODUCTION

Les incidents européens de 1905 qui ont
déterminé la démission de M. Delcassé et la
crise qui dure encore ont fourni le sujet de
commentaires infinis. Mais personne n'en
tire le véritable enseignement. On évite d'en
établir les causes historiques. On ne désigne
pas les hommes, les partis et les institutions
qui en sont responsables chez nous. C'est
pourquoi, jusqu'ici, tous les discours tenus
sur ce sujet n'ont servi de rien au pays.

Ceux qui préfèrent se décharger sur les
caprices du hasard ou sur les pièges du destin
se contentent de soupirer : — *C'est Moukden!* Ils entendent par là tout ramener à
ce seul fait, d'ailleurs certain, que la défaite
russe en Asie, dégageant l'Allemagne sur
la Vistule, nous affaiblissait sur le Rhin.
M. Rouvier avait des larmes dans la voix
quand il produisait cette excuse devant la
Chambre : il était président du Conseil
depuis quelques mois et ministre depuis qua-

tre ans; ce n'était pas sa faute, c'était la
faute de Moukden.

Des esprits passionnés, et toujours prêts
à mettre en cause les personnes, se sont bien
rendu compte qu'il ne fallait pas s'exagérer
l'excuse de Moukden; mais, en la rejetant,
ils ont couvert d'injures M. Delcassé et sont
tombés à bras raccourcis sur M. Combes,
M. Jaurès, ou M. Hervé, qui, du reste, ne
se sont jamais mieux portés que depuis ce
déluge de violences irréfléchies.

Les plus philosophes sont allés jusqu'à
incriminer la politique radicale ou socialiste,
internationaliste ou pacifiste. *C'est la faute de
la gauche*, crie la droite à satiété. Et le centre : — *C'est la faute à la gauche extrême!*

Ces dernières explications, les seules qui
tiennent, ne manquent pas de force apparente. Un ministère de vieux républicains,
ceux qu'on appelle les républicains de gauche, et de la plus pure tradition gambettiste,
se trouvait en fonctions lorsque la crise a
éclaté. Mais, quelles que soient les erreurs
propres de ce groupe, et que l'on voit trop
bien, la faute principale est infiniment plus
ancienne.

Cette faute, non morale mais politique et
beaucoup moins personnelle que collective,

c'est la droite républicaine qui l'a commise, il
y eut tout juste dix ans en 1905, à l'époque
où la gauche en supporta le plus rude effet.
C'est par cette droite républicaine, et par elle
seule, que nous avons été égarés dès 1895 dans
la direction des impasses ou des abîmes La
cruelle aventure de Tanger demeure un phénomène incompréhensible dès que l'on oublie
notre histoire intérieure aux temps de la
grande victoire des républicains modérés, les
élections de 1893, les présidences de Casimir-Périer et de Félix Faure. Otez cette victoire et la qualité des vainqueurs, ôtez les
grandes espérances qu'elle conseilla, les
erreurs de conduite qui ne pouvaient manquer d'en naître, et vous supprimerez par là
même un mauvais engagement de principe,
lequel, seul, ou à peu près seul, aura permis la
série des déceptions qui nous ont été infligées
du dehors, depuis le désastre de Fachoda
en 1898, jusqu'à cette « humiliation sans
précédent », cette « chose unique dans l'histoire » : le renversement de notre ministre des
Affaires étrangères par l'ordre de Guillaume,
en cette « année infâme » de 1905.

Un examen rapide, établissant les véritables responsabilités, n'accablera ni les
hommes ni les partis. La qualité de monarchiste oblige à garder toujours présente à

l'esprit cette forte maxime du comte de Paris, que « les institutions ont corrompu les hommes ». Le prince parlait des voleurs qui, de son temps, commençaient à déshonorer le Parlement. Ce sont, ici, d'honnêtes gens, ce sont des personnages de grand mérite. L'institution les a plutôt trompés que corrompus. On se demande seulement par quelle merveille elle aura su leur imposer une aussi grossière illusion.

Pouvaient-ils vraiment croire, même il y a quinze ans, qu'une République parlementaire changerait de nature du jour qu'ils la présideraient ou se figuraient-ils que leurs grands desseins politiques deviendraient compatibles avec l'inertie et l'instabilité de la démocratie, du seul fait qu'ils en seraient les ministres? Étant loyaux républicains, aucun d'entre eux ne se flattait d'un droit personnel et spécial à régir la chose publique. Ils ne comptaient ni sur une grâce de Dieu ni sur la vertu de quelque formulaire mystique, étant libres penseurs de naissance ou de profession. Le fait de résumer ce que la République présentait de meilleur leur valait, par surcroît, la haine des pires. Ils le savaient; ils n'ignoraient point que cela compliquerait encore leur position et la rendrait

plus précaire et plus incertaine : comment
s'y fiaient-ils?

Ils ne s'y fiaient pas, mais n'en couraient
pas moins à la rencontre de tous les risques :
courageux pour leur compte, téméraires pour
leur pays. D'ailleurs, aujourd'hui même, après
l'expérience faite, ces messieurs sont prêts à
recommencer : que le hasard d'une élection
leur rende la chose possible, on reverra ces
patriotes, ces hommes d'ordre conspirer de
nouveau à la perte de la patrie. Aujourd'hui
comme hier ils n'hésiteront pas à appliquer
la méthode des gouvernements sérieux, réguliers, continués et stables au régime qui ne
comporte ni sérieux, ni méthode, ni continuité, ni stabilité. Ils accepteront un certain
statut et voudront gouverner par la vertu
d'un autre, de celui même qu'ils auront oublié
d'établir.

Si cette confiance, évidemment absurde et
folle, n'implique pas quelque chose de criminel, le lecteur en décidera.

J'apporte, quant à moi, une démonstration
précise de cette vérité que : *sept ans de politique d'extrême-gauche, les sept ans de révolution qui coururent de 1898 à 1905, firent à la
patrie française un tort beaucoup moins déci-*

sif que les trois années de République conser-
vatrice qui allèrent de 1895 *à* 1898. En se donnant à elle-même l'illusion d'un certain ordre
public au dedans et d'une certaine liberté
d'action au dehors, la République conservatrice nous a perdus : c'est elle qui nous a
placés entre l'Angleterre et l'Allemagne, com-
prenez entre les menaces de ruine coloniale
et maritime ou le risque du démembrement
de la métropole.

Ce fait d'histoire constaté, je me propose,
en second lieu, de tirer de cette leçon un avertissement pour nos concitoyens Toutes les
fois qu'il se dessine à l'horizon quelque espérance ou quelque chance de réaction conservatrice ou patriotique, le rêve d'une République modérée reprend faveur. Ce rêve se
présente avec les apparences de la sagesse.
Des réalistes prétendus. et qui se croient
pratiques parce qu'ils ne songent qu'au but
immédiat, qu'ils manquent toujours, nous
demandent alors d'avoir pitié d'un pis-aller
aussi modeste, et le proverbe trivial de la
grive et du merle ne manque pas de nous
être offert à cette occasion. Je démontrerai,
dans ces pages, que ce merle est le plus fabu-
leux des oiseaux. C'est un introuvable phé-
nix. Ce qu'on nous propose comme « une
affaire » est une aventure d'un romantisme

échevelé. Il n'y a pas de pire escompteuse
de l'irréel que la République conservatrice.
Il n'existe pas de chimère radicale ou socialiste, point de voyage dans la Lune, point
d'itinéraire au pays de Tendre et d'Utopie
qui suppose réalisées un aussi grand nombre
de conditions irréelles et d'ailleurs irréalisables. Les vastes entreprises auxquelles serait
forcément condamné, à peine maître du pouvoir, tout parti républicain patriote, modéré
et conservateur, ne fonderaient sur rien, ne
poseraient sur rien, et, faute d'un appui,
aboutiraient nécessairement à des chutes nouvelles, mais beaucoup plus profondes.

La profonde erreur de 1895 fut commise
assez innocemment pour que, le dégât reconnu, on garde le moyen d'en plaindre les auteurs. Quinze ans plus tard, ni la pitié ni la
clémence, ni l'excuse, ne sont possibles. Après
la faute immense dont nous subissons encore
les contre-coups, toute épreuve de même
genre ferait honte à l'esprit politique de notre
race. Tout désir, toute tentative de refaire
la République modérée et conservatrice doit
se juger à la clarté de la faute ancienne et
de sa leçon. Non seulement il ne vaut pas
la peine de désirer une pareille République,
mais il importe de la haïr comme le plus
dangereux des pièges tendus à la France par

nos ennemis du dehors et du dedans. Son rêve
peut flatter l'imagination par un air résigné
et conciliateur. Mais ce n'est rien qu'un rêve,
médiocre en lui-même et, par ses conséquences, fou. Personne n'a le droit d'exposer
la patrie pour un conte bleu. Il faut que
les Français puissent s'en rendre compte.
Disons-le leur, et rudement, pour qu'on
ne les voie plus s'asseoir ni hésiter à ce
carrefour de l'action.

Quelque abrupt que soit le sentier que nous
découvre la vérité politique, il reste le seul
praticable. Quelque plane et aisée qu'appa-
raisse l'erreur, elle conduit en un endroit d'où
il faut rebrousser chemin. Ceux qui se représentent clairement et d'avance cette nécessité,
ceux qui calculent les conséquences de leur
départ, ceux qui savent que, si la couleur de
Demain reste mystérieuse, une chose est
pourtant certaine, à savoir que Demain luira,
ceux-là trouveront plus pratique d'éviter et
d'économiser les pas dangereux. Prévoyants,
ils s'efforceront de se mettre en route sans
manquer à ce très petit nombre d'indications
rationnelles que l'on appelle les vérités de
principe et qui renseignent le passant à la
manière d'écriteaux dans un bois épais :
— « Possibilité de passer par là. Impossibilité de passer par ici... » Cela ne veut point

dire qu'il suffise d'enfiler un bon chemin pour
atteindre le but, car il y faut encore des
jambes, du cœur et des yeux, mais cela cer-
tifie que les meilleures jambes du monde, les
plus beaux yeux, les plus grands cœurs ne
peuvent empêcher une direction fausse de
manquer le but désiré, ni un mauvais chemin de mener contre un mur à pic ou de
déboucher sur le précipice.

C'est une vérité générale que la politique
extérieure est interdite à notre État républicain. C'en est une autre que la Nation française ne saurait se passer de manœuvrer à
l'extérieur. De ces deux principes, il résulte
que la France républicaine, aussi longtemps
qu'elle sera et républicaine et française,
quels que puissent être les talents ou les
intentions de son personnel dirigeant, demeu-
rera condamnée à des manœuvres gauches,
énervantes et plus que dangereuses pour l'inté-
grité du pays et l'indépendance des habitants. Le démembrement est au bout

Un passant distrait peut sourire d'énoncés
aussi généraux. Mais le citoyen réfléchi se
rappellera qu'un principe général représente
le plus grand nombre des réalités particulières à leur plus haut degré de simplifica-
tion : l'expérience historique et géographique
s'y trouve concentrée dans une formule

suprême, comme un or qui figure toutes les
parcelles de sa monnaie. On peut avoir raison
sans principe en un cas sur cent; avec les
principes, on a raison dans cent cas contre
un. Plus quelque principe établi est général,
moins il est éloigné de nous; plus c'est un
être familier auquel nous aurons des chances
d'avoir affaire. Mais aussi plus il a de chances de s'appliquer aux faits quotidiens, plus
il est digne d'attention et d'obéissance.

La haute abstraction dont je supplie nos
concitoyens de se pénétrer avant toute chose
est établie par l'exemple des diverses nations,
et de la nôtre même. La République de Pologne et la République athénienne, notre expérience de 1871 et notre expérience de 1895
en seront d'éternels témoins : il n'y a pas de
bonne République démocratique. Parlementaire ou plébiscitaire, radicale ou modérée,
« les deux se valent », comme le duc Albert
de Broglie disait si bien !

Cette maxime, reconnue, comprise et obéie
sauverait la France. Si les Français la mé-
connaissent, sa vérité n'en sera aucunement
altérée, mais elle entraînera la disparition de
la France. Les républicains patriotes peuvent
choisir : la République ou la patrie?

PREMIÈRE PARTIE

L'ERREUR

DES

RÉPUBLICAINS MODÉRÉS

(1895-1898)

> Nous faisons de la poli-
> tique monarchique sans
> monarchie...
>
> LE COMTE DE ***

I

L'AVÈNEMENT DES MODÉRÉS

L'avènement des républicains modérés supposait la défaite du boulangisme (1889), le ralliement des catholiques (1890), les menaces, puis les
attentats anarchistes (1892, 1893, 1894), la révélation de l'esprit nouveau par Eugène Spuller [1], l'assassinat du président Carnot, l'élection
« réactionnaire » de Jean Casimir-Périer (1894-1895),
enfin l'avènement de Félix Faure à la présidence.
On se souvient que Félix Faure fut élu sur la
désignation explicite de Mgr le duc d'Orléans : la
lettre du prince au président de la droite sénato-
riale, M. Buffet père, faisait écrire à Joseph Reinach : « Je dis qu'il y a là quelqu'un. »

La suite de ces événements dénote le progrès
régulier de certaines idées de droite. Tout au
début, la grande pensée de M. Constans avait été
de gouverner avec « *les gens bien* ». Elle se réali-

1 Le 3 mars 1894, M Spuller, alors ministre des Cultes,
vint célébrer à la tribune de la Chambre un « esprit nouveau de tolérance, de bon sens, de justice, de charité »,
qui animerait désormais « le gouvernement de la République dans les questions religieuses » Il fut approuvé par
315 voix contre 191. Ces dernières étaient d'ailleurs les
seules à savoir ce qu'elles voulaient.

sait à vue d'œil. Les républicains se rangeaient.
Leur meilleur historien fait dire à un préfet juif
de cette période que le gouvernement se préoccu-
pait d'*aiguiller l'esprit public vers une certaine
distinction de goûts et de manières* [1]. Ce détail
d'attitude et d'équipement exprime en perfection
la tendance de l'heure. On allait à un régime
aristocratique.

On n'y allait point sans combat, la lueur des
bombes révolutionnaires l'atteste. Ces cinq années parlementaires présentent une série d'actions
radicales et de réactions modérées, menées les
premières par MM. Bourgeois, Peytral, Burdeau,
les autres par MM. Ribot et Charles Dupuy, souvent au sein des mêmes cabinets, dits cabinets de
concentration républicaine. L'alliance russe se des-
sinait, et cet événement diplomatique plein de
promesses faisait pencher la balance du côté de
l'Ordre. Si, d'ailleurs, les outrances de la prédica-
tion anarchiste avaient été écoutées avec complaisance, la propagande par le fait selon Ravachol,
Vaillant, Émile Henry et Caserio détermina des
paniques dont l'opinion la plus modérée pro-
fita. On eut des ministres à poigne. Leur action
était faite pour les user rapidement, mais l'œuvre
subsistait. En sorte que les « gens bien », se trou-
vant rassurés, prirent le courage d'oser des rêves
d'avenir.

Il m'a été parlé, et il m'est arrivé quelquefois

1 Anatole FRANCE : *Histoire contemporaine.*

de parler moi-même d'un très vague « complot royaliste » qui aurait été ébauché vers le même temps Il consista probablement en de simples conversations La date peut en être placée aux premiers mois de 1896 Le public témoignait de sa crainte de l'impôt sur le revenu, et, les ministres s'étonnant de voir la Russie les pousser de plus en plus à se rapprocher de Berlin, quelques hommes politiques très républicains d'origine, dont j'ai bien oublié les noms, se demandèrent si le moment n'était pas venu de *réaliser,* comme on dit en Bourse, c'est-à-dire de convertir en des valeurs certaines, en des institutions stables, résistantes, définitives, les avantages de la politique modérée suivie jusque-là : il devenait trop évident qu'on allait se trouver aux prises avec de sérieuses difficultés. Ne valait-il pas mieux éviter ou réduire ces difficultés à l'avance en en supprimant les facteurs, l'occasion et le terrain même? Le moyen le plus sûr de garantir et de fonder à tout jamais la politique modérée n'était-il pas, dès lors, de renverser la République et d'établir la Monarchie?

Cette question hantait et tentait des esprits sur lesquels j'ai été renseigné de première source.

Cette tentation ne doit pas paraître incroyable. Ne serait-ce que pour l'honneur de ce pays, l'on se réjouirait qu'il se fût trouvé, en effet, dans les conseils supérieurs du gouvernement ou les alentours du pouvoir, beaucoup d'hommes assez sensés, assez sérieux, assez pratiques pour avoir conçu,

dès cette époque, ce projet. C'était l'heure, c'était
l'instant · il fallait se garder de les laisser passer.
On pouvait encore assurer à l'État conservateur
le moyen de durer et la force de s'ordonner Les
modérés avaient le choix : *réaliser*, ou s'exposer
à de cruelles aventures sur la face mobile du
régime électif et des gouvernements d'opinion.

Ils choisirent le risque. On ne fit pas un roi.
Il ne sortit qu'un ministère de ce puissant effort
d'imagination. Ce fut, il est vrai, le ministère
modèle : ministère homogène, ministère sans radicaux, animé, disait-on, d'un esprit unique, incapable de tiraillement et de dissension. Les dix-
huit premiers mois de ce ministère Méline ont
d'ailleurs mérité d'être appelés la fleur de la présidence de M. Faure.

On y verra aussi la fleur ou plutôt la semence
des périls qui depuis ont serré le pays de si
près !

Mais les contemporains affichaient une magnifique assurance. Oui, bien des ruines étaient faites ;
les sujets d'inquiétude étaient nombreux : on ne
s'aveuglait pas sur les éléments qui se coalisaient
contre la société et contre la France ; mais, comme
aucune agitation n'annonçait encore une catastrophe prochaine, on tirait gloire et gloriole de
toutes les apparences contraires ; satisfait des dehors, ébloui des effets, on traitait d'importun qui
s'occupait des causes. Ainsi, pouvait-on prendre
pour la paix sociale de fuyantes clartés de con-
corde civile. On avait une armée, on croyait

avoir une flotte, on venait de signer une belle
alliance : sécurité, donc sûreté.

Par le poids de cette fortune, par ce mirage du
bonheur inattendu, notre audace naissante devait
tourner les têtes vers l'action au dehors, et notre
pied glissait du côté de la pente de l'erreur que
nous expions. Quand le ministre des Affaires
étrangères imagina de concevoir une vaste combinaison politique, il ne rechercha point si ce
grand luxe, très permis à l'empire allemand et
même au royaume de Grèce, était bien accessible
à la République française. Cependant, jusque-là,
elle-même en avait douté.

II

AVANT 1895 : « POINT D'AFFAIRES » — AUCUN SYSTÈME

Avant 1895, la tradition du quai d'Orsay était un peu basse et assez facile : tous les ministres y recommandaient uniformément aux sous-ordres de ne « point » leur faire d' « affaires ». — « Politique de réserve et d'expectative », a dit le colonel Marchand dans l'un des beaux articles qu'il a publiés dans l'*Éclair* sur nos alliances. Le mot « politique » est de trop. La politique ne peut être confondue avec l'administration, la politique ne se réduit pas à expédier les affaires courantes dans le continuel effroi d'en voir émerger de nouvelles.

Et d'abord, après Mac-Mahon, la grande affaire, la préparation de la Revanche, à laquelle le pays entier se croyait fermement exercé et conduit, avait été rayée du programme réel. Les monarchistes de l'Assemblée nationale n'avaient signé la paix de Francfort qu'avec cette arrière-pensée de reprendre par force ce que la force avait ravi. Mais, dès 1871, Grévy avait déclaré à Scheurer-Kestner, alors député de Thann : « Il ne faut pas que la France songe à la guerre; il faut qu'elle accepte le fait accompli; il faut qu'elle renonce à l'Alsace. » Grévy ajoutait : « N'en croyez pas les fous qui vous disent le contraire [1]... » Après la victoire du parti, la politique de Grévy s'imposa en fait; les « fous » eux-mêmes, c'est-à-dire Gambetta et ses amis cessèrent de conseiller sérieusement « le contraire »; s'ils continuaient d'en parler, ils y pensaient si peu qu'ils nouaient d'obscures intrigues avec M. de Bismarck [2]. Il en résultait à Berlin une sorte de protectorat qui pesa lourdement sur nous.

A la volonté agissante du Chancelier correspondait chez nous la volonté de céder, de nous laisser mener, de ne jamais soulever de complica-

---

1 *Souvenirs de Scheurer-Kestner.* On trouvera le texte de la conversation à l'appendice I.

2 Voyez, sur ce sujet, la *République de Bismarck,* par Marie DE ROUX et Jacques BAINVILLE (Brochure parue à la *Gazette de France,* Paris, 1905), et *Bismarck et la France,* de Jacques BAINVILLE, 1 vol à la NOUVELLE LIBRAIRIE NATIONALE, 1907. — Au surplus, l'examen des budgets de la Guerre permet de saisir les intentions et les arrière-pensées dans les actes D'après les chiffres donnés par M. Klotz, rapporteur du budget de la Guerre en 1906, le budget de préparation nationale à la guerre, constructions neuves et approvisionnements de réserves (3ᵉ section du budget du département), s'est mis à décroître rapidement *à partir de 1881.* « De près du double des dépenses similaires allemandes en 1881 » (145 millions contre 80 en Allemagne), « elles tombent à moins d'un cinquième en 1905 », c'est-à-dire à 27 millions contre 137 millions en Allemagne Cette date de 1881 est celle de la deuxième législature républicaine Elle marque des élections triomphales et l'affermissement du pouvoir de Grévy et de Gambetta J'extrais ces indications et ces renvois d'un article du général Langlois au *Temps* du 26 février 1906.

tions. Cette volonté toute négative que se trans-
mirent nos diplomates aida Bismarck à les jeter
dans la politique coloniale. On désirait nous éloigner des conseils de l'Europe, au moment même
où nos gouvernants se montraient scrupuleuse-
ment attentifs à n'y plus rentrer : pour donner
pleine satisfaction à ce bel accord, il suffisait de
faire miroiter aux yeux de l'électeur ou du parlementaire français l'image de quelques « bons
coups » à frapper sans risque. La Tunisie en
parut un. L'Indo-Chine en parut un autre. Cependant, notre empire colonial, dit M. Lockroy,
« ne recèle pas les richesses qu'on lui attribue [1] ».
Quand il nous faisait généreusement ces présents
discutables, le prince de Bismarck comptait bien
que la Tunisie nous créerait de longues difficultés avec l'Italie, si déjà il ne méditait de nous
lancer obliquement contre l'Angleterre. Peut-être
aussi calcula-t-il que, la mise en valeur de l'Indo-
Chine devant coûter très cher, il serait temps
de s'approprier le domaine quand les trésors français l'auraient engraissé et rendu moins impro-
ductif. Nos gains, s'il y eut gain, étaient accom-
pagnés, au même instant, de graves déchets. « Les
marchés du Levant, de la Méditerranée et de

1 LOCKROY : *La Défense navale.* — Sur les origines bis-
marckiennes de notre politique coloniale et les premiers
budgets du ministère des Colonies, on peut aussi consulter
le substantiel opuscule du Comte de CHAUDORDY : *Considérations sur la politique extérieure et coloniale de la France,
1897.*

l'Amérique nous ont été disputés, puis peu après enlevés », confesse M. Lockroy. Nous perdions des terres françaises : l'Égypte, la Syrie ! Pertes sèches, alors que les bénéfices nouveaux, loin d'être nets, étaient onéreux pour le présent et pour l'avenir bien précaires. L'unique avantage en aura été d'exercer l'activité de la nation. La politique coloniale nous forma des hommes, administrateurs et soldats. On murmurait en outre que, en mettant la chose au pis, elle fournirait la menue monnaie des échanges européens, quand s'ouvrirait, le plus tard possible, la succession d'un vieil empereur...

Ces lieux communs de l'éloquence gambettiste ou de l'intrigue ferryste étaient surtout des formules d'excuse destinées à masquer l'incertitude ou la versatilité des desseins. Nos expéditions coloniales doivent être comprises comme des dérivatifs allemands, acceptés par notre Gouvernement en vue d'entreprises financières profitables à ses amis. Nul plan d'ensemble. On travaillait au petit bonheur, avançant, reculant, sans système tracé, ni choix défini, sans avoir voulu, sans même avoir su, mais (il convient aussi de le reconnaître) en parfaite conformité avec l'esprit des institutions. La *nolonté* diplomatique de ce gouvernement se compose avec l'intérêt supérieur de la République et la condition même de sa durée.

L'instinct des vieux routiers de la Défense nationale et des 363 ne les trompait donc point en

ce sens. Trop heureux de rester, de vivre et de
durer, se félicitant d'avoir les mains libres pour
organiser au dedans ce que le naïf Scheurer-
Kestner appelait assez bien « la lutte [1] », ce
qu'on pourrait nommer encore mieux la petite
guerre civile, c'est-à-dire le jeu électoral et parlementaire, ils sentaient admirablement combien,
en politique extérieure, une vraie démocratie, bien
républicaine, demeure dépourvue de la continuité
et de l'esprit de suite qui permet aux aristocraties et aux monarchies de se marquer un but politique, puis de l'atteindre, lentement ou rapidement,
par la constance de leurs actions successives et la
convergence des services coexistants. Nos vieux
républicains furent dociles à la nature de leur
régime : ils se résignèrent aisément au défaut
dont ils recueillaient le profit. Capituler, s'éclipser
et faire les morts leur coûta d'autant moins qu'ils
étaient naturellement modestes pour leur pays,
auquel un grand nombre d'entre eux ne tenaient
que de loin : Génois, Badois, Anglais ou Juifs.

L'inertie devint le grand art. Ne rien prétendre,
ne rien projeter, a été la prudente règle de leur
conduite Sagesse à ras de terre, inattaquable en
fait. De M. Waddington à M. Develle, de Challe-
mel-Lacour et Barthélemy-Saint-Hilaire à M. de
Freycinet, tous, — les simples et les subtils, les
ignares et les doctes, les niais et les malins, — se

1 « En présence des menées royalistes, il importait au
parti républicain de s'organiser pour la lutte » *Souvenirs,*
p. 265.

soumirent à la maxime éminemment juste qu'*on
doit s'abstenir d'essayer ce qu'on n'est point capable
de réussir*. Un système diplomatique quelconque,
un plan général d'action en Europe ou ailleurs,
requérait d'abord l'unité et la stabilité, qui
n'étaient pas dans leurs moyens; puis le secret qui
leur échappait également; la possibilité de prendre
l'offensive à un moment donné, de supporter sans
révolution une défaite ou une victoire, ce qui leur
faisait de même défaut. Cela étant ou plutôt rien
de cela n'étant, mieux valait se croiser les bras.
Si l'on se résignait à perdre sur ce que les rivaux
gagneraient dans le même laps de temps, du
moins se trouvait-on gardé provisoirement contre
les risques d'une fausse manœuvre. On pouvait
bien être enferré, mais on ne se jetait toujours
pas sur le fer.

Ceux qui ont inventé cette humble sagesse
n'ont pas à en être trop fiers. Comme il ne suffit
pas de vouloir être en paix pour ne jamais avoir
de guerre, il ne saurait suffire de se montrer pares-
seux et incohérent pour s'épargner la peine de marcher, et de marcher droit : à défaut d'une direction nationale, conçue chez nous et dans notre
intérêt, nous continuions à recevoir de Bismarck
des directions systématiques, qui ne manquaient
ni d'étroitesse, ni de constance, ni de dureté.
Un ambassadeur d'Angleterre, lord Lyons, disait
en 1887[1] : « Il est inutile de causer à Paris, puisque

1 Comte de CHAUDORDY : *La France en 1889*, p. 230. Le

la France a confié toutes ses affaires au Gouvernement prussien. » Pour causer avec nous, il fallait
passer par Berlin, c'était l'opinion courante en
Europe, aucun de nos divers ministres des Affaires
étrangères ne l'a ignoré.

comte de Chaudordy, diplomate de carrière, ancien délé-
gué aux Affaires étrangères à Tours pendant la guerre
de 1870, paraît avoir recueilli directement ce propos de la
bouche de lord Lyons

III

L'ALLIANCE RUSSE

Pourtant, ni les premières expéditions en Asie
et en Afrique, où nous entraîna le Gouvernement,
ni même la défaite de Boulanger, n'avaient éloigné des mémoires françaises le souvenir de l'Alsace et de la Lorraine. Patriotes et boulangistes
avaient passionnément souhaité l'alliance russe,
parce qu'ils supposaient que la Russie nous fournirait enfin l'occasion de reparaître sur le Rhin.
Mais les vainqueurs du boulangisme avaient aussi
un intérêt à conclure cette alliance à condition
de la dégager du sens guerrier que lui donnait le
pays. On leur fit savoir ou comprendre que l'état
d'esprit de Saint-Pétersbourg correspondait à leur
volonté de paix absolue.

L'intérêt de la Russie, déjà manifesté en 1875,
était bien de ne pas nous laisser attaquer par
l'Allemagne. Mais, déjà écartée par Bismarck de
Constantinople, repoussée comme nous du centre
de l'Europe vers les confins du monde, la Russie
ne voyait plus dans l'Allemagne ni l'ennemie héréditaire, ni l'ennemie de circonstance. Tout au
plus si une offensive résolue de la France aurait
pu entraîner la sienne. Germanisée jusqu'aux

moelles, gouvernée par des Allemands, la Russie n'aurait pas rompu la première avec Berlin. L'antigermanisme a été pour nos alliés un sentiment, mais, s'il régna chez eux, ce ne fut pas sur eux.

Dans ces conditions, le vieux parti républicain s'accommodait fort bien de l'alliance russe [1], car elle respectait l'article fondamental de sa politique. Le « Point d'affaires » étant assuré, on bernait les chauvins en se fortifiant de leur adhésion ingénue. C'étaient deux profits en un seul.

A quoi bon s'en cacher? Dans la mesure très étroite où un simple écrivain, qui ne se soucie pas d'usurper, peut donner son avis sur une affaire d'État dont il n'a pas en main les pièces, il est permis de regretter les conditions dans lesquelles cette alliance disproportionnée a été conclue.

Le plus imposant des deux alliés n'était pas le plus éclairé, et notre infériorité manifeste

---

[1] Ce n'est certainement pas à la guerre que pouvait songer M. Freycinet dès les débuts de l'alliance russe : c'est le simple maintien de la paix qu'il en espéra. Le 10 septembre 1891, au déjeuner militaire de Vandeuvres, après les premières grandes manœuvres d'armée, il jetait sur les effusions du chauvinisme exalté cette douche froide : « *Personne ne doute que nous soyons* FORTS; *nous prouverons que nous sommes* SAGES. *Nous saurons garder dans une* SITUATION NOUVELLE *le calme, la dignité, la mesure qui, aux mauvais jours, ont préparé notre relèvement.* » (Il est bon de noter que ce document fut cité par M. Maurice SARRAUT, répondant à Jaurès dans l'*Humanité* du 22 octobre 1905, pour établir combien M. Delcassé s'était tenu éloigné de l'idée de Revanche.)

quant à la masse n'était pas compensée par une organisation qui permît de tirer avantage de nos biens naturels : traditions, culture, lumières. On peut imaginer une France jouant auprès de la Russie le rôle d'éducatrice et de conseillère, en échange duquel l'alliée eût fourni les ressources immenses de sa population et de son territoire. Mais le Gouvernement français n'était pas en mesure d'être centre et d'être cerveau. Notre France n'était plus assez organisée pour rester organisatrice.

Des deux pays, c'était le moins civilisé qui disposait de l'organisation politique la moins imparfaite. C'était nous qui subissions un régime qui convient à peine à des peuples barbares ou tombés en enfance. On médit beaucoup du tzarisme, on peut avoir raison. Mais que l'on se figure la Russie en république : une, indivisible, centralisée ! Ce modèle de l'ataxie, de la paralysie et de la tyrannie serait vite décomposé.

Telle quelle, la Russie *peut* avoir une politique. Telle quelle, en proie au gouvernement des partis, déséquilibrée, anarchique, la démocratie française *ne le peut pas*. Elle en était donc condamnée à remplir l'office indigne de satellite du tzar ! La pure ineptie de son statut politique plaçait la fille aînée de la civilisation sous la protection d'un empire à demi inculte, troublé par de profondes secousses ethniques et religieuses, exploité par une cour et par une administration dont la vénalité reste le fléau, depuis le temps où Joseph

de Maistre, un ami pourtant, signalait « l'esprit
« d'infidélité, de vol et de gaspillage inné dans la
« nation ».

C'était un monde renversé, que cette alliance.
Il en devait sortir de communes misères. Nous
allions être dirigés par la Russie comme le seraient
des voyants un peu perclus, par un aveugle tur-
bulent et malicieux, un troupeau d'hommes adul-
tes par un berger enfant. C'est d'après son conseil que notre folie commença.

IV

GRAVE ERREUR DE PRINCIPE : UN SYSTÈME APPARAIT

Jusque-là, quelle qu'eût été, en réalité, la faiblesse des cabinets républicains devant la chancellerie allemande et quelque humiliante attitude de vassalité qu'ils eussent adoptée en fait, cette réalité, ce fait, ne s'étaient pas encore traduits dans un acte qui signifiât notre résignation tacite Dans la teneur des explications données à demi-voix au pays, le pouvoir alléguait la pression d'une force majeure, douloureuse nécessité qui ne pouvait qu'aiguiser parmi nous le mâle et salubre désir du compte à régler. L'Alsace et la Lorraine subsistaient sur nos cartes avec une frange de deuil. Non, personne ne renonçait.

Le Gouvernement disait quelquefois : « Voilà de fort beaux sentiments, mais n'y a-t-il pas autre chose? » Il n'osait jamais ajouter : « La religion de nos défaites ne compte plus », et nul Français n'aurait osé suggérer d'interrompre nos actes de constance et de fidélité. Exactement, la suggestion vint de la Russie. De quelque façon qu'on explique ce jeu russe à Berlin et sans y concevoir de duplicité, si l'on s'en tient au simple fait

des froissements de l'Asie russe et de l'Inde anglaise qui obligeaient le cabinet de Pétersbourg
à rechercher plus d'un appui européen, il est trop
clair que, non contente de se faire l'amie intime
de l'Allemagne, la Russie fit toujours effort pour
nous placer en tiers dans cette amitié.

La suggestion russe n'est pas niable. La Russie
nous a bien poussés dans les bras de l'Allemagne.
C'est *le* 10 *juin* 1895 que le mot d'alliance russe
fut prononcé pour la première fois d'une façon
formelle par MM. Ribot et Hanotaux, et, *le*
18 *juin* suivant, les vaisseaux *français* rencon-
trèrent les vaisseaux *russes* avec les escadres *allemandes* dans les eaux de Kiel, à l'entrée d'un canal
construit avec l'indemnité de guerre que paya notre
France à l'Allemagne victorieuse. Tandis que le tzar
nous menait, l'empereur d'Allemagne influençait
le tzar. Bien que, en ce même 18 juin 1895, qui
était le quatre-vingtième anniversaire de Waterloo, il eût fait hommage d'une couronne d'or au
régiment anglais dont il est colonel, Guillaume
caressait déjà le plan d'une fédération armée
du continent européen contre la reine de la mer :
il mit donc tout en œuvre pour y ranger la France,
que « l'honnête courtier » russe lui amenait.

Notre ministre des Affaires étrangères, M. Hanotaux, ne refusa point de prêter l'oreille au
tentateur. Les mots de plan et de système ne
lui donnèrent point d'effroi. Il les salua comme
les signes d'une chose belle, brillante, nécessaire, la conception d'un but par rapport auquel

ordonner l'économie de son effort. Les résultats
diplomatiques ne s'obtiennent pas sans système,
il y faut des plans à longue portée, suivis avec
étude, appliqués avec cœur. Les simples jeux
d'aveugle fortune donnent peu. Comme pour ré-
colter, on sème, pour obtenir, il faut prévoir et
combiner.

Il eût été absurde de penser autrement.

Mais on fut plus absurde encore de ne pas sentir que, si la pensée était raisonnable, toute application de cette pensée, en quelque sens que ce
fût, sortait aussi de la raison, parce que cela
dépassait malheureusement la mesure de nos
moyens. Les vieux républicains de 1878 l'avaient
parfaitement compris dès leur accès aux responsabilités du pouvoir : après s'être bien consultés
et, comme on dit, tâtés sur l'état de leurs forces,
ils en avaient conclu qu'il ne s'agissait pas, pour
eux, d'ordonner un mouvement quelconque vers
un objet quelconque, éloigné ou prochain, mais
de vivre le plus modestement possible en évitant
même d'adhérer jamais aux propositions faites.
— *Pourtant,* leur eût objecté M. Hanotaux, *j'entends soutenir que nous sommes un gouvernement
patriote.* — *Nous sommes une République* est la
forte parole qui l'eût rappelé au sentiment des
réalités, au bon sens, s'il eût été placé sous un
autre chef que M. Ribot. L'excès de zèle qu'il se
permit voulait sortir du médiocre et nous jetait
naturellement dans le pire.

Sans en venir encore à juger le système « Paris-

Pétersbourg-Berlin », auquel il se rangea, retenons
ce point que M. Hanotaux fut le premier à suivre l'*idée d'un système.* Il nous proposa un dessein,
et, de ce chef, son successeur n'a fait que le continuer. Tout en repoussant le système qu'il trouvait en service, M. Delcassé conserva cette pensée
maîtresse de construire de « grandes machines »
en Europe. Bien qu'il intervertît les termes du
plan Hanotaux, il en acceptait le point de départ,
et cette acceptation réconcilie les deux personnages dans la responsabilité de la même erreur :
qu'ils aient rêvé de soutenir l'Allemand contre
l'Anglais ou l'Anglais contre l'Allemand, l'un et
l'autre rêvaient tout haut.

V

LA RÉPUBLIQUE CONSERVATRICE
ET SES JEUNES MINISTRES

Le bon accueil fait aux avances de Berlin a été
souvent expliqué par on ne sait quelle infériorité
qui aurait été propre à la pensée de M. Hanotaux.
De même, la malice ou l'incapacité profondes de
M. Delcassé firent plus tard les frais de divers
jugements portés sur son entente avec l'Angleterre
contre l'Allemagne. J'ai donné autrefois dans ces
verbiages. J'ai détesté de tout mon cœur M. Hanotaux. Franchement, était-ce la peine?

Il est vrai que le ministre de 1895 était jeune et
qu'il montrait, comme tous les hommes de sa génération, trop de goût intellectuel pour l'Allemagne
Les leçons de M. Monod, que ce dernier lui repro-
cha très amèrement par la suite, n'étaient pas suffisamment oubliées par l'héritier de Choiseul et de
Talleyrand. Mais il ne manquait pas d'expérience
technique, puisqu'il sortait des bureaux mêmes
du quai d'Orsay et qu'il avait déjà fait partie du
ministère précédent. Ses études d'histoire pouvaient toujours soutenir son expérience; nos
grands souvenirs nationaux, lui inspirer d'autres

volontés et d'autres idées que d'aller parader dans un hémicycle.

Ce qui fut appelé mégalomanie chez M. Hanotaux, comme plus tard chez son successeur, n'était que rêve de l'action. Oui, remplir son mérite, servir son pays, cueillir ces fruits de gloire qui, pour un esprit neuf et, comme celui-ci, bien placé par les circonstances, deviennent aisément le seul digne objet de désir! Neveu de l'historien patriote et révolutionnaire Henri Martin, l'homme d'État devait se dire qu'il serait beau d'avoir surgi enfin dans cette jeune République pour lui apprendre à se mouvoir entre les nations.

Elle avait vécu jusque-là d'une existence repliée et végétative, « à peine plus puissante », « mais moins honorée que la République helvétique ». C'était exactement le sort que lui avait prédit Renan. Eh bien! on lui rendrait la vie supérieure et la figure humaine. L'étonnement de M. Hanotaux et de ses amis était qu'on ne l'eût pas essayé plus tôt. — *Quelle erreur!* était-il de mode de se dire en 1895, *quelle erreur que cette inertie!...* Il semblait véritablement que ce fût erreur. Des nouveautés brillantes, vives, conformes à la tradition du pays, flattaient le regard, et l'espérance s'enhardissait. On choisissait de beaux ambassadeurs titrés, armoriés, dorés sur toutes les tranches. Amiraux, généraux, étaient mobilisés pour des missions d'État. Les cardinaux et les évêques attendaient leur tour, qui semblait imminent, au fur et à mesure que les organes du

respect et ceux de la puissance semblaient renaître
ou se rejoindre dans les différents corps d'une
« démocratie » rayonnant au soleil du vingt-
cinquième été.

Pendant que M. Jules Méline protégeait les intérêts agricoles et industriels, M. Félix Faure portait haut la cocarde et signifiait la forte tendance
à « nationaliser le pouvoir ». Ce pouvoir cherchant
à prendre appui sur des classes de la nation établies et enracinées, la politique financière elle-
même inclinait au patriotisme; certaines précautions de salut public étaient prises contre la
coulisse hébraïque; la bourgeoisie catholique et
conservatrice cessait d'être éloignée des fonctions
administratives; les représentants de la vieille
France coudoyaient les hommes nouveaux dans le
brillant état-major du général de Boisdeffre. L'armée, bien entraînée, était pleine de confiance dans
ses chefs, sa puissante organisation propageait même un esprit de déférence et de discipline dans la hiérarchie civile. Les tribunes officielles, les journaux
reprenaient volontiers le thème typique du *Temps*,
qui, bien qu'hostile au protectionnisme d'alors, ne
faisait point mal sa partie dans le chœur mélinien :
« Le gouvernement de la République n'est pas
« un gouvernement comme les autres, *mais il est*
« *un gouvernement.* » Il avait tout d'un gouvernement, en effet, excepté la tête et le cœur.

Aussi bien, M. Hanotaux commençait-il par
s'affranchir du contrôle parlementaire. Il traita
et négocia de son cabinet, sans rien communiquer

aux élus du peuple. Ses discours furent des lectures aussi impertinentes que brèves. Comme il est vrai que l'homme est un animal gouverné, cette allure hautaine n'était pas mal accueillie des Chambres, des journaux. Les exaltés du libéralisme protestaient seuls [1]. Encore étaient-ils peu

---

1 Parmi ces libéraux fidèles à la tradition du caquetage public, il faut citer M. Deschanel et M. de Pressensé. En juin 1905, peu après la démission de M. Delcassé, qui avait continué les habitudes de discrétion inaugurée par M. Hanotaux et qui n'en avait pas mieux géré nos affaires, M. Deschanel élevait ce soupir de soulagement au sein d'une Commission de la Chambre ·

« On a parfois repoussé au Parlement les interventions dans l'ordre diplomatique. Il est permis de penser, au contraire, que le contrôle parlementaire, et en particulier votre expérience et les remarquables travaux de vos rapporteurs ont rendu au pays de notables services, et que, si nous avions été renseignés à temps, certains événements eussent pris une autre tournure (!) La France peut s'expliquer librement avec tout le monde parce qu'elle n'a d'arrière-pensée contre personne et parce que ses intérêts se confondent avec la cause de la civilisation générale et du droit. » (Gazette de France du 16 juin 1905.) Ainsi, pour M Deschanel, le remède au désordre était de l'aggraver.

M. de Pressensé écrivait, le 10 juillet 1905, dans l'Humanité · « Ce qu'il faut par-dessus tout, c'est que la démocratie française proclame nettement, hautement, ses desseins, ses principes, ses fins en matière de politique étrangère, et qu'elle ne permette plus à un ministre infatué d'en falsifier l'esprit et de l'entraîner, malgré elle, à son insu, dans des voies aventureuses. On avait réussi à faire de la diplomatie de la République une sorte de mystère ésotérique. La démocratie souveraine abandonnait à des hommes d'État de raccroc, successeurs improvisés et mal préparés de Richelieu ou de Vergennes, une toute-puissance moins contrôlée, une irresponsabilité plus complète qu'oncques n'en offrirent les ministres de la Monarchie absolue. Si je n'ai

nombreux. On n'aimait pas beaucoup l'orientation allemande, mais le vœu de discipline et d'ordre était si puissant que l'on évitait d'y faire une
opposition vaine et qu'on préférait la laisser se
développer jusqu'aux premiers fruits, quitte à
juger ensuite de leur valeur. Un sens assez réel
des nécessités générales rendait l'opinion plus que
docile, très complaisante.

Hier on discutait, c'est-à-dire qu'on détruisait :
ces républicains de gouvernement prétendaient
construire. Déjeunant chez le pape et dînant

jamais réussi à comprendre comment et pourquoi le suffrage universel ne devait pas être le maître de sa politique
étrangère comme de sa politique intérieure, le gardien
vigilant des relations extérieures du pays, j'ai encore moins
réussi à m'expliquer de quel front on osait revendiquer
sans rire cette omnipotence pour des politiciens que le
hasard seul des combinaisons parlementaires avait hissés
à la tête d'un département à la direction duquel rien absolument ne les avait préparés Le plus logiquement du
monde, nous avons recueilli les fruits amers de cette sot-
tise commise par la routine. » M de Pressensé et M. Deschanel maintenaient à la fois la tradition de la démocratie,
qu'ils ont dans le sang et les intérêts de leur opposition :
libérale chez l'un, anarchiste chez l'autre. Mais M. Hanotaux pouvait toujours leur répondre en invoquant, avec
les leçons de l'histoire et les maximes du sens commun,
l'intérêt et la tradition du pays. Toutes les fois que nous
avons tenté de la diplomatie en plein vent, de la politique
extérieure démocratique, les résultats n'ont pas été de
nature à nous encourager. M. Hanotaux en a précisément
rappelé un triste exemple dans son *Histoire de la Troisième République,* en parlant des négociations de 1870-71,
avec le Chancelier prussien : « Les plénipotentiaires français jouaient cartes sur table, alors que personne ne connaissait le jeu des négociateurs allemands... »

chez le tzar, intelligents, actifs, suivis par à peu
près toute la vraie France, la France honnête,
aisée, patriote, laborieuse, ces jeunes députés et ces
jeunes ministres ne pouvaient pas douter du pays
ni d'eux-mêmes; le ciel du « long espoir » et des
« vastes pensées » semblait s'illuminer à chacune des
ouvertures successives de Guillaume et de Nicolas. Tableaux étincelants, flatteuses perspectives,
dont ils se plaisaient à oublier la fragilité! La
puissance même du charme aurait bien dû les
mettre en garde. Elle avertissait d'autant moins
qu'elle agissait avec plus de force. On ne com-
prendra rien d'humain si l'on se refuse à comprendre leur illusion.

VI

DU SYSTÈME HANOTAUX : QU'IL RENIAIT LA RÉPUBLIQUE

Que l'illusion fût folle, nous l'avons déjà remarqué. Que ces plans, ces desseins, fussent irréalisables en l'absence du seul moyen de les réaliser, c'est aussi l'évidence pure. Toutefois, en eux-mêmes et abstraction faite du reste, ils étaient soutenables et pouvaient tenter les esprits.

D'abord, cette politique eut ceci pour elle de correspondre à des prévisions justes. Le système Hanotaux, normalement pratiqué et continué, n'eût pas été surpris par la guerre sud-africaine : l'heure de l'action, d'une action qui pouvait réussir, eût sonné immanquablement quand les forces anglaises furent immobilisées par le petit peuple des Boërs. La Russie et la France pouvaient, alors, tout entreprendre contre l'Angleterre avec la coopération militaire et navale de l'Allemagne [1], celle-ci essayant d'entraîner ou de neutraliser l'Italie. Des patriotes avérés, tels que

---

1 Une démarche effective faite par l'ambassadeur allemand à la veille de la chute de M. Hanotaux ne reçut de son successeur aucune réponse.

M. Jules Lemaître, ont aimé cette conception.
Je n'ai aucun sujet de contester le patriotisme
d'hommes tels que Félix Faure, M. Méline ou
M. Hanotaux. Un autre ami de cet accord franco-
allemand, M Ernest Lavisse, avait longtemps
prêché dans ses cours de Sorbonne la mémoire
pieuse des pays annexés : on se disait tout bas
que l'alliance allemande lui apparaissait un détour pour obtenir ou arracher plus tard la suprême restitution

Or, une Monarchie aurait pu faire ce détour. La
Monarchie peut feindre d'ajourner ses meilleurs
desseins pour les réaliser en leur temps. La Monarchie française, dont la tradition fut toujours de
cheminer du côté de l'Est, aurait pu conclure une
alliance provisoire avec l'Allemagne et se réservant l'avenir. Le plus national des gouvernements
aurait pu gouverner d'une manière utile et même
glorieuse en faisant une violence passagère au sentiment national et en formant une liaison avec
les vainqueurs de Sedan : il gouverna ainsi, de
1815 à 1848, avec l'amitié des vainqueurs de
Waterloo, *contre l'opinion du pays,* mais *dans l'intérêt du pays,* sans avoir eu à renoncer le moins
du monde à l'adoucissement des traités de 1815,
puisqu'il ne cessa de s'en occuper et qu'il était
à la veille d'en obtenir de considérables quand
les journées de Juillet vinrent tout annuler par la
Révolution.

La politique extérieure n'est pas un sentiment,
même national : c'est une affaire, on le dit, et

l'on dit fort bien. Mais à la condition que le sentiment public ne fasse pas corps avec le pouvoir
politique. A condition que l'intérêt soit représenté
et servi par un pouvoir indépendant de l'opinion. Quant à vouloir poursuivre l'exécution d'une
pensée et d'un système politiques sans le concours de l'opinion alors qu'on n'est soi-même
qu'un pouvoir républicain, c'est-à-dire un sujet,
une créature de l'opinion · le vouloir, c'est vouloir
entreprendre un effort immense et consentir
d'avance à ce qu'il soit stérile, car c'est en même
temps se priver de l'unique moyen dont on ait
la disposition.

Ainsi, dès son premier effort systématique, la
diplomatie nouvelle se trouva induite à prendre
conscience de son incompatibilité de fait avec le
gouvernement de la France, lequel était un autre
fait. « Manœuvrons temporairement avec l'Allemagne », disait par exemple une certaine idée de
l'intérêt national. « Manœuvrons en secret », ajou-
taient l'expérience technique et le sens de nos
susceptibilités françaises. « Mais », interrompait
alors la sagesse politique, « si vous manœuvrez
en secret contre le cœur et la pensée de la nation
pour vous entendre avec ces Prussiens qu'elle
traite en ennemis mortels, vous serez sans soutiens aux premières difficultés qui feront nécessairement un éclat dans ce public dont vous
dépendez ».

En effet, l'action de M. Gabriel Hanotaux pouvait bien être patriote dans son intention et dans

son objet : dans sa formule expresse, qui eût immanquablement révolté le sentiment national, elle ne pouvait lui être soumise en aucun langage explicite. Rien d'important ne devait donc en être traité qu'en dehors des agents de la démocratie, en dehors du Parlement, à l'écart de la presse, alors que le principe et le jeu des institutions exigeaient le contrôle perpétuel de l'opinion du pays et, surtout, en cas d'émotion, son ferme concours ..

M. Gabriel Hanotaux ne fut pas seul à éprouver cette contradiction. Lorsque, plus tard, M. Delcassé s'engagea dans une manœuvre plus conforme au sentiment national, mais qui était contraire aux intentions de son parti, les mêmes renaissantes nécessités l'obligèrent à renouveler les procédés du gouvernement personnel, à renier le principe républicain, à ne tenir aucun compte de l'opinion républicaine, enfin à subir l'ascendant des mêmes méthodes que son prédécesseur.

Un ami politique de M. Delcassé redisait volontiers pendant les dernières années :

— *Nous faisons de la politique monarchique sans monarchie* [1].

Mais faire — non pas feindre — *de la politique monarchique sans monarchie*, c'est ce qui paraîtra l'impossible même à qui voit le rapport des insti-

1 Ce mot a été dit par le Comte de *** à l'auteur de ce livre, pendant l'enterrement de Gabriel Syveton, le 10 décembre 1904, c'est-a-dire quatre mois avant l'éclat de Tanger

tutions avec les fonctions dans la suite des desseins et des événements. On peut se conformer au système républicain, et pour l'amour de lui se priver d'agir pour la France. On peut aussi renverser cette République pour l'amour de l'action française à travers le monde Mais, sans la renverser, essayer d'opérer comme si elle n'était pas debout, agir sans tenir compte de *celle présence réelle*, agir comme s'il existait un autre régime, lequel n'existe point, ne pas vouloir tenir compte de cette *absence* non moins réelle, annoncer aux nations qu'on se comportera comme si ce qui existe n'existait pas et comme si ce qui n'existe pas existait, c'est une gageure que l'on peut soutenir quelque temps par la distraction ou la confiance du public, la longanimité ou la ruse de l'adversaire, mais, sitôt que le jeu devient sérieux, on perd.

VII

SUITE DU SYSTÈME HANOTAUX : LE SENTIMENT DE LA REVANCHE

Cette puissante politique d'amitié allemande n'était pas seulement tenue à se cacher du sentiment national, elle se devait de le détruire. Qu'elle le voulût ou ne le voulût point, ce n'est pas en question : pour se poursuivre en paix, cette politique devait proscrire les allusions, les commémorations, les revendications intempestives, et, en s'efforçant de les arrêter en fait, elle devait étouffer aussi l'idée de Revanche dans le principe de sa libre expansion. Aucune convention ne l'y obligeait, certes : simplement la nature du chemin qu'elle avait choisi. Le seul effet matériel d'une entente berlinoise voilait le souvenir, endormait les ressentiments et les espérances.

Pour la première fois depuis son avènement, « la République des républicains » obtenait de ce côté un résultat moral appréciable. Il avait fallu dix-sept ans (1878-1895) pour y venir. Jules Ferry, qui n'eut pas les audaces de M. Hanotaux, dans la pratique de l'action, en avait donné le premier conseil. Bien avant les Gascons et les Marseillais qu'on accuse si légèrement de tiédeur patriotique, cet homme de l'Est, ce Lorrain, détourna les Français de « la trouée des Vosges ». Il ne réussit pas, faute d'un élément que le plan Hanotaux a fourni à ses successeurs. Il n'avait pu détruire le sentiment qu'il ne pouvait pas remplacer. Mais, peu à peu, quand, à la suite de mauvais heurts coloniaux, on eut marié la haine de l'Angleterre à celle de l'Allemagne, le cœur des citoyens cessa d'appartenir aux seuls « pays encore annexés ». Quelques doux songeurs parlaient bien de porter une guerre simultanée sur la Manche et sur le Rhin; aussi fin que le charcutier d'Aristophane, notre public comprit qu'il ne pouvait regarder de ces deux côtés à la fois sans loucher : entre la Manche et le Rhin, le continent et l'Océan, il lui fallait choisir, et cette possibilité d'un choix créa vite l'état de doute et de partage qui tue les passions, dans les groupes d'hommes aussi bien que dans l'homme seul.

La passion de la Revanche tenait alors chez nous un rôle particulier. Ingénieusement, M. Robert de Bonnières, à la mémoire de qui l'on doit rendre cette justice, a soutenu un jour que, pendant vingt-cinq ans, cette idée de Revanche a servi de lien à l'unité française. Rien de plus vrai C'est une belle chose, mais rare, courte et d'autant plus précieuse que le gouvernement d'un peuple par une idée. Cette idée fut vraiment une reine de France[1]. Sa régence avait établi la discipline de nos

1 Voir, à l'appendice II, l'idée de la Revanche, d'après

troupes, le travail de nos officiers. Nous lui devions
l'existence même de notre armée. Si le parti républicain a poursuivi avec une certaine lenteur les
destructions qu'il nommait les plus nécessaires,
c'est encore de l'idée de Revanche que nous sont
venues ces années de grâce et de sursis. Quelle carte
splendide nous avait jetée là le destin ! Il eût fallu
la retenir à tout prix. Un office public aurait dû
être préposé à la garde de cette idée-force. École,
presse, État, famille, tout le monde aurait dû riva-
liser d'attention et de vigilance pour conspirer à
ce maintien. En l'absence du Prince, la Revanche
faisait briller un reflet, une image de son autorité. Politique du Rhin, retour vers le Rhin,
sur les pas de César et de Louis XIV ! Un
peu des volontés et des traditions capétiennes
subsistait au fond de nos désirs et de nos regrets.

Le jeune ministre Hanotaux avait-il réfléchi à
cela ? Ce qu'il détruisait sans pitié n'était pas réfec-
tible. Mais l'insouciance publique ressemblait à de
la confiance. Comme elle ne mettait aucune limite
à l'autorité qu'il exerçait, elle l'enivrait. Ce crédit,
fait au ministre plus qu'à l'homme, était général.
Tout en s'appliquant à bien remplir son mandat de pleine puissance, il s'en exagérait, non
point peut-être l'étendue ni la valeur, mais assurément la durée... Autour de lui, on partageait et
on encourageait son rêve. A quoi bon cultiver le

Scheurer-Kestner, le comte de Mun, Drumont, Jaurès,
Gambetta, Ranc, etc.

« thème vague [1] » de la Revanche? A quoi servait-il désormais? Non plus même à la politique intérieure. Le parti modéré avait cru s'assurer un personnel capable de tenir honorablement la place d'une dynastie devant l'Europe et la nation. On n'avait plus besoin de la collaboration du gros public dans une République ainsi appuyée sur un monde respectable, compact et fort Celui-ci représentant l'intérêt public, l'opinion publique faisait corps avec lui. . — Éternellement?

Ces étranges républicains, ces républicains apostats, tenaient un compte très exact de toutes leurs données, sauf une, sauf la principale, celle qui avait été la condition de leur arrivée au pouvoir et qui restait maîtresse de leur départ éventuel. Comme il s'agissait d'eux, la démocratie cesserait d'être versatile...

La théorie de la Revanche n'était certes pas reniée de front. On se contentait de lui prodiguer les petites provocations, les menues négligences. Mais on fut promptement compris à demi-mot. Trop bien compris! Deux ans plus tard, au moment de l'Affaire, quand le ministère Méline-Hanotaux dut faire appel au sentiment national pour résister à l'Étranger de l'intérieur, on s'affligea de le trouver si cruellement affaibli. S'aperçut-on que l'on avait lâché la proie pour l'ombre, un sentiment réel vivace et fort pour une abstraction de chancellerie [2]?

1 HANOTAUX : *Histoire de la troisième République*
2 C'est vers 1895 que le sentiment national commença

à baisser chez les instituteurs. M Jean Tharaud en a fait un jour la remarque : « Il a suffi d'une dizaine d'années pour transformer radicalement la mentalité de nos maîtres d'école De 1870 à 1895 environ, *ils ont formé le groupe le plus patriote peut-être de la nation* On leur avait tant répété, dans leurs écoles normales, que c'était le maître d'école allemand qui avait vaincu en 1870, qu'ils s'étaient habitués à se considérer comme les préparateurs, les organisateurs de la revanche prochaine Dix ans, vingt ans passèrent; peu à peu, la guerre cessa d'apparaître comme possible, comme désirable. Ils finirent par se lasser de ce rôle d'annonciateurs d'un événement qui ne se réalisait jamais. En même temps, leur orgueil, exalté par une science pourtant médiocre, souffrait de la situation subalterne que leur faisait la Société.

« Dégoûtés de prêcher la revanche, profondément humiliés et mécontents, ils étaient tout préparés à recevoir la foi socialiste. C'est *vers 1895* que le mouvement de propagande révolutionnaire commença d'être conduit, parmi eux, avec un peu de vigueur »

Vers 1895 Cette date approximative est tout à fait juste Je regrette que Jean Tharaud n'ait pas eu la curiosité de se demander en quoi cette année se distingua des précédentes et précipita les suivantes vers un ordre nouveau Le sens de ce nombre fatal eût ajouté quelque chose à son analyse Certes, il a bien raison de dire que l'enthousiasme patriotique des instituteurs (et des autres) a dû se refroidir faute d'aliment et que la Revanche apparaissant moins prochaine, la guerre moins probable, on devait se lasser Mais il est certain que, en 1895, cette lassitude rencontra une raison d'être précise et un motif qui put paraître décisif C'était en 1895 que la Russie et la France s'étaient unies à l'Allemagne. C'était en 1895 que la flotte russe et la flotte française étaient venues fraterniser avec la flotte allemande dans les eaux de Kiel. C'était en 1895 que toute la fraction avancée, réfléchie et bruyante du gros public français avait compris que son gouvernement lui conseillait l'oubli de la « grande idée ».

———————

VIII

SUITE DU SYSTÈME HANOTAUX
LA MISSION CONGO-NIL. — L'AFFAIRE

— *Nous avons un gouvernement, nous aurons les desseins des autres gouvernements,* — s'était dit ce ministre des Affaires étrangères que les gens du bel air commençaient à qualifier tout haut de « chef du *Foreign Office* français ». On n'a jamais assez admiré cette locution. Elle dit le style d'un temps. Elle est « jeune ministre ». Elle qualifie l'ambition, aussi noble qu'aveugle et que naïve, de nos politiques vers 1895.

La France ou ceux qui se croyaient les fondés de pouvoir de cette personne historique, la France ou son mandataire, avait donc le dessein de préparer toutes sortes de surprises désagréables à l'Angleterre. D'accord avec l'Allemagne et la Russie, des pièges lui furent tendus sur différents points. Quelques-uns médiocres, en Chine et au Japon. D'autres excellents, comme la mission Congo-Nil.

En 1896, l'Angleterre, aujourd'hui installée très solidement, n'en était guère qu'à la moitié de la grande entreprise africaine : si haut qu'elle eût mis l'espérance, elle doutait encore de

pouvoir la réaliser. S'emparerait-elle de l'épine
dorsale du monde noir? Achèverait-elle cette voie
ferrée du Cap au Caire, que ses travaux simultanés poussaient également du nord au sud et du
sud au nord? C'est au Sud africain surtout que
son progrès était saisissant. Elle avançait rapidement au-delà de Boulowaïho. Mais les nations
rivales avaient aussi le temps de couper cette
magnifique route militaire et commerciale. En
s'emparant de ce qui n'appartenait à personne
dans la partie moyenne de l'Afrique, la France
pouvait espérer de joindre sa colonie orientale
d'Obock, où le négus était pour elle, à son vaste
domaine de l'Ouest africain : la transversale ainsi
menée arrêtait net la route verticale de l'Angleterre, et l'intervention française, passant au sud
des cataractes, permettait de rouvrir la question d'Égypte, la question des Indes, la question
de la Méditerranée, et de toutes les autres mers
sur lesquelles régnait jusqu'alors, sans conteste,
le pavillon de Sa Gracieuse Majesté.

C'est en juillet 1896 — sous le règne de Félix
Faure, la présidence de M. Méline et l'adminis-
tration de M. Hanotaux — que le commandant
Marchand, à qui avait été suggérée [1] cette grande

---

1 M. Hanotaux a fait remarquer, après Marchand je
crois, qu'il n'est point le premier auteur de cette suggestion, a laquelle M Delcassé n'avait pas été étranger. Il y a
une phase antibritannique dans l'existence politique de
M Delcassé Le lecteur sent combien ces questions de personnes ont peu d'intérêt dans un exposé général. — Ajou-

tâche, débarqua au Congo. La mission était-elle
trop peu nombreuse? Fallait-il une armée où le
Gouvernement n'envoyait qu'une petite troupe?
Les héritiers politiques de Jules Ferry avaient-ils
imité sa méthode des petits paquets? On l'a dit.
Il est possible que cette faute de conduite ait
été commise Nous en verrons de beaucoup plus
graves. Mais. sur ce point, j'aime mieux penser le
contraire, et croire un témoin qui vaut la peine
d'être cru; Marchand en personne déclare n'avoir
pas été arrêté par l'insuffisance de l'effectif. En
effet, l'explorateur n'a pas été vaincu à Fachoda,
où la victoire était possible, mais à Paris, où elle
ne l'était pas.

Il avait bien fallu commencer par de petits
coups de force, mais l'itinéraire du jeune officier
français ajoute à l'éclat de cette marche militaire la beauté d'un effort de conquête économique, administrative et, osons le dire, bien qu'il
s'agisse de pauvres nègres, diplomatique. Pour
donner passage au matériel, on devait construire
des routes; pour assurer les positions, élever des

tons que M. Hanotaux met aujourd'hui une extrême énergie à contester que la mission Marchand et généralement
sa politique africaine aient été dominées par l'idée d'une
guerre avec l'Angleterre ou qu'elles aient dû y aboutir
nécessairement. Il nous suffira de répéter que cette politique était, par son essence même, affectée du *risque*
constant d'un conflit armé avec l'Angleterre Si le ministre ne prévoyait pas la possibilité de ce conflit, avec ses
conséquences, il se dissimulait une des faces principales
de la question.

forts. Plusieurs de ces rudes travaux furent accomplis par des hommes mourant de faim, qui ne
s'arrêtaient de marcher ou de travailler que pour
solliciter et obtenir l'amitié des tribus. Une seule
comparaison vient à la pensée : on songe à la
course des légions de Rome charriant avec elles le
capital, l'élan, le génie et la vertu d'un monde civilisé. Chamberlain a nommé leur expédition « une
des plus étonnantes et plus magnifiques dans
l'histoire de l'exploration africaine... » Quel chef!
quels braves compagnons! Que manquait-il donc
à Marchand, qui servait brillamment, pour servir
utilement? Il ne lui manquait qu'une France.
Son instrument colonial et militaire était parfait.
Pour qu'il fût employé, il eût suffi d'un gouvernement à Paris.

En juillet 1896, ce gouvernement n'existait pas.
C'était un malheur grave; mais le pire malheur
était qu'il parût exister. Il avait toutefois un peu
d'existence réelle, dans l'ordre que les philosophes appellent la catégorie de la simultanéité, de
l'espace; l'Élysée, le quai d'Orsay, la présidence
du Conseil, étaient occupés par trois hommes qui
agissaient avec un certain ensemble; mais ils ne
possédaient vraiment ni la certitude ni la puissance de prolonger cette action au-delà de la minute écoulée. Quant à la catégorie du successif et
au point de vue de la durée, le Gouvernement qui
envoyait Marchand vers le Nil et *qui avait grand
besoin de se maintenir au pouvoir, du moment qu'il
venait d'engager et d'hypothéquer l'avenir en visant*

l'arrivée de Marchand sur le Nil, ce gouvernement
n'avait aucune solidité. Il pouvait cesser d'être,
d'un moment à l'autre. Il dépendait d'un caprice
parlementaire ou d'une simple saute de vent électorale.

— Qui en doutait? demanderez-vous.

Hélas! faut-il répondre, qui s'en doutait?

Non, personne ne s'en doutait : les républicains
de cette génération, hypnotisés par le pouvoir,
ont été anesthésiés sur les conditions du pouvoir. Leurs prédécesseurs du Quatre-Septembre,
compagnons des 363, avaient gardé mémoire de
l'ère difficile : ils savaient combien leur office était
précaire, leur situation menacée. Fils des révolutions, ils se savaient exposés aux révolutions.
Un passé personnel très chargé venait leur rappeler la nature chancelante et périssable de leur fortune. Une perquisition bien menée ferait peut-être
découvrir que leur paquet est toujours fait. « *Est-ce
ce soir que l'on m'arrête?* » demandait Rouvier au
préfet de police Lozé, un jour fâcheux du Panama.
Mais les nouveaux venus n'ont pas ce sentiment.
Ils sont nés dans la République et n'ont jamais
frôlé ni bagne ni prison; ils ont une tendance à
se croire ministres à vie. La griserie est naturelle.
Tout le régime n'est funeste que parce qu'il
met en jeu, contre l'intérêt du public, tout ce qui
tente, grise, étourdit les particuliers M. Lemaître
l'a bien dit : au lieu de venir au secours de notre
faiblesse, ce régime en sert le conseil; il en favo-
rise l'erreur. Sous Combes et sous Waldeck, il a

ouvert le pouvoir à des scélérats, mais, sous Faure,
sous Méline et sous Hanotaux, il avait perverti des
hommes d'esprit, de talent ou d'intelligence en
leur enlevant la raison.

Marchand a-t-il dressé la concordance de ses
actes avec les actes de la vie intérieure de la Métropole? La double série serait admirable à poser
en regard sur des colonnes parallèles... On peut
admettre, provisoirement, que, de juillet 1896 à
novembre 1897, MM. Félix Faure et Hanotaux,
ayant les mains libres au dedans, ont su faire
tous les préparatifs convenables en vue d'appuyer
Marchand et de lui fournir, quand il approcherait
du but, l'appui décisif. Comme on le verra tout à
l'heure, ils ne le firent point en ce qui concerne
la guerre maritime. Mais peut-être qu'ils se dis-
posaient à le faire. Un événement leur en arracha tout moyen.

...En effet, dans le mois de novembre 1897, et
comme Marchand approche de Fort-Desaix, un
phénomène absolument imprévu du grand public,
bien que préparé de longue main dans un petit
monde, éclate tout à coup en France : MM. Ranc,
Scheurer-Kestner et Joseph Reinach lancent la
revision du procès du traître Dreyfus. L'Affaire,
alors, commence, les passions se heurtent, et le
Gouvernement français, hier assez fort pour dessiner une offensive contre l'Étranger, se trouve tout à
coup réduit à se défendre contre l'ennemi de l'intérieur. Il lui devient très difficile de continuer sa
politique russo-allemande : l'ambassade allemande

est mêlée à l'Affaire ! D'ailleurs, les colères et les
inquiétudes sont éveillées, les factions sont en
armes; personne n'est plus disposé à faire confiance à ce cabinet ni à aucun autre, comme le
prouveront la formation pénible, la vie accidentée
et la chute rapide des deux ministères suivants,
Brisson et Dupuy.

Déjà, M. Méline perd une fraction importante
de ses premiers soutiens modérés, libéraux et
opportunistes : les croyants de la doctrine républicaine d'une part, les coquins de la défense
républicaine de l'autre, se sont prononcés pour
Dreyfus. Dreyfus représente pour les naïfs l'incarnation souffrante des chimériques Droits de
l'homme; pour les vendus, il correspond au type
réaliste et productif des droits du juif. Tout ce
monde fait à l'État une guerre violente, et
M. Méline n'y peut riposter que modérément. Il
observe toutes les règles du jeu que l'on s'ap-
plique à violer contre lui. Ses paroles sont justes,
mais faibles. Ses actes sont nuls. Son adversaire
agit sans cesse et ose tout.

Un roi de France eût fait ce qu'eût fait le roi
d'Italie ou l'empereur d'Allemagne · avant de
laisser propager le roman de l'erreur judiciaire,
il se fût assuré des perturbateurs avérés. Mais,
sur les douze ou quinze personnes qu'il eût fallu
arrêter dans la même nuit, M. Jules Méline reconnaissait un sénateur que son ministre de la
Guerre ne pouvait s'empêcher d'appeler son
« *excellent* » et son « *honorable ami* », des collègues

de la Chambre avec qui il avait des relations aussi
anciennes que courtoises, des hommes ayant fondé
la République avec lui ou qui, s'y étant ralliés dès
la première heure, s'en montraient les plus fermes
mainteneurs et soutiens : quelles mesures pouvait-on se permettre contre eux [1] ? Sans doute,
le salut de l'État exigeait ces mesures. Mais,
outre que le salut du parti républicain ne les exigeait peut-être pas, le président du Conseil ne disposait d'aucun pouvoir légal l'autorisant à ces
mesures de salut.

Nul arbitraire intelligent et responsable ne veillait : nous n'avions ni une institution ni un organe
politique qui fût chargé *en général* de cette surveillance essentielle. Les morceaux fonctionnaient,
mais aucune pièce centrale. Le lucide Anatole
France vit donc se vérifier la mémorable sen-
tence : « *Nous n'avons pas d'État, nous n'avons
que des administrations.* » Les administrations se
montrent implacables quand elles ont affaire à
des individus isolés ou à des groupes de vaincus
(catholiques, conservateurs), mais elles sont bien
obligées de montrer une insigne mollesse quand
elles trouvent devant elles des compagnies puissantes ou des individus solidaires comme nos juifs,
nos protestants, nos métèques et nos francs-
maçons.

---

1 « *S'il existait des lois qui me fussent applicables...* » disait
un peu plus tard, au procès de Rennes, M. Trarieux
dans un beau mouvement contre un homme de peu, qui
s'était permis de l'accuser de faux témoignage

Le gouvernement de M. Méline dut reconnaître
qu'il n'était qu'un frêle assemblage de bureaucra-
ties mal liées. L'anarchie eut cours libre, le pouvoir seul se trouva arrêté et mis en échec. Son effort
n'aboutit qu'à manifester l'intention de refuser
aux juifs une revision injuste en elle-même, dangereuse pour le pays. Mais l'effort ministériel ne
parvint même pas à tenter d'opposer un obstacle
réel aux réalités menaçantes.

Grâce à la ferme parole de M. Méline, le droit
public que l'on tentait d'usurper demeura intact,
mais, du fait de son inaction, toute notre activité
politique fut immobilisée, puis brisée et réduite
en miettes. Qui voudra étudier le détail de cet
épisode [1] verra comment un honnête homme peut,
sans forfaire à son honneur, par simple ignorance politique, commettre, au moment du danger, une désertion fertile en désastres [2].

Ces vérités n'enlèvent rien à l'estime personnelle due à M. Méline, dont la politique agricole
sauva un intérêt français. Il eût pu faire un bon

---

1 On en trouvera tous les faits dans l'admirable *Précis
de l'Affaire Dreyfus,* par Henri DUTRAIT-CROZON. — La
position juridique de M. Méline, en 1897, lorsqu'il opposa
un ferme refus, fondé sur des motifs absolument inat-
taquables, à ceux qui voulaient lui imposer l'initiative
d'une revision, a été indiquée dans ma préface au premier
ouvrage de Henri DUTRAIT-CROZON : *Joseph Reinach historien,* pp. xv et xvi, surtout à la note de la page xv.

2 Un ami de M Méline, M. Judet, appelle cette désertion
la « grande défaillance gouvernementale de 1898 » (*Eclair
du 7 septembre 1909*).

ministre sous un roi. La haine dont la juiverie
l'a toujours poursuivi depuis pourra nous le faire
honorer. Mais il faut se garder d'honorer son
infirmité, qui fut d'être républicain, et cette
grande faute d'avoir essayé d'oublier, ou de faire
oublier, la qualité incohérente et inconsistante de
ses·pouvoirs dans un gouvernement d'opinion.

La faction révolutionnaire en vint à bout
quand il lui plut. Faible, infiniment faible pour
contenir ou pour maintenir, l'opinion pouvait
tout pour la destruction.

IX

COMME EN POLOGNE

On vit s'opérer en peu de mois un revirement général.

L'opinion avait ratifié la bonne entente avec le Pape ; or, il suffit de quelques campagnes de presse pour réveiller, en 1897, l'anticléricalisme de 1877 ; dans toutes les classes de la société républicaine, les tolérants et les sceptiques·de la veille redevinrent fanatiques et persécuteurs

L'opinion avait ratifié sans mot dire les mystères hautains de nos Affaires étrangères dans les sujets qui intéressaient le plus gravement le pays, or, il suffit d'une banale affaire judiciaire pour exaspérer les curiosités et ravir aux ministres ce crédit implicite qui leur avait donné, en fait, pleins pouvoirs.

L'opinion de 1896 souhaitait un gouvernement responsable et fort, une belle armée : dix mois après, par un brusque et logique revirement, les libéraux démocrates ramenaient le thème anarchiste. Une moitié de l'ordre des avocats, tout ce que la haute société comptait d'utopistes, et le monde universitaire de philosophes mystiques, retourna, avec les Waldeck, les Barboux, les Du-

4

claux, les Grimaux, les Saussine et les Boutroux,
à leurs prototypes révolutionnaires de 1789, 1848
ou 1871.

M. Jules Méline, M. Gabriel Hanotaux et
M. Félix Faure avaient donc bien mal calculé
la résistance de ce banc de nuage sur lequel ils
s'étaient ridiculement installés ! L'opinion change :
c'est sa nature dont ils ne se méfiaient pas.
Elle a suffi à les renverser.

Sur les causes de cette révolution de l'esprit
public, M. de Freycinet disait au Conseil de
guerre de Rennes que la campagne Dreyfus
avait été « très désintéressée en France » (il en
était « sûr »), mais qu'elle « l'était peut-être un
peu moins à l'Étranger ». Ce témoin, le plus
indulgent des hommes, n'avait pu fermer les yeux
à l'évidence de l'intérêt majeur qu'avaient telle
et telle puissance à diminuer la cohésion et le
prestige de notre organisation militaire. Mais,
plus encore que l'Armée, les amis de Dreyfus
affaiblissaient l'État ; ils opposaient à toute politique générale un conflit intérieur qui paralysait.
L'immobilité ainsi obtenue servait si clairement
les intérêts de l'Angleterre qu'on ne peut supposer qu'elle y soit demeurée étrangère. La
politique anglaise a toujours profité du jeu des
factions parmi nous. Il est aussi de règle qu'elle
les suscite et les paye. Son intervention était
naturelle et d'ailleurs presque juste. C'était la
riposte indiquée au plan Hanotaux, mais appliquée
par un gouvernement traditionnel au point faible

d'une démocratie. Le « chef du *Foreign Office*
français » avait envoyé les tirailleurs de Marchand
opérer au loin contre l'Angleterre : le chef du
véritable *Foreign Office* répondait en envoyant
la cavalerie de Saint-Georges manœuvrer dans
nos villes contre le Cabinet français et les soldats
français Comme les souples et silencieux cava-
liers ne rencontraient aucun pouvoir d'État indépendant de l'opinion (cette opinion qu'ils étaient
capables de *faire*); comme ils étaient déjà assurés
du concours actif de tous nos ennemis de l'intérieur (déjà maîtres d'une partie de cette opinion versatile); comme enfin ils ne trouvèrent
de résistance que dans l'administration militaire
(qui, étant subordonnée à la République, devait
céder en fin de compte à l'opinion), il leur suffit
de réussir à impressionner puissamment ce vague
et vibrant composé de sentiments, d'intérêts, de
caprices et de passions, dont la mobilité est pro-
digieuse en France. Un tel succès était facile.
Qui émeut l'opinion? La presse. Et qui mène la
presse? L'or.

C'est pourquoi, en raison de cet or anglais et
de cette presse vénale, par la faute ou le crime de
cette opinion souveraine et de ce régime déman-
telé, quand les journaux français de 1897 et de
1898 lui parvinrent, après ses longs mois d'immer-
sion dans la solitude africaine, le colonel Marchand dut se détourner pour pleurer. Un Forain
prophétique éternise ce souvenir.

On peut répondre que ce fut simple coïncidence

de fortunes fâcheuses. Mais le hasard est innocent des maux immenses qui résultaient de la
série de nos troubles civiques. Ces maux sont
dus à l'imprévoyance des hommes et surtout à
l'anarchie des institutions. Si, pendant qu'on
édifiait Fort-Desaix, Mathieu Dreyfus a pu
recruter un parti au traître, son frère [1], et allu-
mer ainsi une guerre civile, — si l'œuvre d'un
simple particulier a pu causer de tels effets, —
si, au moment même où les nôtres se mettaient
en marche pour Fachoda, Paris et la France ont
pu se battre jour et nuit pour M. Zola . ces accidents scandaleux n'ont été *possibles* qu'à la faveur
de la caducité absurde de l'État Non, n'allé-
guons pas de surprise La sagesse politique consiste à savoir qu'il y a des imprévus dans la
marche du monde elle échelonne les moyens
d'y faire face et d'y pourvoir

La folie, la faiblesse des années 1897, 1898, 1899,
étaient comme enfermées et sous-entendues dans
un régime où nul barrage n'était opposé aux
sautes de l'opinion ni préposé à la défense de
l'intérêt général contre le caprice des foules
ou l'entreprise des factions que subventionnait
un ennemi bien organisé et bien soutenu « Nous
n'avions point d'État! » On avait négligé d'en
forger un quand il était temps. On avait refusé

---

1 C'est à ce moment-là que Mathieu Dreyfus écrivit la
lettre publique dans laquelle il denonçait, comme le véritable traître, un homme de paille à la solde des juifs,
Esterhazy.

de construire le roi : nos actions extérieures ne pouvaient que succomber aux convulsions de l'intérieur. Les prédictions de quelques journalistes perdus, griffonnées dès l'éclat des premières alarmes [1], restent pour faire foi de la nature essentiellement organique et constitutionnelle des difficultés auxquelles se heurtèrent alors les Hanotaux et les Méline, ainsi qu'ils devaient s'y heurter. Les républicains modérés purent s'apercevoir qu'il n'y avait aucune proportion entre les outils dont ils avaient disposé et la grande œuvre extérieure et intérieure à laquelle ils avaient entraîné leur pays.

L'un de ces ministres d'alors, grand ami de M. Méline, Alfred Rambaud, en convenait vers la fin de l'année suivante [2] En examinant les points noirs d'Asie et d'Afrique au Transvaal, en Chine, au Japon, puis la crise autrichienne, alors imminente, et en considérant tout ce qui se défait, tout ce qui se refait dans l'univers autour de nous et en dehors de nous, l'ancien ministre rédigeait ce mélancolique mémoire, ce compte douloureux du temps et des efforts que l'Étran-

---

1 Par exemple, ceux de Barrès, de Drumont, de Judet, et, si j'osais les placer a leur suite, quelques-uns de ceux que *la Gazette de France* et *le Soleil* ont publiés sur ces sujets a partir du 1er décembre 1897.

2 *Matin* du 21 septembre 1899, quelques jours après la seconde condamnation du traître Dreyfus au Conseil de guerre de Rennes. — Rappelons à ce propos que cette condamnation du 9 septembre 1899 n'a pu être cassée, le

ger nous avait fait perdre dans l'affaire Dreyfus :

Pour faire front à tant de périls, il faudrait une France *une,* non pas seulement au point de vue administratif, mais d'intelligence et de cœur. Il faudrait qu'aucun Français n'eût rien de plus cher que la grandeur et la sécurité de la France.

En sommes-nous là?

Il faudrait un gouvernement qui n'eût d'autre pensée que celle de notre salut, une armée très forte, une diplomatie attentive et souple.

Or, depuis deux ans, quel est celui de nos minis-tres de la Guerre qui a pu dévouer tout son temps et toute son intelligence à la préparation de la Défense nationale? Pour chacun d'eux, qu'on fasse le compte des heures qu'il a pu consacrer à cette tâche et de celles que lui ont gaspillées d'autres préoccupations, d'autres dossiers.

L'un d'eux [1], et non des moins dignes de cette haute fonction, était obligé de répondre à une interpellation sur nos ouvrages de défense : « *Je suis ministre depuis huit jours; j'ai dû en employer sept à l'examen de... ce que vous savez.* »

Faites ce même compte pour les présidents du Conseil, les ministres de la Marine. Faites-le pour le ministre des Affaires étrangères lui-même.

Faites-le pour le Conseil des ministres; deman-dez-vous pendant combien de minutes, dans une séance de deux ou trois heures, les hommes chargés de la défense nationale ont pu retenir sur cet objet l'attention de leurs collègues.

---

12 juillet 1906 par la Cour de Cassation, qu'à la suite d'une enquête frauduleuse et de débats scandaleux cou-ronnés par la violation et la falsification de l article 445 du Code d'instruction criminelle.

1 M. de Freycinet.

Faites le même compte pour les séances du Parlement. Combien ont été employées à des discussions utiles? Combien à l'Affaire et aux affaires connexes, dont elle fut une infatigable mère Gigogne?

Par la place qu'elle a prise dans les colonnes des journaux, appréciez ce qui restait d'espace à ceux-ci pour tenir le public au courant de ce qui doit le plus intéresser des patriotes, pour éclairer l'opinion sur notre situation en Afrique, en Asie, et sur nos propres frontières.

Pendant tout ce temps, que devenait l'armée? Une furieuse campagne tendait à l'affaiblir dans sa cohésion morale, dans sa confiance en ses chefs, dans sa discipline. Un incident comme celui des réservistes de l'Yonne [1] aurait-il été possible il y a seulement un an? Est-ce simplement un incident? Ne serait-ce pas un symptôme? Et de quelle gravité !

Notre diplomatie? Il y a dix-huit mois, elle se heurtait déjà à des difficultés inexplicables, *à une force d'inertie évidemment expectante,* et, jusque dans les négociations pour le Niger, elle constatait l'influence maligne du trouble des esprits en France et des calculs malveillants de l'étranger.

Cela ne pouvait qu'empirer. Nous l'avons bien vu pour Fashoda. Nous l'éprouverons dans d'autres occasions autrement graves et périlleuses, si nous ne parvenons à nous ressaisir.

Un tel état de choses est évidemment très avantageux à nos rivaux. Ils avaient intérêt à le prolonger, à l'envenimer, *et ils n'y ont pas manqué.*

Les uns ont prodigué l'argent, les autres y sont allés de leurs précieux conseils; à Londres, au

---

[1] Ces histoires de réservistes antimilitaristes se sont bien multipliées depuis douze ans.

moment le plus critique du fameux procès, quand les cœurs de tous les Français, encore que pour les raisons les plus différentes, étaient étreints de la même angoisse, on s'amusait à ouvrir des paris.

Maintenant, à Londres, on ne s'amuse plus : on se fâche tout rouge. Il s'est tenu à Hyde-Park un meeting monstre d'indignation. Toute la canaille britannique a crié : « A bas l'armée française ! » N'avons-nous pas assez, pour cette besogne, de notre propre canaille? Et, dans ce meeting, on a assommé quelques Français.

On a failli voir des officiers étrangers, dont le rôle d'espionnage a été reconnu aussi bien par la défense que par l'accusation, venir figurer comme témoins. Bien mieux : comme arbitres. Presque comme juges.

Quand il fait crédit au régime qu'il peut impressionner, diviser et troubler si facilement, l'Ennemi peut attendre que la victime soit à point. Mais l'exterminateur n'attendra pas toujours. *La Pologne,* écrit M. Rambaud, a fini par être « *partagée* » :

Il ne faut pas croire que ce soit du premier coup que les armées ennemies ont pénétré sur le territoire polonais Non. L'invasion étrangère a été précédée, préparée de longue main par une infiltration d'éléments étrangers et d'influences étrangères.

De l'argent étranger entrait en Pologne pour y fomenter certaines agitations Les étrangers avaient pris l'habitude de critiquer les lois du pays, de vouer au mépris de l'Europe intellectuelle les sentences de ses juridictions, de boycotter, à coups de tarifs, ses produits.

Ils estimaient injuste que les protestants et les

orthodoxes n'eussent pas les mêmes droits politiques que les catholiques, et en cela ils avaient
raison, mais les Polonais qui leur donnaient raison
avaient tort, car l'étranger n'est jamais désinté-
ressé dans ses critiques

Des Polonais prenaient l'habitude de fréquenter chez les ambassadeurs etrangers, de leur demander des renseignements, de croire à leur parole,
de suivre leur direction. Les uns dénonçaient aux
Prussiens et aux Russes l'intolérance catholique de
leurs compatriotes, les autres les suppliaient de
garantir les libertés anarchiques du pays; d'autres
s'entendaient avec eux pour condamner le « militarisme » polonais.

Au bout de quelques années de cet échange de
bons offices entre Polonais et étrangers, la Pologne s'est trouvée mûre pour l'invasion et le partage.

Notez que la Pologne était vraiment une RÉPU-
BLIQUE, *encore qu'elle eût à sa tête un roi qui,*
d'ailleurs, avait *encore moins de pouvoir effectif
qu'un président français Il est également facile de
démontrer que (les paysans mis à part) la Pologne
était une* DÉMOCRATIE.

Comme elle, nous avons pour voisins de puissants États monarchiques et militaires. Ces voisins ont intérêt à ce que la France soit paralysée,
neutralisée par impuissance

Telle était l'opinion d'un esprit modéré jugeant
à une année de distance : il commençait à
dominer l'histoire de la crise, il en apercevait
nettement les instigateurs. Les difficultés et les
embarras extérieurs que nous avions suscités au
Royaume-Uni étaient revenus à la République sous
forme d'embarras et de difficultés à l'intérieur.

Contre ce coup violent le régime ainsi attaqué demeurait sans riposte, parce qu'il était sans pouvoir. Dès lois impossible de rien sauver à moins que de changer la Constitution en pleine bataille et d'opérer une contre-révolution radicale sous le feu de l'ennemi! Mais bien peu songeaient à ce remède héroïque. Tout s'écroula paisiblement.

X

LA FIN DU SYSTÈME HANOTAUX :
LE DÉSARROI DE LA MARINE

La catastrophe consommée découvrit au régime un autre point faible par lequel il est bien probable que l'effondrement se serait produit, alors même que l'Angleterre se fût épargné les dépenses de l'affaire Dreyfus.

Pour la commodité et pour la clarté de l'exposition, j'ai laissé de côté ce point : j'ai supposé que le fragile gouvernement de MM. Félix Faure, Méline, Hanotaux, et leur façade d'administrations éphémères composaient, tout au moins, à chaque instant donné, une surface une, liée, suivie et cohérente. C'est ce qu'on avait attendu de leur « ministère homogène », et c'est ce que réclame toute politique sérieuse, en particulier, la politique extérieure, qui, avant d'obtenir la continuité dans le temps, a besoin de bien assurer sa liaison dans l'espace. Bismarck, à Ems, ne put se résoudre à marcher sans avoir consulté, une dernière fois, ses principaux collaborateurs, Moltke et Roon.

Mais en France il fallait compter avec les conditions qui sont inhérentes à toute république

démocratique ; faute d'un chef suprême, stable et
puissant, le gouvernement y est divisé et seg-
menté à perte de vue, pour le plus grand bonheur
des chefs de service et le pire malheur des services
eux-mêmes. Deux ministres y sont égaux sous un
chef qui n'est pas un maître Deux ministères
sont deux maisons qui s'ignorent l'une l'autre.
Ces rivales jalouses ne se pénètrent pas et refu-
sent de se rien céder l'une à l'autre. On correspond, on traite, mais c'est entre puissances étrangères, lointaines, et l'on n'agit pas de concert ni
sous une même impulsion. Il en était ainsi en
1896. Il en est ainsi aujourd'hui. Les ministres
modérés trouvèrent cet état de choses incoor-
donné et. loin de le modifier, n'y furent même
pas sensibles

La fortune voulut que cette secrète ataxie
n'apparût point aussi longtemps que le système
« Pétersbourg-Berlin contre Londres » fut en
vigueur et que les ministres modérés furent en
fonctions. Mais, trois mois après leur départ,
au jour précis de l'échéance du principal effet
tiré par M. Hanotaux sur notre avenir national,
c'est-à-dire en septembre 1898, on découvrit su-
bitement que tout avait été agencé par nos
mains en vue d'une rencontre possible avec l'Angleterre sans qu'on eût pris aucune des précautions navales qu'impliquait une telle éventualité. .
Un rapport de l'amiral Fournier déclara textuel-
lement : « *Nous ne sommes pas prêts...* » La
« forme républicaine », qui avait permis ce cas
d'imprévoyance et de distraction monstrueuses

apportait ici les effets directs de son essence propre « Elle est la dispersion, elle est la diversité, elle est le mal » On ne peut que redire ces définitions de l'abbé Lantaigne [1] pour peu qu'on se reporte à ce moment-là. Oui, en septembre 1898, et notre mission Congo-Nil venant de se heurter à Fachoda contre l'Angleterre, l'opinion française découvrit, sans en être d'ailleurs autrement émue, que, pendant ces quatre ans d'une politique

---

1 L'admirable passage du discours de M. l'abbé Lantaigne à M le professeur Bergeret, dans l'*Orme du mail*, de M Anatole France, serait à apprendre par cœur Nous l'avons cité bien des fois Mais il faut le relire.

« M LANTAIGNE — . Fût-elle respectueuse de la religion et de ses ministres, je hairais encore la République.

« M. BERGERET. — ..Pourquoi?

« M. LANTAIGNE — Parce qu'elle est la diversité. En cela, elle est essentiellement mauvaise. .

« La diversité est détestable Le caractère du mal est d'être divers Ce caractère est manifeste dans le gouvernement de la République qui, plus qu'aucun autre, s'éloigne de l'unité. Il lui manque avec l'unité l'indépendance, la permanence et la puissance *Il lui manque la connaissance, et l'on peut dire de lui qu'il ne sait ce qu'il fait* Bien qu'il dure pour notre châtiment, il n'a pas la durée, car l'idée de durée implique celle d'identité, et la République n'est jamais un jour ce qu'elle était la veille Sa laideur même et ses vices ne lui appartiennent pas. Et vous avez vu qu'elle n'en était pas déshonorée. Des hontes, des scandales qui eussent ruiné de puissants empires, l'ont recouverte sans dommage Elle n'est pas destructible, elle est la destruction *Elle est la dispersion, elle est la discontinuité, elle est la diversité, elle est le mal* »

La page, d'une extraordinaire lucidité, a précisément été écrite en 1896, alors que les jeunes ministres de la République conservatrice gravaient dans la chair vive, inscrivaient dans les faits concrets ce mémorable monument de *dispersion*, de *discontinuité* et de *diversité* dont il est fait ici l'historique.

évidemment antianglaise, nous n'avions négligé qu'un élément : nos forces de mer. Nous n'étions dépourvus que d'un organe, et c'était précisément du seul organe utile, l'unique organe de défense et d'attaque contre l'Anglais Notre armée de terre était encore bonne, mais ne servait pas à grand'chose ici. Une protection sérieuse du littoral métropolitain et colonial, sur la mer, des escadres, à terre, des ports en état, c'était aujourd'hui l'indispensable, et cela manquait. Le Cabinet Brisson-Cavaignac-Lockroy eut la charge d'improviser ce qui aurait dû être préparé à loisir dans les années antérieures et ce qui n'y avait même pas été commencé.

La présidence de la République était occupée par un ancien armateur havrais, ancien ministre de la Marine, à qui l'importance de la mer ne pouvait vraisemblablement échapper. Elle ne pouvait échapper non plus à son ministre des Affaires étrangères.

M. Gabriel Hanotaux s'était appliqué à consolider notre situation en Tunisie, en nous déliant de traités antérieurs : à quoi bon, si le passage de la Méditerranée n'était pas assuré par une flotte suffisante? La grande île de Madagascar avait été proclamée colonie française le 20 juin 1896 : à quoi bon si, de Madagascar à Marseille, une force étrangère restait facilement maîtresse d'arrêter nos communications?

Tous ces actes publics devaient nous obliger à veiller sur l'armée navale. A plus forte raison, cet acte secret, la mission du Congo vers le Nil. Ou c'était folie pure, ou l'entreprise sous-entendait des armements, des constructions, des approvisionnements maritimes réguliers et complets. Notre politique d'alors aurait permis, à la rigueur, de négliger les armées de terre, puisqu'elle escomptait le concours de l'armée russe et de l'armée allemande, mais elle exigeait l'entretien et, au besoin, la réfection de la marine. Précaution d'autant plus nécessaire que le concours de la flotte italienne semblait douteux, depuis que l'Angleterre se l'était assuré par un traité plus fort que l'arrangement triplicien. Ce long ministère modéré et conservateur, couronné d'une présidence plus modérée et plus conservatrice encore, avait donc légué un modèle de négligence maritime à ses successeurs radicaux. Si l'incurie et l'incohérence agressives de M. Camille Pelletan ont pu faire pardonner au public l'incurie et l'incohérence passives de l'équipe antérieure, l'historien ne l'oubliera pas. Une forte marine était supposée dans le dessein conçu et poursuivi dès 1895 et 1896 : or, nous ne l'avions pas à l'été de 1898 !

Comme toujours, alors, sous le poids des choses, sous la pression des circonstances, on essaya d'improviser [1]. Le ministère radical s'efforça de bien

---

1 On trouvera un récit de ces improvisations aux appendices III et IV . « *Les fonctions propres de l'État* », « *Mais il faut la violer* ».

mériter de la patrie en parant tout de suite au plus
nécessaire. Notre littoral se hérissa de canons. Les
soutes des vaisseaux de guerre se garnirent de com-
bustibles et de munitions. On jeta du charbon
dans les postes lointains pour le ravitaillement de
nos stationnaires. Ce fut un élan général.

On ne peut s'empêcher d'observer néanmoins que
cette ardente réorganisation maritime devait coïn-
cider, par une gageure ironique, avec un changement de front en diplomatie le ministre nouveau détournait peu à peu sa pointe de notre
vieille concurrente maritime; c'est un ennemi
continental que M. Delcassé nous mettait sur le
dos. Dès ce moment-là, nous aurions eu besoin
d'affermir et de consolider notre armée de terre.
Mais, précisément dans les années qui suivirent,
on ne travailla qu'à la désorganiser. En 1899,
toujours à propos de Dreyfus, qui venait d'être
recondamné et qu'il s'agissait de faire absoudre
à tout prix, la lutte s'engageait entre l'important Service des renseignements, organe de notre
défense nationale, et la Sûreté générale, qui ne
défendait que la République. En 1900, Waldeck-Rousseau donnait raison aux défenseurs de
la République contre les défenseurs de la France :
« Le Bureau des renseignements n'existe plus »,
déclarait-il. Le général André remplaça Galli-
fet au ministère, les généraux se virent dénon-
cés par des sous-officiers influents dans les Loges,
un vaste service de délation fonctionna. En
1903 et 1904, le ministère de la Guerre donnait

tout son cœur à la réhabilitation de Dreyfus, à
la diminution du budget de la Guerre, au service
de deux ans, et, lorsque, en 1905, éclata le coup
de foudre de Tanger, qui ne fut rien qu'un Fachoda
interverti, nous nous trouvions exactement dans
la même impuissance pour des raisons égales,
quoique toutes contraires : il aurait fallu exercer
notre armée de terre, et c'était à l'armée de mer
qu'on avait donné quelques soins.

XI

L'OSCILLATION DE LA MARINE

Mais la réforme maritime de 1898-1902 ne s'avança qu'avec des lenteurs, des incertitudes et des contradictions ; elle échoua, en fin de compte, sur un double écueil bien républicain : les Chambres, les Bureaux.

M. Edouard Lockroy avait remplacé rue Royale le brave et digne marin qui, pour répondre à un interpellateur du Sénat, déclarait que ses équipages *sauraient mourir*. Le ministre civil entreprit quelques modifications brillantes, au beau milieu desquelles un parlementaire nouveau, M. de Lanessan, survint pour les bouleverser ou les remanier. Ce double programme Lockroy-Lanessan à peine esquissé, M. Pelletan paraissait et cassait tout (1902-1905). Les dégâts et les ruines ont été particulièrement sensibles sous le ministère de M. Thomson, qui se flattait de raccommoder quelque chose. C'est une question de savoir si l'incohérente série de ces ordres et de ces contre-ordres n'était pas aussi vaine, en étant plus coûteuse, que l'inaction sommaire de M. l'amiral Besnard. Il ne faut pas lutter contre les colosses de la bureaucratie, ou il faut être armé de manière à en triompher.

La monarchie seule le peut. Les incontestables progrès obtenus sous la République dans l'armée de terre ne doivent pas faire illusion, car, ici, l'anarchie démocratique a été puissamment tempérée par le stimulant de la Revanche [1], qui n'existait pas pour l'armée de mer. Il y a trop longtemps que nous n'avons plus fait de grande guerre maritime L'âge de nos progrès sur mer remonte au prince de Joinville. En 1878, le rapport fameux de M. Étienne Lamy élevait contre notre marine un ensemble d'accusations que l'on n'a cessé de reprendre et de renouveler [2]. Le rapport fut écrit dans un but d'action et de progrès; la fatalité démocratique a réduit cette pièce au rôle humiliant de *memento* pour mécontents. Aucune réforme utile n'en est sortie, mais tous les brouillons de la Chambre s'efforcent d'en démarquer les vieilles critiques qu'ils aigrissent et retournent en pointes offensantes contre le corps de nos officiers de vaisseau. Dans cet ordre naval, la République tricolore des Dufaure et des Lamy n'échappe donc à la routine qu'en poussant à la destruction. C'est par l'effroi de réformes qui détruisaient que la République rose de l'amiral Besnard était revenue aux pratiques de l'im-

1 Voir à l'appendice V, Aéroplanes et dirigeables, ce qui se passe aujourd'hui dans les services techniques de la Guerre.

2 Rapports du budget de la marine, 1870-1879, n° 926, pp. 17 et 20.

mobilité, d'où, nécessairement, le pendule devait se remettre, peu après, à courir de nouveau dans le sens des ruines.

La longueur de l'oscillation peut surprendre au premier abord. Mais c'est la faute du régime si les fautes n'apparaissent que lentement. Les services de la marine ne sont pas comparables à d'autres administrations techniques qui exigent aussi une très forte part de compétence spéciale, mais qui reçoivent, comme les chemins de fer, par exemple, la vérification et la critique perpétuelle de l'expérience publique : chaque voyageur et chaque actionnaire peut se convaincre des résultats bons ou mauvais de l'exploitation. La seule expérience publique bien concluante à laquelle puisse être soumise une marine militaire est celle qui vient d'une guerre, c'est-à-dire lorsqu'il est trop tard pour rien réformer. En temps de paix, ce personnel et ce matériel immenses, hautement spécialisés, ne sauraient être sérieusement contrôlés qu'à force de présence d'esprit, de volonté ingénieuse et de sagesse vigilante : œuvre de personnalité, de science humaine et d'esprit humain, affaires de prince et de chef. Les aristocraties versées dans les choses maritimes et commerciales, Carthage, Venise, aujourd'hui encore la ploutocratie américaine, peuvent réussir à faire de bonnes inspections, à donner des directions sérieuses à leurs ministres et fonctionnaires de la mer : elles ont la durée et la compétence. Aucun pouvoir démocratique et républicain ne possède ces deux vertus.

Un ministre, un grand chef militaire n'y peut
garder longtemps sa place sans porter ombrage à
l'État. Quant à contrôler des serviteurs successifs, les mieux douées des démocraties y échouent
forcément : elles vont de déconvenue en déconvenue, trompées par l'indolence de leurs spécialistes qui se fatiguent, s'usent et se combattent les
uns les autres, ou desservies par la compétition,
le tumulte et le bruit qui sont le partage des
assemblées. Les professionnels s'endorment ou
s'entêtent, le peuple, le souverain, n'en peut rien
savoir; et ses représentants, les commissions in-
compétentes, les rapporteurs ignares, les ministres
turbulents et destructeurs le précipitent, dès qu'ils
ont le dessus, dans l'abîme du mal contraire
C'est un réformateur parlementaire, c'est M de
Lanessan, qui, par ses décrets, imposa l'incohérence aux services du ministère et facilita la ré-
volte dans les arsenaux. C'est un autre réformateur, parlementaire, Pelletan, qui prit à tâche de
soulever les équipages, d'arrêter les constructions
et de distribuer les commandements à la mer
d'après les opinions philosophiques et religieuses
des officiers. L'attitude de ce ministre échappait
complètement aux reproches d'étroitesse ou de
routine qu'on adresse aux professionnels : mais il
en résulta une épouvantable série d'échouements,
de naufrages, d'explosions, d'incendies, d'accidents et des désastres de toutes sortes, effets
normaux de la malfaçon, de l'incurie, de la malveillance ou de la trahison. Quand, durant deux
années entières, le malheur public éclatant, cet

unique avertisseur et contrôleur des démocraties,
eut longuement et cruellement fonctionné, le pays
finit par l'entendre et le faire entendre au pouvoir On rouvrit donc le vieux « conservatoire de
tous les abus », et l'on revint, par les deux lentes
étapes [1] de MM. Thomson et Picard, au ministère
d'un amiral. Mais l'expérience avait coûté cher :
du deuxième rang que nous tenions en 1899, nous
tombions, en 1909, au cinquième : la marine française s'est classée au-dessous des marines de l'Allemagne, des États-Unis, même du Japon...

Le résultat n'était pas évitable. Mais un autre
malheur est au bout du système contraire auquel
on semble devoir se ranger. Affranchie des fous
furieux du Parlement, la marine retombe sous le
particularisme de ses bureaux. Dès qu'un grand
pouvoir ne s'élève plus au-dessus des administrations, ces puissances subalternes, mais compétentes,
doivent s'ériger en petites souverainetés indépen-

---

1 Combien ces étapes ont été lentes, on peut s'en faire
une idée par des chiffres recueillis dans un grand organe
officieux du gouvernement républicain, *le Temps* Les trois
années 1907, 1908 et 1909, celles qui ont vu éclater les
conséquences du système Lanessan-Pelletan, et se vérifier,
à coups de sinistres, tous les pronostics les plus sombres,
ont vu périr ou mettre hors d'usage un certain nombre
de nos unités de guerre maritime. Combien en a-t-on recons-
truit? Voici les mises en chantier en Allemagne et en France :

	FRANCE	ALLEMAGNE
Cuirasses	0	10
Croiseurs cuirassés	0	3
Croiseurs protégés	0	6
Contre-torpilleurs	17	36
Sous-marins	0	8

dantes, comparables à des seigneuries féodales ou
même aux Grandes Compagnies du xive siècle En
tout bien tout honneur, en tout scrupule de parfaite
honnêteté, les professionnels en possession d'état,
et par là même très hostiles aux changements et,
de leur nature, opposés à tout élément qui n'est pas
de leur partie, sont conduits à confondre le bien
général avec les avantages de la spécialité qu'ils
détiennent, ils ne conçoivent plus qu'un service,
et c'est le leur propre, et nul contrepoids ne leur
est opposé que par d'autres coteries analogues,
formées quelquefois en factions ou en clientèles
coalitions d'intérêts privés qui peuvent demander
par hasard des réformes, mais qui, toutes ensemble, aspirent seulement à maintenir l'abus ou à
le déplacer. Dans ce système comme dans l'autre,
l'utilité générale cherche en vain son représentant.

Au lendemain du passage de Pelletan, on a dû
avouer que cette routine, avec tous ses défauts,
reste supérieure à l'immixtion brutale des orateurs et des rapporteurs, cette clique étrangère
superposant à des torts purement administratifs
tous les vices du désordre politicien. Le *vieux
bateau* conserve un reliquat d'organisation, les
bonnes traditions du commandement, ses usages
utiles, un esprit de corps précieux. Pauvre musée
flottant qui ne peut entreprendre des pointes bien
hardies vers la haute mer, mais qu'on pourra garder en rade jusqu'au changement de régime, qui,
rendant de nouveau les réformes possibles, lui
fournira le moyen de se rajeunir.

XII

UNE RÉFORME EN MONARCHIE

Dans l'été de 1900, un écrivain français, à qui l'instabilité parlementaire avait fait des loisirs, visitant les arsenaux, les ports, les chantiers de la mer du Nord et de la Baltique, écrivait au directeur du *Temps* qu'une émotion profonde l'étreignait « à la vue d'une pareille explosion de « vitalité et de force ». La jeune marine allemande jaillissant des eaux toute neuve, pourvue des derniers perfectionnements de l'outillage scientifique moderne, lui donnait une idée de « vie intense » qui suggérait la comparaison avec l'Amérique. Mais l'auteur se rendait compte des différences et notait qu'il ne s'agissait point de la simple exubérance d'une nature longtemps vierge, révélant tout d'un coup des trésors de fécondité : non, le sol est ingrat, la race est lourde en Allemagne, les côtes fournissent des matelots médiocres et en petit nombre. Seulement un principe y domine tout : c'est la division du travail, l'économie des moyens, l'énergie de l'impulsion. « Une discipline sévère, jointe à un esprit d'ini-« tiative qui ne recule devant aucune audace, là « est le secret de la force. » Comment ce secret a-t-il été mis en œuvre? Comment se maintient

ce bel ordre des travailleurs très divers si exactement spécialisés ?

Le voyageur, qui n'était autre que M. Édouard
Lockroy, arrivait un an à peine après la réorganisation de l'administration supérieure de la
marine. En décrivant le jeu de cette réforme,
il fait voir et toucher, sans y songer peut-être,
assurément sans le vouloir, le double avantage
de la monarchie. Cette institution conservatrice
de l'ordre et dont il prononce à peine le nom
se révélait à lui réformatrice par excellence :
prompte, directe, sans tergiversations ni tâtonnements superflus. Il écrit :

> Quand en Allemagne une réforme paraît utile,
> elle est toujours rapidement accomplie *L'exécution
> suit toujours de près la pensée* Le 7 mars 1899, un
> décret impérial modifia profondément les choses,
> supprima l'Oberkommando [1], créa à sa place l'Ad-
> miralstab, augmenta les pouvoirs du Reichsmari-
> neamt, et plaça enfin toute la marine sous l'auto-
> rité directe de l'empereur, aidé de son cabinet
> militaire.
> *Ce fut une révolution.* A la tête de l'Oberkom-
> mando avait été placé un homme que l'éclat de
> ses services et sa longue expérience rendaient sym-
> pathique à tout le pays : l'amiral de Knorr. Jeune
> encore, puisqu'il n'était âgé que de cinquante-neuf
> ans, l'amiral de Knorr était entré au service à qua-
> torze ans... (*Ici les titres de l'amiral.*) On l'avait
> fait Oberkommandant, c'est-à-dire commandant en

---

1 Haut commandement des armées de mer, qu'en 1889
l'amiral Von der Golz avait constitué en service distinct
du ministère de la marine ou *Reichsmarineamt.*

chef de la marine allemande Cependant, il fut tout à coup, et sans que personne s'y attendît, relégué dans le cadre de réserve. L'Oberkommandant s'en alla avec l'Oberkommando.

M. Lockroy attribue la rapidité et le radicalisme de cette « révolution » bienfaisante à ce que l'Allemagne était alors, au point de vue maritime, une table rase ; l'esprit d'innovation n'y était gêné par aucune des traditions naturelles aux pays engagés depuis longtemps dans cette voie. Il ne dit pas si cette absence de traditions maritimes n'était pas compensée par la présence d'une tradition politique si forte et si continue qu'elle est incarnée dans une famille représentée par un homme Continuons à lire les explications données au *Temps* du 9 septembre 1900 :

Ce remaniement des autorités supérieures de la marine, qui avait coûté si cher à l'amiral de Knorr, simplifiait encore l'organisation de 1889 *Elle avait surtout pour but d'empêcher ces compétitions entre les services, qui entravent la marche des affaires d'une façon toujours fâcheuse.* » [L'inconvénient serait donc le même, n'en déplaise à l'auteur, dans ce pays sans tradition et dans nos pays de vieilles traditions maritimes.] « Pour la rendre à peu près IRRÉPROCHABLE, on n'eut qu'à copier l'organisation de l'armée de terre. Tout le monde sait que l'empereur allemand commande personnellement cette armée. *Toutes les attributions sont spécialisées et séparées avec un art méticuleux et admirable.* Il en fut de même pour la marine. On ne conserva de l'Oberkommando que le service relatif à la préparation à la guerre, qui, sous le nom d'Admiralstab,

devint le pendant du Generalstab ou état-major
général. A lui furent spécialement réservées les
questions de stratégie et de tactique navale, les
questions de politique militaire se rapportant aux
navires de guerre allemands qui se trouvent à
l'étranger, enfin la mobilisation. Le Reichsmarineamt s'enrichit des disponibles de l'administration supprimée, et l'empereur, à la tête de son
cabinet militaire, prit le commandement effectif et
direct de la marine entière.

Le décret impérial, dont M. Lockroy nous traduit le texte, ne manque pas d'allure :

« *Ayant décidé de prendre en mains le com-*
« *mandement de la marine comme je l'avais fait*
« *jusqu'ici pour l'armée, j'ai jugé qu'il n'était plus*
« *nécessaire de laisser entre moi et les divers com-*
« *mandants une autorité spéciale et centrale qui*
« *n'avait d'autre service à faire que mes ordres à*
« *transmettre.*

« *En conséquence, j'ordonne ce qui suit :*

« *La branche spéciale appelée Oberkommando est*
« *supprimée.* »

M. Lockroy ajoute :

C'est ainsi que s'est accomplie en quelques jours,
on pourrait dire en quelques heures, la révolution
administrative et militaire qui, pour la seconde
fois, a profondément modifié les conditions du
commandement supérieur dans la marine allemande. Il a suffi que *l'on* constatât des défauts
dans l'organisation existante et qu'*on* ne la crût
pas suffisamment en harmonie avec un principe
fondamental, pour qu'aussitôt, *sans souci des situa-*
tions acquises, sans crainte de jeter le trouble dans

l'administration, on résolût un changement radical. Si le nouveau système présente encore des
inconvénients, et si — ce qui n'est pas impossible
— quelque frottement se produit entre le Mari-
nekabinet et l'Admiralstab, on n'hésitera pas à
retoucher l'œuvre nouvelle

C'est en poursuivant avec cette ténacité l'exécution d'une série ininterrompue de progrès et de
réformes que *l'Allemagne* est parvenue, on pourrait dire en quelques bonds, au degré redoutable
de puissance où nous la voyons aujourd'hui. Voilà-
t-il pas une leçon et un exemple ?

L'auteur écrit que l' « *on* » constata. Qui, *on?*
Il ajoute qu' « *on* » ne crut pas et qu' « *on* » résolut Qui ne crut pas? Qui résolut? Et plus loin :
« *l'Allemagne* ». L'Allemagne, c'est Guillaume II.
C'est le successeur du roi-sergent devenu l'Empereur, disons l'Empereur quartier-maître, qui
traite l'administration maritime comme son tri-
saieul traitait les grenadiers. C'est l'esprit toujours
agissant d'une dynastie militaire. Ainsi la monarchie, quand elle est dynastique, peut associer
aux lourdes garanties de stabilité qu'elle porte
en elle un esprit de réforme qui ne s'embarrasse
outre mesure *ni des situations acquises ni de la
crainte de jeter le trouble dans l'administration.*
Esprit éminemment pratique d'ailleurs, puisqu'il
réalise les réformes conçues par lui avec une telle
célérité que le narrateur, la voulant bien qualifier, emploie, à tort sans doute, mais emploie le
terme de révolution qui lui est naturellement
sympathique. Des révolutions conservatrices, des

cyclones tutélaires et protecteurs, voilà ce dont la
Monarchie est capable.

Nous n'étions pas en monarchie dans les années 1895, 1896, 1897 et 1898 [1] : aussi, notre
Marine ignorait bien ce que faisaient les Affaires
étrangères, et nos Affaires étrangères ne se dou-

1 Et, hélas ! neuf années après ces années de Fachoda,
nous n'étions pas encore en monarchie, et cela s'est bien vu
à l'explosion de l'*Iéna,* en mars 1907 : cent cinquante bons
Français, officiers et matelots, ayant été tués ou blessés griè-
vement dans cette catastrophe, le général de La Rocque,
ancien directeur de l'artillerie au ministère de la Marine
(1892-1899), a pu écrire à ce propos (Lettre à l'*Eclair* du
20 mars) : « *Les enquêtes contre l'artillerie, les constructions
navales, les commandants des navires, prouveront que* TOUT
le MONDE *a tort, si elles sont bien conduites — mais elles ne
remédieront pas au mal . Avec un personnel incomparable à tous les degrés et dans tous les corps, avec des
ressources financières beaucoup plus que suffisantes, on
aboutit à n'être pas en mesure de faire la guerre contre la
dernière des puissances maritimes ! Les énormités et le cham-
bardement dont nous avons le triste spectacle, depuis quelques années, sont imputables au régime parlementaire, qui*
AFFIRME EN PRINCIPE MAIS SUPPRIME EN FAIT, *la responsabilité où elle doit porter tout entière, c'est-à-dire sur les ministres.* » — Le général répétait la même pensée en d'autres
termes à un envoyé du *Temps* (24 mars) : « *Les coupables
sont moins les hommes que le système* Ce système est celui
de l'irresponsabilité. *Le desordre en est la consequence. Nous
ne manquons ni d'argent ni de collaborateurs dévoués. Mais
nous ne savons utiliser ni l'un ni les autres.* »
Le système peut être défini, celui auquel aucune expérience ne sert de rien ou, pour mieux dire encore, c'est un
regime politique sans mémoire. Précisément parce que
« tout le monde » peut s'y mêler de tout, on n'y trouve
personne dont le rôle défini soit de pouvoir, de devoir et
de savoir se souvenir dans l'intérêt public et en vue de
l'action commune

tèrent pas que nous avions quelque part une
Marine en souffrance; et cette Marine était en
souffrance parce que, en dépit d'une bonne
technique professionnelle, elle se trouvait inévi-
tablement livrée à l'inertie de son mouvement
routinier : il n'existait aucun mécanisme supérieur
de surveillance et de contrôle, aucun organe
d'ordre, aucun pouvoir d'irrésistible coercition.

Le contrôle des services d'une marine, services
à la fois spéciaux, techniques et militaires, doit,
pour être efficace, posséder au plus haut degré
la durée, la puissance et la discrétion. Ce sont les
vertus mêmes du contrôle royal. L'intérêt monarchique n'est pas de causer un scandale sous le
prétexte d'imposer une réforme pour renverser un
Cabinet, mais bien de réformer, en fait, tout en
évitant les éclats. Ennemi personnel des prévari-
cations et des négligences, comme de cette impu-
nité qui fait les rechutes, le Roi suit son intérêt et
fait son devoir en recherchant le mal, en vue non
de l'étaler, mais de l'extirper. Maître de procéder
sans aucune publicité, il ne peut être retenu par
la crainte de donner une alarme excessive. Aisément prémuni contre les emportements de l'esprit
public, il lui est pourtant naturel de presser et
de stimuler l'indifférence du pays aux grands
objets de politique nationale. Cette opinion publique, il aide à la faire, n'étant pas roi pour suivre,
mais pour guider, éclairer et rectifier. Véritable
disciple de Louis XIII et de Louis XIV, qui ont
fait tout cela avant lui, Guillaume II a su trou-

ver dans sa Ligue navale un merveilleux auxiliaire civique qui lui fournit l'appui moral et jusqu'à des ressources. L'opinion qui détruit tout dans notre pays se trouve donc là-bas conviée et utilisée pour construire. L'initiative du pouvoir est soutenue, multipliée, ravitaillée par le concours de la nation. Sans doute, tout monarque est appelé à vieillir. Mais le royaume a de fortes chances de conserver sa jeunesse, l'État est défendu par sa nature même contre les routines qui asservissent notre inertie : au fur et à mesure que le Prince décline, son héritier grandit, et chaque nouveau règne renouvelle la Monarchie.

DEUXIÈME PARTIE

SEPTENNAT DES RADICAUX

ET LA

POLITIQUE DU MONDE

(1898-1905)

> Nous sommes malades,
> nous sommes un pays fou-
> tu ! Ah ! il ne nous fau-
> drait pas une guerre !
> Le général DE GALLIFFET.

XIII

POURQUOI LOUBET FUT MAGNIFIQUE

Le cabinet Méline-Hanotaux avait fini par se laisser tomber. Il succomba en apparence sur la simple question de savoir s'il avait la majorité dans la nouvelle Chambre élue en mai 1898. Bien qu'il possédât cette majorité, il la déclara trop faible et s'en fut. La vérité était qu'il cédait à l'inquiétude, d'ailleurs fort naturelle, que lui causait la coalition dreyfusienne. C'était la Révolution qui montait, couverte, avec MM. Godefroy Cavaignac et Édouard Lockroy, d'un prétexte nationaliste, mais cosmopolite et conforme à toute la tradition du vieux parti républicain avec les Brisson, les Sarrien et les Delcassé.

La République conservatrice cédait à une République radicale; la politique de concentration nationale, à la politique de concentration républicaine. Après les tâtonnements exprimés par les départs successifs de MM. Cavaignac, Zurlinden, Chanoine, ministres de la Guerre opposés à la révision du procès de Dreyfus, et cette courte trêve du ministère Dupuy-Freycinet, le cabinet Waldeck-Rousseau, suivant de près l'arrêt de la Cour de Cassation, se constitua. Cette nouvelle équipe subit comme un revers la seconde condam-

nation de Dreyfus, qu'elle gracia sur-le-champ,
mais elle organisa le procès de la Haute-Cour et
mit en œuvre le système qui portera désormais
la marque de 1899-1900 : elle fit de la Défense
républicaine.

Les sanctions politiques données à l'affaire
Dreyfus furent expressément contraires au verdict
rendu le 9 septembre 1899 par le tribunal compétent. Un nouvel article 7 fut voté contre l'enseignement religieux. Les Congrégations furent réex-
pulsées. Le Gouvernement s'appuya publiquement
sur les organisations anarchiques, un cortège
révolutionnaire vint caresser du drapeau rouge le
visage du président Loubet, qui ne sourcilla point.
Non plus que son ministre Waldeck-Rousseau,
M. Loubet ne manqua jamais l'occasion de témoigner aux Juifs par ses actes, et aux Protestants
par ses paroles, qu'il les tenait, selon le mot de
M. Brisson, pour la véritable « ossature » de la
République [1]. La Maçonnerie gouverna, ainsi
qu'elle avait fait au lendemain de la victoire
des 363. Les classes indépendantes, les familles
honorées, les plus anciens éléments de la nation, se
virent retirer l'accès du fonctionnariat, exception
n'étant faite que pour des personnalités disposées à
se dégager de leurs traditions, de leurs relations
ou de leur honneur. La délation qui florissait dans

---

1 M. Waldeck-Rousseau devait dire à Saint-Étienne
le 12 janvier 1902 : « Il existe une entente naturelle
entre le régime républicain et le culte protestant, car l'un
et l'autre reposent sur le libre examen. »

tous les autres services publics se trouva étendue aux armées de terre et de mer. Le Gouvernement prit nettement position contre le corps des officiers, considéré comme séditieux de naissance, et tout chef militaire fut mis en observation. En même temps, on fomentait discrètement une certaine indiscipline dans la troupe, afin de prévenir les velléités dangereuses du commandement. Même précaution avait été prise sous Mac-Mahon.

Le Vieux Parti, qui avait lutté contre Mac-Mahon, se souvenait aussi de sa disgrâce de 1893. A cette date, ses participations aux scandales du Panama l'avaient fait traiter en vaincu et mettre, sinon hors la loi, du moins à la porte du pouvoir à l'heure où il venait de remporter un nouveau succès sur « l'esprit prétorien » représenté par Boulanger et le boulangisme. Mais, puisque, à la faveur des revirements de l'Affaire, le personnel du Panama trouvait sa revanche avec M Joseph Reinach, le neveu de son oncle, avec M. Clémenceau, l'ami de Cornélius Herz, avec M. Émile Loubet, qui les avait tous protégés, cette fois, le Parti, tenant à durer, avait résolu d'appliquer sa tradition et sa doctrine avec exactitude et vigueur. Il visa la destruction complète de l'adversaire. Cela était logique et même naturel.

Ce qui semble moins logique et moins naturel, c'est que, la politique intérieure du Vieux Parti étant restaurée de la sorte, on n'ait point restauré sa politique extérieure. A cet égard, le Vieux Parti

transforma Il changea sa diplomatie, ou plutôt il
respecta tous les changements que l'on y avait
introduits pendant qu'il était exclu du pouvoir Lui
qui avait évité, avec un soin extrême, tout engagement à terme lointain, lui dont le système avait
été de vivre sans système, le plan, de n'avoir aucun
plan, fort et fier de la vieille devise : « Point d'affaires », il soutint et approuva chez son président
Loubet les infidélités à la circonspection de Jules
Grévy et de Sadi-Carnot Quand nous paraissions
tendre à un régime de république suisse, esprit
radical et très petit bourgeois, anticlérical, protestant, on évitait manifestement de nous ramener
de même au régime de neutralité extérieure qui
permet à la Suisse le plus grand nombre de ses
expériences sociales à l'intérieur.

En principe, ignorer l'Europe et en être ignoré
assure, jusqu'à un certain point, contre les périls
du dehors. Un État s'expose toujours dès qu'il
prend des initiatives précises dont l'étranger peut
s'emparer. Les républicains de la vieille école s'ap-
pliquaient à ne jamais commettre de ces péchés
d'*action*. On peut se demander s'il était permis de
nourrir une autre ambition en 1899 et si la peur
des coups était moins naturelle ou moins raisonnable alors qu'en 1879 par exemple? L'armée et
la marine ayant été mêlées à la politique et dimi-
nuées d'autant, il tombait sous le sens que la mé-
thodique abstention primitive redevenait plus que
jamais le bon parti. Comme l'a dit spirituellement
M. Denys Cochin, la politique de Dreyfus prati-

quée à l'intérieur interdisait à l'extérieur la politique de Déroulède. Elle interdisait toute politique à longues visées. Or, ni Loubet ni Delcassé ne se l'interdirent. Ils ne se refusèrent rien

L'Élysée de M. Émile Loubet ressembla à l'Élysée de Félix Faure; le quai d'Orsay de M. Delcassé
au quai d'Orsay de M. Hanotaux. Les vues avaient
beau différer, les objectifs être contraires : dans
une orientation différente en sens opposés, on
ne cessait pas de se conformer à des vues générales et à des systèmes de même essence que
ceux qui étaient suivis en 1895-1898 et qui auparavant avaient été si soigneusement écartés.

Comment donc la sagesse avait-elle fondu?
Comment, à l'inquiétude, avait pu succéder une
telle témérité? L'excès de confiance des modérés
avait pu s'expliquer jadis. Mais rien n'était moins
brillant que la situation des radicaux trois ans plus
tard, menacés à la fois par la Révolution et par
la Réaction, condamnés aux alternatives d'une
lutte perpétuelle contre les alliés de gauche ou les
adversaires de droite. On ne pouvait pas imputer
l'innovation au tempérament ni aux origines du
nouveau personnel : M. Loubet appartenait à l'ancienne équipe; de date plus récente, M. Delcassé
avait grandi à l'ombre de M. Reinach, dans le
journal de Gambetta, parmi les familiers de l'op-
portunisme naissant. Pourquoi cette tradition fut-
elle rompue ?

La première explication qui se présente à la
pensée n'est pas la plus sérieuse. Ce n'est pas

non plus la plus fausse, et, en dépit d'un certain ridicule triste, il n'est pas possible de la négliger tout à fait, quoi qu'on veuille. *On y mit de la vanité.* Il faut tenir compte de ce facteur, qui agita deux grands personnages à la fois. Vanité de M. Delcassé. Vanité de M. Loubet.

Son prédécesseur Félix Faure, aimant trancher du gentilhomme, avait pris des allures de haute vie auxquelles M. Émile Loubet put se sentir, dès son début, remarquablement inégal. Le nouveau président ne s'en disait pas moins tout bas que, au fond, de Faure ou de lui, le vrai patricien, ce n'était pas Félix Faure. N'ayant jamais été ouvrier tanneur en peinture ni en figure, mais bien docteur en droit, fils, petit-fils de propriétaires campagnards, il se rendait l'exacte justice de se trouver socialement le plus haut placé. Il s'estima tenu, par respect de soi-même et culte des ancêtres, à le faire voir. Son arrivée à l'Élysée fut bien marquée par quelques mesures somptuaires, qui firent commencer par réduire le train de maison présidentiel : une moitié des chevaux et des gens fut remerciée. « Oui, mais », annonça-t-on, « nous en aurons le double l'année prochaine. » *L'année prochaine* était l'année de la visite des rois, qui justement ne vinrent pas à l'Exposition. M. Loubet se jura de les faire venir dans les années suivantes; cet avènement peu joyeux ayant imposé de petits sacrifices à l'esprit jaloux de la démocratie révolutionnaire, il espérait les rattraper.

C'est à quoi il tendit toujours.

Tel était le secret de ce petit vieillard rusé et circonspect Il a vécu en butte à l'obsession de la pompe de Félix Faure. L'accueil de la gare Saint-Lazare, la conduite d'Auteuil, l'ayant d'autant plus affamé de cérémonial, de prestige, de tous les signes perceptibles de sa dignité, il ne rêvait que protocole, galas et carrousels, chapelets du pape et ordres de rois. Et plus sa politique l'enfonça dans la honte, plus il sentit l'obligation de courir les honneurs d'emprunt et d'aller se frotter à toutes les autorités respectables de l'univers.

Ses désavantages extérieurs furent un aiguillon. « L'autre » était beau garçon. Le successeur, de stature modeste, de démarche timide et d'aspect chétif, désire pouvoir faire confesser aux Français que ces inégalités sont de peu et qu'il est en état d'obtenir autant, sinon plus, que le plus fastueux des commis voyageurs de la République. Faure avait la Russie : Loubet eut la Russie. Mais Faure n'a pas eu l'Angleterre, ni l'Espagne, ni l'Italie, M. Loubet reçut tout ce monde à dîner · « Vous voyez bien ! » Le public ayant pris, sous la présidence de « l'autre », des habitudes de sociabilité extra-républicaine, fut prié d'avouer que la République radicale n'avait perdu aucune des belles relations acquises en Europe par la République conservatrice [1].

_____

1 Ces lignes étaient publiées dès septembre 1905. M. Adolphe Brisson, dans la *Nouvelle Presse libre* de Vienne, vient d en confirmer le sens par une extraordinaire conversation avec le retraité de la rue Dante. Elle dévoile tout

M. Delcassé était fait à souhait pour comprendre ce prurit de magnificence, car il éprouvait

à fait cet aspect peu connu du caractère de M. Loubet.

« — J'ignore ce qui se passe; on ne me tient au courant de
rien », lui a dit tout d'abord l'ancien Président de la
République

Et, montrant les portraits des souverains qui l'entou-
rent, il ajouta : « Regardez ces illustres personnages.
Ceux-là se souviennent Ils me comblent d'attentions déli-
cates dont je suis touché. Quand le roi d'Angleterre vient
à Paris, il fait deposer sa carte chez moi; a la fin de chaque
année, je reçois la visite de l'ambassadeur de Russie Ces
souverains et ces princes ont une courtoisie raffinée; ils
n'oublient ni les amitiés anciennes, ni les services rendus. »

Et, comme son interlocuteur s'étonne qu'on ne donne
pas aux anciens présidents une situation digne d'eux,
M Loubet sourit. « Que voulez-vous? dit-il; l'ingratitude
est une plante démocratique... » Et un peu plus loin :

— Tout à l'heure, dit-il, j'exprimais ma gratitude envers
les souverains. Le public les juge mal, d'après de fausses
légendes Ainsi, on voit généralement en l'empereur Nicolas un homme excellent, généreux, mais un peu faible,
sans défense contre les pressions du dedans et du dehors,
mobile, influençable Erreur, profonde erreur ! Il est attaché à ses idées, il les défend avec patience et ténacité; il
a des plans longuement médités et conçus dont il poursuit
lentement la réalisation.

« Longtemps a l'avance, il avait prévu le rapprochement
franco-anglais, il le déclarait nécessaire; il le favorisa ardemment Lorsque l'accord fut signé, il me fit écrire « Vous
souvenez-vous de nos entretiens de Compiègne? » Sous
des apparences timorées, un peu feminines, le tzar est
une âme forte, un cœur viril, immuablement fidèle Il sait
où il va et ce qu'il veut. »

L'ancien président ne tarit pas d'anecdotes sur le roi
Édouard VII, qu'il a vu dans les circonstances les plus
diverses, à l'époque surtout où la France et l'Angleterre
se menaçaient Il rappelle les mesures prises pour protéger
le roi lors de sa première visite officielle a Paris « Le lendemain du gala au Théâtre-Français, dit M. Loubet, le

des tortures symétriques quand il se comparait à
M. Hanotaux.

M. Hanotaux aura été le ministre de rêve dont
le brillant fantôme exaspéra les envies de son
successeur. M. Hanotaux venait de la Carrière,
il émanait du quai d'Orsay, M. Hanotaux était
un écrivain notoire, un brillant lauréat de l'Université. Les ducs de l'Académie l'avaient choisi
pour leur collègue. Et Delcassé se regardait :
ancien maître répétiteur, à peine licencié ès
lettres, petit secrétaire de rédaction, promu par
les hasards honteux de l'élection et de l'intrigue
parlementaire. Ces genres d'élévation ne sont plus
aussi bien portés au xxe siècle qu'ils le furent
au xixe. Sans doute, la fortune d'un mariage avait
un peu pansé ces plaies Elle y ajoutait un nouveau germe d'irritation : deux amours-propres,

---

roi était si fatigué que ses yeux se fermaient malgré lui.
« *Pincez-moi, me disait-il, pincez-moi ou je dors !* » Et je
le pinçais et je murmurais à son oreille : « Sire, saluez à
« *droite, saluez à gauche !* » Il saluait, il souriait automa-
tiquement Le bon peuple était enchanté » Amené à parler
de l'empereur d'Allemagne, M. Loubet déclare qu'il eût
accepté volontiers une entrevue avec lui

« Cette entrevue était presque décidée, et il était convenu
que la flotte allemande et la flotte française s'aborde-
raient M. Loubet accepta l'initiative d'une visite que Guillaume II, aussitôt après, lui aurait rendue L'impatience,
le mouvement de vivacité de l'empereur, son brusque départ, firent avorter ce projet M. Loubet le regrette. Il
eût souhaité que sa présidence dénouât toutes les difficultés, adoucît toutes les querelles et fût en quelque sorte
une apothéose de la paix. »(Reproduit par l'*Action française*
du 26 décembre 1909, d'après la traduction du *Temps*)

dont un de femme, à satisfaire ! On prétend
qu'une question de taille brouilla Élisabeth et
Marie Stuart. Ce fut peut-être en se mesurant à
la toise que M. Delcassé décréta de surpasser
du moins M. Hanotaux de toute la sublimité de
sa politique en Europe.

— Moi aussi ! .. Nous aussi !

Ces petits mots contiennent une part du secret
de l'intrigue. Ainsi dut naître entre MM. Delcassé
et Loubet, par le concert des intérêts de vanité
meurtrie, cette amitié profonde nouée dans les
entrailles d'une émulation et d'une jalousie
identiques. Ainsi fut ourdie leur conjuration, qui
montre comment une politique personnelle, toujours possible en République, y est uniquement
dépourvue du sérieux, des garanties et des cor-
rectifs qu'elle doit trouver sous la Monarchie.

XIV

LA DIPLOMATIE SPÉCULATIVE

L'explication par l'amour-propre des personnes a besoin d'être complétée si l'on veut se rendre compte de tous les faits.

Pour que des hommes mûrs, et qui n'étaient pas plus bêtes que d'autres, aient pu se laisser entraîner et dominer par une passion de petite-maîtresse, il faut qu'ils se soient crus à l'abri de bien des dangers. Un abandon facile, un consentement prolongé à de telles faiblesses, montrent bien qu'ils avaient le sentiment profond de ne rien risquer. Tous les deux ont joui certainement d'une grande sécurité d'esprit depuis les premiers jours de la présidence Loubet jusqu'au printemps de 1905. Ils ont vécu ce laps de temps dans l'intime persuasion que tout était permis, qu'il ne pouvait rien arriver.

L'Europe leur semblait inerte. Ils croyaient que nulle manœuvre diplomatique n'aboutirait jamais à la mettre en mouvement. A part les clauses purement commerciales, tout ce qu'ils signaient et contresignaient à tour de bras, sous le titre pompeux d'accords, d'alliances, d'ententes et d'amitiés, signifiait pour eux un avantage de parade, un sacrifice de façade; ils n'y

voyaient que des exercices de protocole où chaque nation étalait, comme ils croyaient devoir
le faire au nom de la France, le souci de
briller pour tenir son rang. Les conventions militaires elles-mêmes ne semblaient devoir conserver de valeur que sur le papier. En s'accumulant,
ces « papiers », simples signes ou signes de
signes, allaient être affectés d'un coefficient d'importance plus ou moins fort, se compenser ou
non, s'équilibrer ou non, à la cote européenne
et américaine · dans la réalité des choses, il
n'en serait ni plus ni moins que ce que l'opinion de l'Ancien ou du Nouveau Monde en
voudrait opiner. Le plus faible ou celui que l'on
estimerait tel, pourrait subsister, et fort bien, dans
la pire faiblesse, s'il avait pris ses précautions
économiques et financières. Dans l'ordre politique
pur, tout ce qui se ferait serait fait « pour rire »,
comme on dit avec les enfants, en manière de jeu.
Beau jeu fastueux et brillant, mais sans péril,
bien que les intérêts les plus graves y fussent
mêlés : personne n'en doutait dans le monde officiel. La diplomatie n'était qu'un théâtre, armes
en carton-pâte et foudres imités par des roule-
ments de tambour.

Sur cette hypothèse admise de tous, l'on per-
sévéra donc à nous aventurer dans le courant
des grandes tractations internationales. Toute la
destinée française y fut lancée avec le même sentiment que ces spéculateurs qui trafiquent en
Bourse sur des denrées inexistantes : l'objet des

stipulations fut perdu de vue, on n'en apercevait plus que le titre flottant, dans une brume
vague où les solides milliards de M. Carnegie ou de
M. Rockefeller auraient été amalgamés à la pâte
indécise des trésors de Mme Humbert. Cet état
d'esprit était si bien celui des gouvernants radicaux que, à la première épreuve que subit notre
allié russe, ils perdirent à peu près toute notion des
signatures échangées, des revues passées ensemble, des visites reçues et rendues entre lui et nous :
de toute évidence, les cérémonies dans lesquelles on
s'était coudoyé, les grands noms, les grands mots,
les banquets à discours, les tapages, l'apparat et la
chamarrure avaient entièrement caché à ceux qui
contractaient en notre nom le fond et le corps du
contrat, qui était l'engagement défini de quelque
chose de concret, les forces françaises, à une
autre chose concrète, les forces de la Russie.

A ce vertige de grandeurs imaginaires, à cette
faiblesse de cœur et d'esprit, s'était ajoutée l'influence d'un préjugé maçonnique extrêmement
puissant sur tous les vieux républicains. Ce préjugé veut que l'ère des guerres soit bien close en
Europe et que, hors d'Europe, tout doive toujours
s'arranger à l'amiable par des sacrifices mutuelle-
ment consentis entre les puissances coloniales.

On s'était quelquefois arrangé en effet. Des
conventions idéalistes, comme celles qui ont été
passées entre l'Angleterre et nous, ont paru réaliser sur la terre un bon type d'équitable balan-
cement. Tout le monde donnait, tout le monde

recevait, et, semblait-il, avec une équivalence parfaite. Ce semblant suffisait pour éloigner l'idée
fâcheuse de vainqueurs et de vaincus ou de
gagnants et d'évincés. Comme il s'agit de territoires à exploiter ou bien à cesser d'exploiter, où
l'essentiel dépend de la mise en valeur industrielle et commerciale, un arrangement, quel
qu'il soit, vaut toujours mieux qu'un litige armé
et, plutôt que de perdre du temps à épiloguer
sur la justice du partage, le plus simple est de se
mettre au travail le plus tôt possible pour tirer
des terres ou des eaux le maximum de leur produit. En matière coloniale, il y a toujours avantage
à commencer par cultiver en paix son jardin.
La méthode guerrière étant la plus coûteuse, les
gens pratiques substituent au conflit des colons
l'émulation des concurrents.

Cette diplomatie courante risquait-elle de ne
pas convaincre les orateurs de l'opposition? Le vrai
pouvoir n'en était pas embarrassé. Eh! qu'à cela
ne tienne! L'opposition discuterait? Les débats
promettaient de longues saisons de répit au Gouvernement : techniques, ils ne passionneraient que
les gens compétents; si l'on sortait de ce domaine,
si l'on allait jusqu'à la véhémence ou jusqu'à
l'injure, les haussements d'épaules en feraient
justice, car jamais lecteur ni auditeur de bon
sens ne concevrait qu'un gouvernement établi,
jouissant du prestige qui naît de la détention et
de l'exercice de l'autorité, eût commis les légè-
retés ou les extravagances que lui imputeraient

ses adversaires : polémistes, théoriciens, personnages mal réputés

Une discussion sur les Affaires étrangères est encore regardée au Palais-Bourbon comme un tournoi d'académiciens, volant très haut dans les nuées et sans rapport avec les affaires proprement dites. De là un grand détachement, beaucoup d'aveugle confiance, de la résignation et du scepticisme Si le Gouvernement se croyait à l'abri des réalités extérieures, l'opposition se sentait aussi loin que possible du moyen et du moment de le contrôler.

Pour faire voir les choses réelles, par exemple pour établir que M. Delcassé avait abandonné à l'Angleterre un bien que nous possédions, en échange de biens que l'Angleterre ne pouvait nous donner, car elle ne les possédait pas, il fallut autre chose que des preuves écrites ou articulées : il fallut l'*acte* qui devait se produire à Tanger en mars 1905. Or, cet acte, le Vieux Parti républicain vivait persuadé qu'il n'était pas dans la nature des choses que Guillaume II ni personne en eût seulement le plus vague projet. L'acte, c'était la guerre, la menace de guerre : donc l'impossible pur, toute partie africaine engagée entre grands États devant être purement parlementaire et tenue par des diplomates autour du tapis vert. Tout se passerait en discours; la paix du monde ne pouvait être troublée.

Ce préjugé de paix perpétuelle était consolidé en outre par cette garantie russe qui parlait sur-

tout à la simplicité de l'électeur et de ceux des
élus qui sentent comme lui. Ce grand et gros pays,
ce vaste morceau du planisphère qui s'étend,
uni et continu, de Cronstadt et d'Odessa jusqu'à
Port-Arthur et Vladivostok, cette masse devait
frapper l'imagination populacière d'un semblable gouvernement. Une République démocratique, étant fondée constitutionnellement sur le
nombre, doit croire au nombre en toute chose :
habitants, lieues carrées, devaient impressionner et
tranquilliser des républicains. Les monarchies et
les aristocraties connaissent que le monde appartient à la force, donc à la qualité. Mais une foule
croit aux foules comme le stupide Xerxès. Nos
mandataires de la foule se figuraient, de plus, qu'un
géant est toujours robuste, un puissant toujours
semblable à lui-même. On ne calculait ni la faiblesse intérieure ni l'affaiblissement momentané.
Le colosse, étant là, ne pouvait jouir que d'une
vigueur constante et d'une durée éternelle. On en
parlait comme d'un dieu. M. Loubet et M. Delcassé n'avaient aucune peine à se persuader que
le « poids russe » à l'orient de l'Europe fournirait
l'invariable équilibre de leurs petites extravagances en occident.

Parce qu'ils se reposaient sur le grand allié et
qu'ils s'en remettaient à lui du soin de tout faire
rentrer dans l'ordre quand cela serait nécessaire,
le ministre et le président avaient pu s'amuser
comme de petites folles. Sans rien forcer, j'emploie ce langage qu'ils ont permis, avec un sou-

rire d'esclave, à quelqu'un qui guettait leurs évo-
lutions politiques. « Un tour de valse à l'Italie »,
« un autre à l'Angleterre », expliquait, sans les
perdre de vue, M de Bulôw. .

Ces manœuvres de lourde coquetterie internationale n'iraient jamais, estimaient-ils, au-delà du
théorique et de l'idéal : à tout hasard, l'ami de
Pétersbourg ferait respecter l'innocence. N'était-ce
point pour ce service éventuel qu'on lui avait
versé plusieurs milliards? Que la Russie fût
rongée à l'intérieur de la lèpre anarchique et
juive; qu'elle fût engagée en Asie au-delà de ses
forces et de ses moyens; et que, par là, notre
podestat moscovite dût subir une dépréciation
qu'il aurait fallu calculer : c'étaient là des notions
beaucoup trop complexes pour troubler l'opti-
misme doctrinaire fondamental.

Et pourtant, la coquette a beau être bien sûre
d'elle : il y a autrui. *Autrui* est ce qu'il est,
indépendamment des qualifications d'un arbitraire
complaisant. *Autrui*, ç'avait été, dans le système
Hanotaux, l'Allemagne, qui ne s'était jamais figuré
une minute qu'il n'y eût là que jeu et qui, en nous
accablant de ses politesses, prétendait obtenir en
retour autre chose que des grimaces ou des compliments, c'est-à-dire un concours colonial et maritime réel. Les nouvelles puissances avec lesquelles on allait entrer en combinaison, l'Italie,
l'Angleterre, devaient incontestablement se trouver dans la même disposition : il faudrait donc,
à l'échéance, ou leur échapper en les repoussant

tout d'un coup, ou les laisser devenir plus pressantes et leur répondre par autre chose que de
vagues minauderies ou des excuses en l'air. Notre
thème était protocolaire et parlementaire : mais
comment admettre qu'il dût demeurer tel, en
réponse aux puissantes réalités offertes sur des
airs de musique de régiment? M. Loubet, M. Delcassé, espéraient qu'on n'irait jamais jusque-là et
que jamais nous ne serions sommés un peu sérieusement de traduire en actes guerriers le papier
fiduciaire qu'ils avaient mis en circulation. Tout
ce monde croyait que parler suffirait à *autrui*
comme à nous.

Rêverie contre tout bon sens !

XV

LE RÉALISME UNIVERSEL

MM. Delcassé et Loubet avaient oublié d'ouvrir les yeux sur leur époque. Ils ressassaient
Henri Martin, Hugo et M. Thiers, mais connais-
saient bien mal ces États modernes, gérés comme
des métairies, où rien n'est avancé pour rien,
où, si l'on met un germe en terre, l'on a déjà
dressé le compte approximatif de son rendement.
Les affaires, étant les affaires, sont traitées fort
pratiquement. Face à notre diplomatie qui, après
avoir dormi si longtemps, rêvait tout éveillée et
se livrait au souffle de spéculations sans terme ni
objet, l'Univers entier s'organisait pour l'action :
jamais peut-être ces *actions* de politique étrangère, l'immixtion des peuples dans les affaires de
leurs voisins, les luttes d'influences, les rivalités de
production et d'échange, n'ont été poussées autour
de nous aussi ardemment que dans la période de
République radicale qui va de 1898 à 1905.

Dès la constitution du cabinet, quand M. Delcassé succéda à M Gabriel Hanotaux, l'oligarchie
ploutocratique des États-Unis commençait ses
opérations contre les escadres et les armées de
l'Espagne enfermées dans Cuba Cette guerre finit
en août, mais, sur l'heure, recommença autour

des tables diplomatiques, par des procédés d'intimidation brutale qui aboutirent à ce dur traité de Paris dont le texte définitif aggrava les préliminaires : en quelques mois de pourparlers, sans avoir tiré un nouveau coup de canon, l'Amérique avait annexé les Philippines et les archipels circonvoisins...

A Mac-Kinley succédait M. Roosevelt, c'est-à-dire qu'au protectionnisme et au nationalisme s'ajoutait un impérialisme exalté. Telle est du reste la tendance commune à tous les peuples qui ont constitué leur puissance et leur unité dans le siècle passé. Si le xxᵉ siècle les trouve préoccupés de s'armer, ce n'est plus pour devenir indépendants des autres, mais pour placer les autres sous une domination de fait ou de nom. Il ne s'agit plus de défendre ou d'exister, mais de primer et de régner. Pangermanisme, panslavisme, union du monde anglo-saxon [1], voilà les formules qui courent. L'Angleterre, qui a été la première à pratiquer, sans aucun égard à l'Europe, une sournoise politique de strict intérêt national, ne cherche plus du tout à la déguiser. Elle l'avoue et la proclame, afin d'ajouter aux immenses ressources matérielles de son gouvernement le précieux facteur moral des suffrages de l'opinion, puisque l'opinion de l'âge nouveau préfère hautement le cynisme guerrier à l'hypocrisie pacifiste. L'Angleterre s'était dite strictement libre-échangiste, libérale et même

---

1 Le terme par lequel on désigne cette union est significatif : Ligue de « ceux qui parlent anglais ».

révolutionnaire tant que le formulaire de la révolution avait servi ses intérêts sur le continent : elle
a dévoilé ses principes et confessé le véritable
secret de sa fortune quand elle a vu les avantages
qu'elle pourrait avoir à tailler un drapeau dans la
vieille maxime : « être dur ». Ce n'est pas l'avènement d'un cabinet libéral à la surface du pouvoir
qui a pu dévier ces tendances profondes. Ce cabinet s'est montré aussi patriote, aussi militariste
et plus royaliste que son prédécesseur [1]. L'Angle-

1 Il n'est ici question que du fond des choses, sans parler de leur étiquette. Les grandes élections libérales ont
eu lieu en 1906. Or, de 1905 à 1910, la marine anglaise
eut à sa tête lord Fisher, premier lord de l'amirauté.
Lord Fisher est « le père des *Dreadnoughts* », dont le premier type a été mis en chantier dès 1905 Il a réorganisé
l'escadre de réserve, qui, désormais, garde en tout
temps ses équipages à effectifs réduits, prêts à encadrer
l'armée de seconde ligne Il a désarmé tous les bâtiments
vieillis, afin de ne compter que sur de véritables unités de
combat. Enfin, la flotte anglaise, naguère dispersée sur
toutes les mers, notamment en Méditerranée, est concentrée dans la mer du Nord (*Home Fleet*). Ce résumé de
l'œuvre de lord Fisher, emprunté au *Times* par le *Temps*
du 27 janvier 1910, est complété par ce tableau du nombre des bâtiments anglais en 1904 et en 1910 :

	Cuirasses	Croiseurs de 1re classe	Petits croiseurs	Contre-torpilleurs	Torpilleurs	Sous-marins
1904	16	13	30	24	16	0
1910	44	37	58	121	88	59

Le *Temps* ajoute ' « Il ne faudrait pas en conclure néanmoins que les unionistes soient désormais satisfaits de
l'état présent des constructions navales. Nul doute que la
discussion des crédits de la marine ne soulève cette année
au Parlement des orages aussi violents pour le moins que
ceux de l'année dernière. »

terre varie beaucoup moins qu'on ne croit. Elle
est restée pirate. Après avoir jeté le Japon sur la
Russie pour se délivrer de l'antagoniste oriental
et demeurer notre unique ressource en Europe, elle
n'a point dicté la paix russo-japonaise sans avoir
conclu, pour sa part, le traité qui lui assure le
concours des armées et des escadres du vainqueur.

Guillaume II s'est bien posé, au nom de l'humanité civilisatrice, en adversaire des barbares
d'Extrême-Orient; mais, après qu'il eut dénoncé
le péril jaune, il s'est allié l'Islam. Le droit des
gens et la conscience du genre humain n'impor-
tent plus guère qu'à Nicolas II, ce fils spirituel
de Tolstoï, qui d'ailleurs commence à renier son
père, et aux humanitaires du Parlement français,
qu'il n'y a pas à corriger, mais à chasser.

La liberté, disait M. Ranc, est une guitare. On
put jouer de cette guitare et des autres tant que
des Puissances diverses, et en assez grand nombre, équilibraient les unes par les autres le continent. Depuis que trois ou quatre grandes nations
dominatrices ont fait qu'il n'y a plus d'Europe, la
force brutale est devenue l'unique porte-respect.
L'Angleterre compte sur l'influence de ses flottes
magnifiquement déployées en temps utile, par
exemple pour attirer la marine italienne dans la
sphère de son action. Il est vrai que, pour conserver l'appui de la même marine, l'Allemagne cal-
cule aussi l'effet magique du même attrait. Pareilles
ambitions : pareils moyens de les satisfaire. Je
n'approuve pas, je constate. Loin de cacher les

préparatifs de la guerre, on les étale Partout, il ne
s'agit que d'intimider avant de frapper, soit pour
éviter de frapper, soit afin de ne frapper qu'efficacement, à coup sûr, comme l'État d'Orange et
le Transvaal l'ont suffisamment éprouvé.

Entre eux, les plus puissants États se témoi-
gnent des égards : plutôt que d'en venir aux mains,
ils conviendront de se partager certaines dépouilles.
Celles des plus faibles? Peut-être que non, car ces
faibles sont répartis en clientèle autour de chaque
État fort. La grande guerre de destruction tenue
en suspens et qui doit éclater un jour ou l'autre
vise plutôt les nations d'étendue et de force
moyenne dont la Pologne fut le type à l'avant-
dernier siècle. De nos jours, ce n'est pas la
Roumanie, ce n'est pas la Turquie ni le Portugal, ce n'est même pas l'Italie que les grands empires menacent. Le Portugal est anglais, la Turquie et la Roumanie à peu près allemandes. Le
jeu de l'Italie est de feindre tour à tour un
même rôle subalterne auprès de Londres et de
Berlin. Il ne reste plus guère que nous dans la
zone de liberté dangereuse. En 1900, la France
était encore étrangère à ces systèmes de protecto-
rats impériaux. En 1910, preuve de survivance,
mais signe de très grand péril, elle n'est encore
entrée définitivement sous aucun, et, pour l'y faire
entrer avant de se la partager, on se rend compte
qu'il faudra commencer par l'amoindrir dans ses
moyens d'action ou dans l'opinion qu'elle en a.

Mais Berlin et Londres s'en rendent compte :

même en république, même démunis d'un gouvernement durable, prévoyant et fort, tant que l'outillage industriel et l'organisation militaire de notre
pays conserveront quelque valeur, nous joui-
rons d'un degré d'autonomie qui nous épargnera
les formes explicites de vassalité qui seraient
dangereuses pour nos dominateurs parce qu'elles
pourraient susciter chez nous un réveil national.
A condition d'être discrets, nous pourrons ainsi
nous garder en temps de paix d'une tentative d'Empire germano-franc ou celto-anglais. Mais, n'étant
encore assez bas pour obéir sans discuter, nous
ne sommes plus assez haut pour prévenir l'ambition ou la volonté de nous donner des ordres.

L'ambassadeur qui représenta notre France aux
obsèques récentes du roi de Danemark exprimait
à un journaliste une satisfaction presque naïve
de ce que « *nous avions été traités comme une
très grande puissance* . » En effet, telle quelle,
cette France peut encore gêner considérablement.
Sans renouveler nos luttes d'influence contre le
Saint-Empire ni reprendre l'épée de François Ier
contre la couronne et le globe de Charles-Quint,
sans recommencer Richelieu, une France républicaine peut se rappeler de temps à autre ce qu'elle
fut, dire un « non » ou un « demi-non », créer
ainsi des difficultés au roi d'Angleterre ou valoir
des désagréments à son cousin d'Allemagne. Sans
que notre concours puisse rendre de services décisifs à aucun des antagonistes, notre abstention
pourra les troubler vivement. De là les convoitises

rivales. Tous deux doivent se dire qu'il faudrait, d'ici peu de temps, régulariser la situation de ce pays étrange et savoir à quoi s'en tenir sur sa vigueur et ses desseins. On s'est habitué à songer que le roi d'Angleterre veut reprendre son ancien titre de roi de France. Mais l'Allemagne a la même envie que l'Angleterre : elle veut que la France devienne pour elle un de ces alliés certains qui sont de vrais sujets. Si nous nous flattions de pouvoir vivre d'une autre manière, une nouvelle grande guerre aurait mission de nous révéler cette erreur. Si donc cette guerre n'est pas indispensable, elle peut avoir son utilité. On exagère quand on affirme que la menace anglaise fut l'unique mobile de la querelle que nous a faite l'Allemand. L'intérêt allemand est en jeu d'une manière plus directe. L'Allemagne s'accommoderait de la domesticité de la France, mais elle sait ne pouvoir compter sur un service sérieux et sûr avant de nous avoir liés par un traité plus dur que celui de Francfort. Telle est du moins l'opinion de beaucoup d'Allemands, qui sont en force dans leur pays.

Si en effet, comme on l'assure quelquefois, Berlin voulait sincèrement briguer notre amitié et notre complaisance, si l'on y souhaitait vraiment une alliance véritable contre l'Angleterre et si toutes ces choses avaient vraiment pour l'Allemagne un intérêt aussi décisif et aussi profond qu'on veut bien le dire à Paris, Berlin devinerait à quel prix une sérieuse « amitié française » pourrait être scellée.

La simple neutralisation de Metz et de Strasbourg serait accueillie des Français comme un don du ciel : Guillaume aurait pensé à faire cette offre et, malgré tout ce qui a été raconté, jamais une ouverture valable n'a été produite en ce sens. Elle ne se produira jamais sous la République. Assez importants pour n'être pas négligés, on ne nous trouve pas assez bien gouvernés pour fournir l'appui résistant pour lequel on consent des sacrifices effectifs. Les « pays d'Empire » ne nous seront pas rétrocédés, et la seule alliance franco-allemande qu'il faille prévoir sera la capitulation suprême de l'impuissance démocratique, non l'effet d'une entente librement débattue et précédée des réparations équitables.

Ce que Guillaume II doit souhaiter de notre part, comme la solution la plus élégante de ses embarras, ce qu'il espérait des républicains modérés que stylait la Russie, c'était un concours obtenu au prix des mêmes libéralités un peu flottantes qui nous sont venues de l'Italie ou de l'Angleterre, les unes religieuses et philosophiques, les autres coloniales. Tandis que les ferrystes se représentaient nos établissements d'outre-mer comme un moyen de racheter un jour l'Alsace-Lorraine, les Allemands élèves de M. de Bismarck seraient disposés à nous laisser l'Asie et l'Afrique pour nous faire oublier la blessure des Vosges. Nous sommes libres d'accepter ou de refuser. En cas de refus, une combinaison moins pacifique donne toujours à l'empereur des satisfac-

tions égales aux meilleurs fruits de notre alliance,
car un effort sur terre et sur mer contre nous
lui vaudrait des bénéfices proportionnés aux
besoins de l'Empire   notre flotte, nos colonies [1],
peut-être même un pied-à-terre sur notre littoral
ouest, quelque Gibraltar allemand fondé à Cherbourg ou à Brest, avec chemin de fer direct le
raccordant aux voies du Rhin, ou encore un lam-
beau maritime arraché de cet ancien royaume
d'Arles, qui fut jadis terre impériale, Toulon [2].

1 « C'est sur le Rhin que l'Allemagne conquerra son
domaine colonial. » BISMARCK.

2 Dans ses vastes desseins d'administrateur-fondateur de
la puissance maritime allemande, Guillaume II n'est pas
incapable d'appeler à son aide les rêveries d'une imagination historique toujours très fertile et inventive chez lui,
toujours apte à projeter le passé sur l'avenir. Ce compa-
triote de Gœthe et de Frédéric II n'a jamais oublié le chemin des pays où fleurit l'oranger Il vise notre Méditerranée
par l'Adriatique, mais aussi par le golfe du Lion. Deux
amis, deux alliés déjà anciens occupent ou convoitent
Fiume et Trieste; la seconde voie appartient à l'ennemi
héréditaire, mais ne lui appartint pas toujours : Arles, Toulon, Marseille, n'ont-ils pas fait partie du Saint-Empire romain germanique, avec toute la rive gauche du Rhône? Si
l'Illyrie et la Dalmatie restent intangibles et le resteront fort
longtemps, la Provence est moins défendue : comment
Guillaume ne regardait-il pas vers cette belle portion du
domaine de Charlemagne qui allumait encore les convoitises de Charles-Quint?
    Il est impossible de dire positivement jusqu'où a pu
cheminer, de ce côté, la fantaisie de l'Empereur, mais il y
eut beaucoup d'accidents à Toulon pendant les derniers
temps, et nos officieux sont seuls d'accord pour exclure
toute hypothèse de « malveillance » La révolution qui, presque toujours, nous est fabriquée en Allemagne, est aussi

Nos colonies, nos ports, naguère encore nos vaisseaux, sont les objectifs permanents de l'Allemagne. Elle songe à les utiliser en amie et en alliée; elle peut se résigner un jour à les conquérir [1]. En quelque état de délabrement que nos

singulièrement influente dans ce grand port de guerre. Enfin, l'espionnage y paraît très développé, surtout l'espionnage allemand, tantôt direct (l'enseigne juif Ullmo est alle droit aux Allemands quand il s'est agi de trahir), tantôt ind.rect, par intermédiaire des travailleurs ou faux travailleurs italiens qui infestent ce littoral. Joignez la consideration qu'aucune grande ligne de navigation allemande n'a d'intérêts à Toulon · tout peut donc y sauter à la fois, sans coûter un pfennig ni une larme à l'Empire, et le pangermanisme en aura des profits absolument nets De ce faisceau d'indices et de vraisemblances, rien n'apporte de certitude, mais tout inviterait un gouvernement français à la vigilance, si seulement ce gouvernement existait.

1 Ingénieusement, le colonel Marchand, qui n'admet pas que la politique allemande nous soit foncièrement hostile, a vu autrement cette perspective du choc franco-allemand « En supposant, écrivait-il, le cas des armées allemandes « victorieuses sur terre, *nul doute* que la marine française « anéantisse la marine germanique et s'ensevelisse elle-même « dans son triomphe. » — Comme dit le Mithridate de Racine,

> Doutez-vous que l'Euxin ne me porte en deux jours ,
> Aux lieux où le Danube y vient finir son cours ?

Un homme du métier, dit l'historiette, interrompit e roi du Pont pour crier qu'il en doutait en effet. Les rôles, ici, sont renversés . un colonel affirme en poète, et le simple lecteur osera contester l'avis du technicien. Je ne demande pas mieux que de voir la marine germanique anéantie par la marine française, et je veux pouvoir l'espérer Mais, que notre marine doive ensuite nécessairement s'ensevelir dans son triomphe, c'est une autre hypothèse, il faudrait qu'on la démontrât. Notre flotte peut subsister ! dans sa victoire ou sa défaite, elle peut composer encore un utile trophée à remorquer vers les eaux de Kiel au

escadres puissent tomber, nos colonies, nos ports, même mal outillés, restent capables de servir.

Tel est le sommaire des ambitions *réelles* braquées par les grands États civilisés sur les pleins et les vides de la carte du monde. Elles permettent de mieux comprendre ce qui vient au-devant de nous depuis Fachoda. Ce que M. Delcassé se donnait pour de simples jeux de protocole, ou des tours de valse, ces formalités de papier étaient prises à Berlin de tout autre manière. Les cabinets avec lesquels M. Delcassé folâtrait, Londres, Rome, étaient d'ailleurs, à cet égard, du même avis que ceux contre lesquels il faisait tournoyer son chœur de chimères. Tout le monde pensait qu'il mettait quelque chose sous les démonstrations. Il n'y avait jamais songé, pas plus que le très petit nombre des Français au courant des choses! Tandis que nous croyions piétiner et danser sur place, nos partenaires avançaient; ils devaient donc nous faire avancer avec eux.

lendemain de notre défaite sur terre Encore, cette dernière éventualité est-elle sans doute imaginée tout différemment à Berlin : on y suppute une invasion si foudroyante, des succès si rapides et si décisifs, qu'ils devanceraient de beaucoup le mouvement de nos flottes et seraient tels enfin que la paix fût immédiatement implorée par quelque lâche gouvernement de Paris. Les conditions de cette paix procureraient tout aussitôt à l'Allemagne quelques-uns des éléments qui lui font encore défaut pour cette domination de la mer qui lui est également imposée par sa population, son commerce et son industrie.

XVI

LE PRÉCÉDENT NOUS ENGAGEAIT

Dans ces conditions du réalisme rigoureux commun à la politique de tous les peuples, on voit qu'il sera juste de ne pas outrer les responsabilités du président Loubet et de ses ministres : l'œuvre de leurs prédécesseurs devait agir en eux et comme à travers eux bien plus qu'ils n'agirent eux-mêmes.

Supposons en effet que M. Émile Loubet n'eût pas été sournoisement, profondément, un glorieux, épris d'ostentation et de pompe vaine, et que le Vieux Parti républicain n'eût pas ressenti le besoin d'égaler en faste européen ses jeunes concurrents de 1895. Supposons également que M. Delcassé ne se soit pas laissé prendre aux figures brillantes de la diplomatie et qu'ayant reconnu sous le décor spécieux les menaces distinctes, les dangers définis, il eût calculé de sang-froid la date incertaine mais inévitable des échéances : toute la sagesse du monde n'aurait pourtant guère changé la situation que la République conservatrice avait léguée à la République radicale. Celle-ci était grevée d'une forte charge, et le plan Hanotaux avait créé, du fait qu'il avait été mis en service, un précédent qui engageait.

Plus de jugement, d'attention et de vigilance,
un esprit plus libre aurait, à la rigueur, pu
sauver des hommes fermement décidés à résoudre
et à liquider ce passif. Mais, tel qu'il s'imposait au
gouvernement radical, le problème n'en demeurait
pas moins d'une difficulté immense Ses données
les plus dures résultaient de l'effet des démarches
antérieures faites hors du pays et indépendamment de la volonté du pays. Nous pouvions bien
vouloir nous arrêter: mais au loin, les conséquences de nos actes ne s'arrêtaient pas.

On s'est beaucoup plaint, par la suite, que
l'Étranger se soit mêlé de nos affaires; eh ! ne
venions-nous pas de nous mêler, en imagination
tout au moins, des affaires de l'étranger? Pour
la première fois depuis vingt-cinq ans, l'Étranger nous avait vus sérieusement occupés hors de
nos foyers. Cela donnait de la France une idée
nouvelle. Émanant d'un État qui rompait sa
clôture, nos initiatives et nos entreprises récentes
nous avaient introduits, forcément, dans bien des
calculs : telle combinaison dans laquelle, dix ans
plus tôt, aux époques du « repliement » et du
« recueillement », personne n'eût jamais imaginé
de nous convier, devenait tout à fait naturelle
et plausible, l'on n'hésitait que sur les conditions et le degré du concours à nous demander;
le nom français réveillait ces espérances ou ces
craintes que n'avaient jamais fait concevoir l'apa-
thie, l'indétermination et la silencieuse inertie
d'autrefois. Certes, nos radicaux ne pensaient

8

plus à étouffer une rumeur aussi flatteuse, ni à reconquérir notre ancienne réputation de sommeil : mais l'auraient-ils voulu, qu'ils y auraient bien difficilement réussi. Leur résistance eût été gênée et leur vœu annulé d'abord par nos amis du jour, et ensuite par nos ennemis de la veille.

Le parti du recueillement avait, tout naturelment, à combattre les Puissances participantes du système Hanotaux, inquiètes ou irritées de nos menaces de défection, et désireuses de nous rappeler sous leur aile, mais il aurait fallu décourager aussi les offres des Puissances mêmes contre lesquelles l'ancien système avait été organisé. Le cabinet de Saint-James nous sentait disposés à nous dégager de tout dessein qui lui fût hostile : il devait donc songer à nous offrir chez lui l'équivalent exact de ce que nous semblions disposés à quitter du côté allemand... La tentation d'enchérir sur les avances de Berlin lui était suggérée par le mouvement qui nous éloignait de l'Europe centrale. Il devait désirer le prolonger et le conduire jusqu'à cet extrême opposé qui était l'entente avec lui. Bientôt, tous ses efforts tendirent à nous mettre dans l'impossibilité de lui échapper.

La tentation anglaise était sérieuse. Que lui opposer? Pendant plusieurs années, notre diplomatie avait donné la main à un ennemi héréditaire qui nous avait ravi Strasbourg et Metz, cinq milliards et toute suprématie politique en Europe. Pouvions-nous alléguer aucun motif sérieux de repous-

ser l'amitié que nous offrait, par-dessus la Manche,
quelqu'un qui ne nous avait rien pris, du moins
rien de bien net, depuis fort longtemps? Fachoda
n'était que le malentendu de deux troupes. Quant
à l'Égypte, étions-nous certains de l'avoir jamais
possédée? Et, si faibles que fussent les sophismes
anglais sur ce dernier point, il n'en restait
pas moins assuré que le véritable avenir français
est sur le continent. La tradition et l'intérêt sont
pour nous d'avancer vers le Rhin, sur la Germanie.
L'Angleterre se prévalait de nous avoir soutenus
à cet égard. En 1875, elle s'était jointe à l'empereur Alexandre et à Gortchakov pour arrêter
M. de Bismarck [1]. Elle ne nous avait demandé jus-

1 Cette intervention ne peut faire de doute, depuis que
le comte de la Barre de Nanteuil, gendre du général Le
Flô, qui était alors ambassadeur de France a Saint-Pétersbourg, a communiqué a notre confrère, M. François de
Nion, son parent, deux dépêches inédites adressées de
Russie en France
Voici ce que notre ambassadeur à Saint-Pétersbourg
écrivait, à la date du 10 mai 1875 .
« Lord Loftus — l'ambassadeur d'Angleterre en Russie
— a reçu, hier soir, communication d'instructions en-
voyées par lord Derby à tous les ambassadeurs de Russie,
d'Autriche et d'Italie, pour qu'ils provoquent de la part
de ces diverses cours *des démarches communes et immédiates à Berlin, dans l'intérêt de la paix* En d'autres termes,
lord Derby, ayant été informé des dispositions résolument
pacifiques de l'empereur Alexandre, a chargé ses agents
près l'empereur d'Autriche et le roi d'Italie de leur demander d'*appuyer sur-le-champ les démarches d'Alexandre II* »
Douze jours plus tard, le 20 mai, le général Le Flô note
de nouveau :
« L'intervention de l'Angleterre a été plus ferme et plus
catégorique encore qu'on ne l'aurait cru. Elle a produit

qu'ici aucun retour de ce service, puisque nous avions semblé résolu à n'agir désormais que dans ces mers lointaines où les conflits avec sa puissance restaient fatals. Mais, puisque nous rentrions en Europe, il était temps de considérer qu'Henri IV, Louis XIV, Louis XV même, avaient songé à dominer le continent avec cette amitié de la maîtresse de la mer : aujourd'hui comme alors elle était décidée à tout nous faciliter du côté de la terre ferme.

Il n'était plus possible de décliner purement et simplement une offre pareille. L'Angleterre pouvait tenir notre neutralité pour une menace,

une très grande impression Les instructions de Oddo Russell — l'ambassadeur d'Angleterre à Berlin — portaient : qu'il devait déclarer que ses ordres précis lui prescrivaient d'appuyer la Russie, quoi qu'elle dît et fît, et que toutes ses paroles, en ces circonstances, devaient être considérées comme la parole *même de son gouvernement et l'expression des sentiments de sa souveraine.* »

Alors s'engage le mémorable dialogue entre lord Russell et M. de Bismarck, furieux de voir lui échapper sa proie :

— « Vous devenez bien belliqueux sur le tard, Messieurs les Anglais ! » dit le prince, mordant sa moustache grise.

— « Prince, répond l'ambassadeur, — sans permettre à son tic habituel de se produire le bizarre sourire qui lui servait parfois à attribuer à une plaisanterie les paroles qu'il voulait démentir, — prince, il n'est jamais trop tard pour bien faire »

Et, pendant ce temps, lord Loftus, pour décider l'indécis que fut trop souvent Alexandre, faisait télégraphier en *clair*, dans toutes les directions, les termes de son entretien avec le tzar La parole de l'autocrate était engagée, l'alerte était passée

« *Cette attitude de l'Angleterre*, dit encore le général Le Flô, *était de nature à faire réfléchir plus sérieusement le*

depuis qu'elle venait de modifier ses idées sur elle-même autant que ses intentions sur nous.

En effet, la concurrence maritime de l'empire allemand avait attristé les derniers jours de la reine Victoria. Avant Fachoda, peut-être encore lors de la guerre du Transvaal, l'attitude du continent l'avait inquiétée. Tremblait-elle pour sa victoire? Elle tremblait du moins pour la splendide paix anglaise, cette longue absence de guerre européenne, qui, à peu près ininterrompue depuis Waterloo, fournit la principale explication de la grandeur du Royaume-Unis au xixe siècle.

D'autre part, toute frémissante de la facilité avec laquelle nous avions cédé à la pression russe,

prince de Bismarck, qui a été battu en brèche ainsi de tous les côtés à la fois et qui, depuis, jette feu et flamme contre l'Angleterre. » (*Journal diplomatique intime et inédit du général Le Fló*) Voir aussi dans les *Débats* du 6 juillet 1905 un article de M. Henri Welschinger.

On remarquera que la politique étrangère du gouvernement du Maréchal ressemble — matériellement — à celle de M. Delcassé. Mais, comme elle s'inspirait des directions, des habitudes et des traditions de la Monarchie, comme elle était exécutée par un personnel monarchique, elle n'eut à souffrir que de l'instabilité de la République dans la durée : l'incohérence propre aux actes simultanés de services républicains en était absente; les Affaires étrangères et la Guerre y marchaient ensemble et d'accord. Bismarck était devenu menaçant, parce que notre armée se réorganisait trop vite. Les menaces de Guillaume II sont nées, tout au contraire, de ce que notre armée était périodiquement affaiblie par notre gouvernement. Les deux politiques de 1875 et de 1905 ne présentent qu'une analogie de surfaces, elles sont contraires au fond.

l'Angleterre s'était étonnée de notre promptitude
à oublier le fameux programme de recueillement
contre les Prussiens. Non contents d'être en paix
avec eux, nous avions été sur le point de faire
la guerre pour eux. Elle avait épié la baisse gra-
duelle, puis l'éclipse totale des rancunes et des souvenirs qui l'avaient jusque-là déchargée de bien des
soucis continentaux. La rencontre de Kiel en 1895
fut sa première alerte ; notre accueil « enthousiaste »[1]
aux produits et aux exposants allemands de 1900
lui causa une surprise plus sensible encore. Enfin,
au mois d'août de la même année, quand le
feld-maréchal Waldersee fut nommé au commandement des troupes européennes, et par
conséquent françaises, en Chine, l'Angleterre
observa avec stupeur que notre esprit public ne
se cabrait plus ; si la France ne donnait aucun
signe d'approbation, ses improbations étaient
rares, et elles exprimaient le sentiment d'un
parti ou d'une classe plutôt que celui du pays,
occupé tout entier des affaires et des plaisirs de
l'Esplanade ou du Champ-de-Mars.

Et les Anglais se demandaient si nous allions
nous mettre à aimer l'Allemand.

Si les Anglais ont commencé par laisser s'opérer
l'annexion de l'Alsace-Lorraine, s'ils ont suivi alors
les vues de Bismarck, c'était afin que les Français fussent gardés par un ressentiment vivace de

---

1 *Gaulois* du 27 septembre 1905, article de M. Arthur
Meyer, qui appelle les choses par leur nom.

tout esprit d'alliance avec leur vainqueur. Londres
s'était inquiété de simples manœuvres de chancellerie. Or, elles devenaient tout à fait sérieuses
du moment que l'oubli de 70 survenait. N'en
avait-on pas une preuve nouvelle dans le fait
qu'un combattant de 70 pouvait faire accepter
ses ordres en allemand à nos officiers et à nos
soldats? Sans une haine invétérée des deux
grands peuples continentaux, il n'est point de
sécurité pour l'île bretonne. Que cette haine pût
s'éteindre, qu'on fût si près de l'oublier, c'était
une révolution dans l'état de l'Europe.

Telle est la raison de la violence des pressions
de l'Angleterre. C'est pourquoi la chute de M. Hanotaux et son remplacement par M. Delcassé
n'avaient donné qu'une demi-satisfaction. Car les
ministres vont et viennent. Elle désirait plus que
ces résultats transitoires. Le nouveau ministère ne
comptait à ses yeux que pour les garanties qu'il
pourrait souscrire. Ces garanties, ces promesses
bien définies, M. Hanotaux les avait accordées à
l'Allemagne : M. Delcassé devait en fournir
d'équivalentes à quiconque hériterait de notre
amitié. La diplomatie de la France était prise
dans l'engrenage. L'idée du roi n'était pas d'arrêter le mouvement, mais de le renverser à son
profit sans nous laisser le temps de nous dégager.
A la coalition de 1895, dont Guillaume II s'était
fait le cerveau et le cœur, Édouard VII, encore
simple prince de Galles, rêvait de substituer une
coalition contraire dont Guillaume serait la proie

désignée. Mêmes éléments : Russie, Italie, France.
Rôles à peu près semblables : la Russie immo-
bile, l'Italie indécise jusqu'au dernier moment
et la France, mais combattant sur terre et non
plus sur mer, comme dans le projet Hanotaux.
Guillaume avait offert le Nil à M. Hanotaux.
Édouard offrirait à M. Delcassé le Maroc pour
l'instant, et dans l'avenir une berge du Rhin.
Les princes de l'Europe sont bien maîtres de nous
prodiguer tout ce qu'ils n'ont pas ! « Nous dis-
tribuons des réalités, nous récoltons des promesses », a fort bien remarqué M. Hanotaux [1].

La guerre du Transvaal s'acheva sans encombre
après la mort de la reine. Il fallut le temps de
circonvenir M. Delcassé et M. Loubet, de libeller
un certain nombre de petites invitations dont
chacune portait le même sens : « Vous disiez ceci
« à l'Allemagne ; pourquoi ne pas le dire à nous ?... »
Le Gouvernement français écoutait ce langage avec
attention. Il donnait même de grands signes de
faveur, mais les circonstances n'étaient pas una-
nimement favorables.

Si les menues querelles entre la France et l'An
gleterre avaient à peu près cessé depuis Fachoda,
et si l'amitié franco-russe se refroidissait peu à
peu, l'affaire Dreyfus avait créé une atmosphère
toute spéciale entre la France *officielle* et Guillaume II. Cette affaire avait surpris l'empereur
allemand, comme il était au fort d'un travail

---

1 Préface de *Politique extérieure* par René MILLET.

d'amitié française : l'agitation dreyfusienne imaginée, subventionnée par l'Angleterre afin de
riposter aux machinations coloniales et à la politique russo-allemande de la République conservatrice, avait d'abord contrarié Guillaume II dans
sa diplomatie; mais ce qu'il perdait d'une sorte se
compensait d'une autre, et, si l'opinion française
lui était aliénée par cet incident, de merveilleux
avantages de fait lui étaient acquis sans combat :
notre armée décapitée de ses chefs respectés, Hervé,
Jamont, Boisdeffre, notre Service des renseignements supprimé [1], nos régiments démoralisés,
notre population civile rejetée aux plus basses

1 D'après un grand capitaine, le Service des renseignements est comme l'œil et l'oreille d'une armée. Le colonel
Sandher et le colonel Henry avaient élevé cet organe à un brillant degré d'activité et de force Les débats
publics des procès engendrés de l'affaire Dreyfus ont commencé par diffamer ce service et, finalement, ils l'ont
fait regretter. Le procès des quatre officiers (octobre-
novembre 1904) laissa entrevoir la hardiesse de certaines
entreprises préparées par les officiers qui travaillaient
sans bruit à la Section de Statistique   Henry, notamment, avait mis sur pied une compagnie de pétardiers
alsaciens qui auraient entravé la mobilisation allemande.
Quelques mois après la révélation de ce fait, au moment
de l'alerte de Tanger, un de nos confrères républicains,
M. Latapie, écrivait dans sa brochure *Sommes-nous prêts?*
(juillet 1905) :
   « Nous aussi, nous avons, à un moment, réussi à organiser un service d'espionnage en Alsace, sur les chemins
de fer J'ai serré la main, à Nancy, d'un brave homme qui
a collaboré à cette organisation. Ils étaient plus de cent
Alsaciens, paraît-il, qui avaient accepté, pour le jour de
la mobilisation, une besogne concertée qui devait apporter
un trouble momentané dans les services des chemins de

sottises et aux pires folies de la révolution ! Et ce
qui ne gâtait rien, l'amour-propre impérial y trou-
vant son compte, ces brillants résultats pouvant passer aux yeux du monde pour un succès
direct du service d'espionnage que surveille en
personne Guillaume II.

La conspiration contre notre armée, bien que de
marque initiale anglaise, ne fut donc pas une mauvaise affaire pour la marque opposée. Guillaume
n'avait pas cru beaucoup s'affaiblir en affaiblis-
sant nos escadrons et nos régiments . c'était de
l'armée de mer qu'il avait désiré le concours et,
aujourd'hui que l'Angleterre est devenue notre
amie, notre diminution militaire, consécutive à
la même affaire Dreyfus, subsiste au profit de
l'Allemagne. La situation de ce pays reste pré-
pondérante en diplomatie; les gouvernements
français de 1898 à 1902, tous composés d'amis
du traître, ne pouvaient guère interrompre le
contact régulier avec la puissance au profit de
laquelle Dreyfus avait trahi : tant que l'Affaire

---

fer. Hélas ! notre système offensif visant les aiguilles et
les ponts en Alsace n'existe plus ! Il est à refaire tout
entier : sera-ce possible?

« Nous n'avons pas voulu avoir affaire aux agents
de la Sûreté, m'a dit mon brave Alsacien. Et puis, après
l'affaire Dreyfus, la confiance n'y était plus. »

Maintenant, la situation est retournée. Ce sont nos chemins de fer qui sont couverts d'espions Ceux que Guillaume II emploie, comme le colonel Henry utilisait les
Alsaciens, sont, d'après M. Latapie, certains révolutionnaires qui croient servir l'humanité en « sabotant la défense nationale ».

passionnait notre public, il était trop facile à
l'Allemagne de causer de gros embarras à nos
cabinets dreyfusiens par la simple menace de ses
divulgations [1]. Elle les tenait d'assez court. Tout
cela fit un grand retard dans le projet de coalition sur lequel l'Angleterre nous faisait sonder.

L'Angleterre avait dû attendre et patienter.
Son organisation politique parfaite, qui laissait
à un roi plein d'expérience une autorité plénière
sur les affaires de l'État, lui donnait le moyen de
ne rien brusquer ni improviser. Son dessein se fon-
dait sur le sentiment d'une nécessité naturelle.
Il était difficile que le Gouvernement français
lui échappât. Du seul fait que le plan Hanotaux
s'effaçait, l'amour-propre et la vanité des gouvernants, l'intérêt de parti, la badauderie du
public lui-même, conspiraient à faire adopter un
nouveau plan, quel qu'il pût être. La troisième
République se trouvait, pour ainsi dire, embar-
quée Son premier navire faisant eau, et, s'enfon-
çant depuis Fachoda, il avait bien fallu poser le
pied sur un autre, n'aurait-elle voulu que revenir droit au port; mais le roi d'Angleterre se promettait d'entraîner sa passagère très avant dans
la haute mer.

---

1 Il est à remarquer que la deuxième revision du procès
Dreyfus, commencée en 1903, poursuivie pendant toute
la durée de 1904, a été complètement étouffée durant
l'année 1905, c'est-à-dire pendant la crise franco-allemande et n'a recommencé à faire parler d'elle qu'après
la clôture de la conférence d'Algésiras, et nos élections
de 1906...

XVII

LE POUVOIR DU ROI D'ANGLETERRE :
NOS COLONIES

Le pouvoir du roi d'Angleterre sur les affaires de la France s'est prodigieusement étendu au xixe siècle et dans les premières années du xxe; il grandira encore, à moins d'un changement de régime chez nous.

Même indépendamment de son personnel et de sa politique, notre régime est déjà, quant à son essence, du choix de l'Angleterre. Elle nous a donné la démocratie et la République. C'est à la suite de la guerre d'Amérique, des victoires et des armements de Louis XVI, qui avaient fait perdre le commandement de la mer à l'Angleterre, que celle-ci fomenta la Révolution. C'est à la suite de l'expédition d'Alger qu'elle provoqua les journées de 1830. C'est après sa rupture avec Louis-Philippe qu'elle détermina les journées de février et l'établissement de la seconde République. Enfin, la troisième République naquit de la série des intrigues et des conflits européens que l'Angleterre avait subventionnés partout, notamment en Italie, depuis cinquante ans. La volonté de Bismarck n'intervint qu'à titre de cause seconde et de réalisateur immédiat.

Depuis, le cabinet Saint-James a trouvé une base d'opérations favorable à son influence dans notre système de discussion et de division constitutionnelles où l'intervention périodique de l'Étranger paraît une clause arrêtée et convenue d'avance. Mais les Anglais ont connu en France un autre bonheur, celui-ci composé en partie de nos propres mains comme pour leur donner de nouveaux moyens de nous gouverner. Ce fut la politique coloniale. Quand Bismarck nous jeta dans cette aventure, le gouvernement anglais ne fit guère qu'une opposition de grimace et d'humeur : car ces expéditions tapageuses donnaient à l'Angleterre une large prise sur nous, prise qui devenait d'autant plus importante et sérieuse que se multipliaient nos succès au-delà des mers Il n'en pouvait être autrement en raison de la manière dont ces entreprises s'étaient conduites.

La vieille France a connu les revers maritimes et coloniaux. Il nous est arrivé de perdre à la fois l'Inde et l'Amérique Pourtant les malheurs d'alors différèrent des erreurs d'aujourd'hui en ce que nos fautes de jadis, si nombreuses qu'elles aient été, montrent, dans leur ensemble, beaucoup moins d'imprévoyance et d'absurdité. Ce premier développement colonial avait été uni intimement à la naissance et aux progrès de notre marine; marine et colonies déclinèrent en même temps, par suite de la même incurie passagère ; mais leurs décadences simultanées rendent du moins un témoignage du sens pratique et

du bon sens des Français d'autrefois. Lorsque nos
pères négligeaient leur marine, ils ne prétendaient
pas s'intéresser à leurs colonies. Ils savaient qu'on
ne traverse pas la mer à pied sec et que, si l'on
part pour les îles. il faut posséder quelque moyen
d'en revenir. La renaissance coloniale était subordonnée pour eux à la renaissance maritime : quand
il voulut prendre sa revanche des traités de Paris,
le successeur de Louis XV, qui n'était pourtant
que Louis XVI, commença par construire de
bons vaisseaux.

La République aura changé tout cela. Elle
s'est annexé les îles et les presqu'îles, elle a créé
sur tous les rivages des dépôts, des stations, des
forts et des bureaux. Les colonies anciennes,
comme le Sénégal, se sont agrandies à perte de
vue. La Tunisie s'est ajoutée à l'Algérie. Le groupe
de la Réunion, de Nossi-Bé et de Mayotte, s'est
accru de l'immensité de Madagascar. L'Afrique
nous a vus remonter les fleuves, cerner les lacs,
envahir les déserts et les marécages. Mais, quant
aux moyens d'assurer les communications de
toutes ces contrées avec la mère-patrie, seule capable d'y maintenir le drapeau, cette affaire primordiale, cette condition de toutes les autres n'a
jamais occupé que secondairement nos hommes
d'État. Le cas de M. Hanotaux et de ses collègues de 1895 n'est pas isolé. On s'est habitué à
posséder des colonies sans disposer d'une marine !

De temps en temps, un publiciste ou un mi-

nistre, un amiral ou un député, particulièrement
doué du sens de l'évidence, faisait remarquer que,
entre Diégo-Suarez et Marseille ou Dakar et
Bordeaux, il y avait de l'eau; cela étant, il n'était
peut-être pas superflu d'avoir des bateaux garnis de canons pour la traversée. On convenait que
notre matériel de mer n'a jamais eu le nombre
suffisant ni la qualité convenable, car il correspondait aux nécessités de la défense métro-
politaine et de quelques petites colonies de plai-
sance, comme nous en avons aux Antilles et dans
l'Hindoustan. Un vaste empire voulait être défendu
autrement. Le nôtre est un empire ouvert, démuni
et sans résistance, richesse offerte aux cupidités
du plus fort. Nos explorateurs et nos trafiquants
nous auront fait exécuter dix fois le geste de
prendre : personne n'a songé à nous organiser en
vue de retenir. Nos actions d'Asie et d'Afrique, toutes déterminées par des affaires financières, demeurent donc naturellement exposées à
finir comme de très mauvaises affaires.

Pour expliquer un tel procédé, l'inconscience
de la République, son absence de mémoire et de
prévision doit entrer en ligne de compte : aucun
régime, si médiocre ou si nonchalant qu'on veuille
le supposer, n'eût conçu ni même supporté, en les
connaissant, ces incohérences. Il faudrait reculer
les frontières de l'ineptie pour imaginer le gouvernement qui se dirait : « Partons coloniser
sans nous assurer d'une flotte ! » Un petit État
sûr de sa neutralité, la Belgique, ne l'a pas osé,

et c'est le roi Léopold II appuyé sur l'adhésion de l'Europe entière qui a tenté le Congo à titre personnel; la création d'une marine belge aura été l'idée fixe de ses derniers jours, elle est reprise et continuée par le jeune roi qui l'avait soutenue comme prince héritier. Ainsi les paradoxes les plus heureux tendent eux-mêmes à rentrer dans la loi. L'esprit humain est inhospitalier à certains contre sens. Il ne peut se donner pour but la possession paisible ou l'exploitation sûre d'un territoire et s'y interdire la condition immédiate de la sécurité. C'est pourquoi, dans notre politique coloniale, il n'y eut pas de négligence proprement dite, car il n'y eut pas conception. L'oubli de la marine fut un cas d'absence matérielle, de lacune physique dont personne ne peut être dit responsable. L'homme responsable de la faute n'existe pas. Nul ne le trouvera. La troisième République n'avait en son centre aucun organe capable de porter cette charge, ni intelligence, ni volonté, ni sens de la direction, rien d'humain L'Impulsion était partie de la Bourse de Paris; une fois en marche, la machine administrative alla, courut, vola, roula vers le but indiqué, tant qu'elle trouva des chemins où rouler, mais à la mode des machines, sans rien penser et sans se soucier de rien. Les mots de « politique coloniale » ne conviennent donc pas à la succession des actes de diplomatie et de force qui nous a valu nos « possessions » lointaines. Ces accidents discontinus, entraînés les uns par les autres, nullement conduits les uns en vue des autres, ne sont point une politique [1].

Quand le Gouvernement de la Restauration préparait la conquête d'Alger, il ne pouvait pas distinguer toutes les suites à donner à cette affaire, mais il en avait envisagé les conditions et pesé les risques. Ceux qui citent, sous les formes les plus diverses, le bon mot du baron d'Haussez à l'ambassadeur d'Angleterre qui l'obsédait de réclamations : « Allez dire à votre maître que je m'en f... », n'observent pas assez la qualité du porte-parole de Charles X. Était-ce le ministre des Affaires étrangères, était-ce même le président du Conseil que le baron d'Haussez? Point du tout, il était ministre de la Marine. La Monarchie française, qui, encore avec Charles X, donnait cette preuve de bon sens devant l'étranger, chargeait de sa réponse à la première des puissances maritimes celui des hommes du roi qui était responsable de sa fortune sur la mer; c'était spécifier nettement qu'en partant pour Alger, on avait prévu l'essentiel. L'Angleterre ne comprit pas autre chose et resta au large.

Mais, sous la troisième République, l'Angleterre adopta pour tactique de s'en tenir aux représentations de forme, et, en fait, d'arrondir son domaine au fur et à mesure de l'extension du nôtre, en ayant soin de toujours tendre au contact des territoires et de développer sa sphère d'influence

---

1 Voir René MILLET : *Politique extérieure, 1898-1905.*

jusque sur nos propres sujets : ainsi s'emparait-elle
de la totalité de l'Égypte et inondait-elle de sa
propagande biblique, non seulement Madagascar,
mais l'Algérie. En nous laissant agrandir, presque
à notre souhait, nos propres territoires, elle se
disait que ces acquisitions sans mesure reste-
raient plus ou moins idéales tant qu'elle conser-
vait le moyen de nous en séparer à volonté et de
les fréquenter elle-même de près. La seule précaution qu'elle prît aux jours de partage et de délimi-
tation fut de s'approprier les meilleures parts, les
territoires d'un rapport immédiat, en nous laissant la charge de défricher, d'engraisser et de mettre en valeur les autres. « Le coq gaulois aime à
gratter le sable », disait lord Salisbury. On se fiait
à notre industrie, à notre génie et à notre goût
pour faire jaillir du désert insalubre les fontaines
et les jardins. La méthode avait l'avantage de nous
obliger à dépenser notre argent et nos peines pour
aménager le pays, instruire et encadrer les hommes. Ces importantes mises de fonds, incorporées
à la contrée et à la race, ne seront pas perdues
pour nos héritiers présomptifs. Éternel et classique
exemple : ce que nous avons fait en Égypte et le
parti qu'en tire l'Anglais.

Depuis vingt ans que s'y appliquent nos trésors, une partie des territoires coloniaux est renouvelée. Ils ont pris figure française Le pire est
devenu le meilleur par notre art. Nos soldats,
nos missionnaires, nos administrateurs, nos colons
mêmes, tant en Extrême-Orient que sur divers

points de l'Afrique, ont amélioré l'ingrate matière
et stimulé les populations. Tout cela a grandi et,
sinon prospéré, du moins reçu un fort tour de char-
rue. Une grande richesse a été ajoutée, de main
d'homme, d'homme blanc, noir ou jaune, sous
la direction de la France, à l'état primitif du
Tonkin, du Congo et de Madagascar. Le peuple
de proie qui voudra nous les ravir ne perdra ni
l'or, ni le fer, ni le sang qu'il y versera, car il y
trouvera mieux qu'une terre vierge : un pays jeune
et le vieux fruit des expériences et des entreprises de l'ancien monde. Ce qu'on nous laissait
conquérir voilà vingt ans valait bien peu. Ce qu'on
peut conquérir sur nous a déjà son prix, qui
augmente de plus en plus.

Donc, par les colonies de la troisième République, la France s'est rendue merveilleusement
vulnérable. On a bien soutenu que leur perte ne
lui infligerait qu'un dommage moral. Faut-il
compter pour rien l'évanouissement de ces vingt
ans d'efforts militaires, administratifs et privés?

Or, et surtout depuis qu'elle a le Japon pour
doublure, il est au pouvoir de l'Angleterre de nous
infliger ce malheur. Rien ne saurait l'en empêcher, notre défense coloniale n'existant pas. Les
fameuses réorganisations maritimes dont les pro-
grammes se sont succédé n'ont jamais été qu'un
mot. Et maintenant on n'ose même plus redire ce
mot. Sous la Monarchie, on posait comme règle
que la France devait tenir une marine « supérieure
à toutes ensemble, celle de l'Anglais exceptée ».

En 1878, le rapport Lamy disait encore qu'il n'y
avait pas « de sécurité pour elle » si elle ne se rendait « capable de tenir tête à la coalition de deux
« flottes », celles des puissances qui viennent
immédiatement après nous. En 1905, la seule
marine allemande était considérée comme équiva-
lente à la nôtre. Elle nous a dépassés depuis;
comme on l'a vu déjà, deux autres puissances en
ont fait autant; le dernier rapport sur le budget
de la marine ne nous propose plus que de tenir
tête à l'Autriche et à l'Italie en Méditerranée,
et l'on ne peut même plus affirmer intrépidement,
comme en 1898, que nos équipages « sauraient
mourir », car l'indiscipline est moins générale encore
dans l'armée de terre qu'à bord de nos bâtiments.

J'ai vu des ivrognes tracer d'un doigt humide,
sur une table de café, le rapide moyen d'en finir
avec l'Angleterre. Notre corps d'armée tunisien
longe le rivage de la Tripolitaine et prend l'Égypte
à revers. Nos troupes d'Algérie traversent le Sa-
hara, ramassent les postes du Soudan et du Sénégal, violent le Congo belge et, prenant au pas de
course le continent noir dans sa longueur démesurée,
tombent, sans coup férir, sur le cap de Bonne-Es-
pérance. Enfin une armée russe, à travers le Thibet
et l'Himalaya, vient fraterniser sur le Gange avec
les garnisons françaises de l'Indo-Chine. Cela est
d'une facilité lumineuse. Je n'oserais pas affirmer
qu'au pavillon de Flore ou à la rue Royale on n'eût

jamais formé quelque plan de campagne de cette force, quand on étendait nos colonies sans mesure. Comme c'est le seul plan concevable en dehors d'un effort maritime long et coûteux que personne n'a voulu commencer par le seul commencement naturel (par le roi), il faut bien avouer qu'on a beaucoup acquis sans prévoir qu'il faudrait monter la garde devant nos acquisitions : chaque progrès au-delà des mers n'aura donc eu pour résultat que de fournir de nouveaux gages à la maîtresse de la mer, des gages de plus en plus riches, de façon à nous mettre de plus en plus à sa merci.

Le pouvoir du roi d'Angleterre en pays de France s'étant accru à proportion de nos accroissements loin de France, ces territoires exotiques forment son gage matériel ; toute la politique anglaise se résumera donc quelque jour dans l'alternative qu'un enfant de sept ans comprendrait sans difficulté : — *Vous ferez notre bon plaisir, ou nous prendrons votre empire colonial.* Et on nous le prendra effectivement pour peu que nous tentions de faire les méchants; mais il est très possible que nous soyons très sages et que nos colonies nous soient enlevées tout de même.

Naturellement on s'est appliqué à nous conduire d'abord au bout de l'extrême sagesse afin d'en avoir tout le fruit.

XVIII

L'AMITIÉ ITALIENNE ET LES DOCTRINES
LIBÉRALES

Ainsi, vers 1903, 1904 et 1905, par la force même
des choses, la sagesse de la France devait consister
à abandonner, bon gré mal gré, son cœur et sa
main à l'Angleterre; la brutale mise en demeure
n'était pas nécessaire, et l'événement comportait,
dans l'exécution, de fines nuances.

Édouard VII y mit tout son art. Il n'eut même
pas à procéder de manière directe. Deux moyens
termes le servirent auprès des gouvernants français : l'amitié italienne et les doctrines libérales.
On ajouterait à ce couple d'intermédiaires un troisième élément, les Loges, qu'il n'y aurait lieu
d'en témoigner aucune surprise, mais, toutefois,
comme on étudie l'inconnu pour le ramener à
des causes connues, nos lecteurs ne gagneraient
pas grand'chose à apprendre qu'un mystère diplomatique peut s'expliquer par un mystère maçonnique. Nous examinons ces difficiles affaires en
vue de les éclairer.

En ce temps-là nous possédions l'amitié de
l'Italie, pour cette première raison que l'amitié
italienne est quelque chose d'œcuménique et

de planétaire. On ne s'étonne plus de la rencontrer partout, depuis qu'on l'a vue si paisiblement installée, depuis plus de vingt ans, chez les « tedeschi » et les « barbari » de Vienne, ses anciens ennemis, oppresseurs et tyrans. Élément très actif de la Triple-Alliance, l'Italie n'en a pas moins été, de tout temps, en accord étroit avec Londres. Aux heures du plan Hanotaux, quand les armes françaises, russes et allemandes semblaient tournées d'un même mouvement contre l'Angleterre, nul esprit clairvoyant n'aura compté sur l'Italie comme auxiliaire de cette coalition. On a même craint que sa marine ne fît cause commune avec la flotte anglaise pour annuler la France en Méditerranée. Depuis que la situation s'est renversée et qu'on parle, au contraire, d'une coalition anglo-française contre l'Allemagne, le pronostic est interverti; c'est de sa fidélité à l'Angleterre que l'Italie a fait douter : son plus grand intérêt paraît ici être allemand, et les princes de la Maison de Savoie sont aussi disposés que leurs peuples à suivre leur seul intérêt, sans se considérer comme prisonniers autre part [1].

Cette indécision subtile, ce jeu alternatif de sa-

1 Ces appréciations ont leur date Nous les avons publiées dans la *Gazette de France* et l'*Action Française* dès 1905, au moment de la crise déterminée par la démission de M Delcassé Elles ont été curieusement confirmées depuis (février 1907) par M. Jules Hansen, ancien secrétaire intime du baron de Mohrenheim, dans son livre ı *L'Ambassade à Paris du baron de Mohrenheim.* Les révé-

vantes réserves, ce beau et froid calcul dissimulé sous un sourire qui s'adresse au vaste univers a vraiment fait de Rome « amie de tout le monde » un des grands pivots de l'Europe. C'est à Rome qu'il faut aller si l'on tient à traiter de divorce ou

lations de M Hansen éclairent l'histoire diplomatique de la Triple-Alliance.

Constituée le 20 mai 1882, la Triple-Alliance a été renouvelée en 1887, en 1892, en 1897 et en 1902 Or, le dernier texte comporte une nouveauté remarquable, si l'on en croit M. Hansen · « Dans le traité tel qu'il était *avant 1902*, il y avait une clause ou mieux une réserve verbale ou écrite faite *par le Cabinet italien* et d'après laquelle, *en aucun cas*, la Triple-Alliance *n'aurait pu obliger l'Italie à entrer en ligne contre l'Angleterre.* Dans le renouvellement de 1902, M. Prinetti a OUBLIÉ de renouveler la réserve contre l'Angleterre »

L'oubli peut s'expliquer de diverses façons. Il est cependant très intéressant de constater qu'à l'heure ancienne où l'antagonisme maritime et colonial de la France et de l'Angleterre pouvait rallier l'Europe centrale à la cause française, l'Italie avait soin d'établir, par une stipulation formelle, la pérennité de sa vieille amitié anglaise. Avec le ministère Delcassé, les choses peu à peu commencent à changer d'aspect : l'entente franco-anglaise se dessine; l'accord ne sera signé qu'en 1904, mais des efforts bien connus à Rome travaillent à le préparer. On peut dire que l'affaire est en chantier dès 1898. L'Italie elle-même va contribuer à la réaliser Elle en profite d'ailleurs, et beaucoup. Seulement, elle prend ses assurances, ou plutôt, elle modifie ses précautions d'autrefois. Avant 1902, il était entendu que rien ne pourrait l'obliger à se détacher de l'Angleterre Cette année-là, elle ne contracte aucune obligation nouvelle; mais elle *oublie* soigneusement de faire mention de l'ancien scrupule. Elle se sent libre de violer l'amitié du grand peuple son bienfaiteur, parce qu'il va se lier d'amitié avec nous . On a beaucoup remarqué, dans le même ordre d'idees, aux funérailles d Édouard VII l'absence du roi d'Italie, qui s'était contenté de déléguer

de mariage. Cela s'est dit du Vatican. C'est bien plus vrai du Quirinal. La politique anglaise y trouva son centre d'action privilégié.

Rien de plus simple que le jeu de l'Italie auprès du Gouvernement français. Ce Gouvernement radical était composé de vieux hommes ou imbu des vieilles idées qui ont couru l'Europe d'il y a cinquante ans. Sous Félix Faure, un certain préjugé favorable à l'autorité et le jeune goût de la force, goût pervers, si l'on veut, chez des républicains, rapprochaient M. Hanotaux de Vienne et de Berlin. Au contraire, M. Loubet et M. Delcassé en furent instinctivement éloignés . l'origine révolutionnaire, l'éducation romantique, les traditions et les idées coutumières du vieux parti républicain facilitaient leur rapprochement de l'Angleterre et de l'Italie, — une Italie imaginaire et une Angleterre fictive, telles que l'ignorance représentait l'une et l'autre à leurs yeux fermés.

Que l'Italie soit un des pays les plus autoritaires du monde, que la force publique y soit faite pour une très grande partie du loyalisme de l'armée et de l'attachement héréditaire des provinces du Nord aux droits historiques de la Maison régnante, c'était un sujet d'observation négligeable pour un parti pénétré de cette idée fixe que l'Italie devait

---

un prince du sang, le duc d'Aoste. — Simple nuance, si l'on veut, mais significative, et qui peut montrer que l'intérêt politique de l'Italie est à peu près toujours de se ranger dans le groupement militaire dont nous sommes absents.

être démocratique, libérale, humanitaire, « française », concluaient-ils, du moment qu'elle était, en sa qualité de geôle du pape, la capitale de l'esprit anticlérical. Le formulaire de l'anticléricalisme fut donc le grand lien entre les radicaux français et quelques hauts dignitaires du jeune royaume. C'est une profession de foi anticléricale que M. Loubet formula expressément par son voyage à Rome, dont le premier effet fut de donner aux sujets de Victor-Emmanuel III une haute idée de l'influence et du crédit de leur jeune roi. Ainsi la République, si elle s'aliénait les catholiques, fortifiait une dynastie étrangère [1] et ranimait chez nous ces illusions d'amitié latine qui nous ont déjà coûté cher En Italie, l'hostilité à l'Église désigne des passions et des sentiments, les uns amortis, les autres ravivés de façon artificielle. Cette façade nous a fait oublier l'évidence de l'intérêt présent !

On l'a écrit avec beaucoup de sens et de force : « un ministre des Affaires étrangères de France « qui n'a pas toujours dans un des tiroirs secrets « de sa table un projet pratique et étudié, libellé « dans ses moindres détails, d'une réorganisation « de l'Italie sur le type d'un gouvernement répu- « blicain, est un criminel ou un imbécile [2]. » Imbécillité, crime ou distraction, notre anarchie de

---

1 Sur le royaume d'Italie et l'esprit révolutionnaire, on pourra consulter notre *Enquête sur la Monarchie,* p. 129. Voir aussi l'appendice VI du présent volume.

2 *L'Accord franco-anglais,* par Denis GUIBERT et Henri FERRETTE.

gouvernement pense à autre chose : pratique
et réaliste quand il s'agit de leur personne ou
de leur parti, la politique générale des radicaux
ne s'est jamais inspirée de l'examen des grands
intérêts du pays : elle suit des idées, « idées »
flottantes, souvent fausses en elles-mêmes et
presque toujours contraires à notre bien.

Jadis, le monde officiel italien, le Quirinal lui-
même, avait profité de l'entremise des « Nuées »
républicaines pour rendre un service considérable au gouvernement de la reine Victoria en
aidant l'Angleterre à constituer chez nous ce parti
de Dreyfus, qui mit en échec la politique de
M. Hanotaux sur le Nil. Non seulement, dans le
monde de la cour et les salons romains les demoi-
selles Amari approvisionnaient M. Gabriel Monod
de leurs renseignements sur les troupes de cou-
verture et le canon de 120, mais, à Paris même,
l'ambassadeur [1], précédemment titulaire du poste
de Londres, était mêlé à toutes les intrigues anti-

---

1 Le comte Tornielli et la comtesse, née Rostopschine, ne
passaient pas pour des amis très chauds de la France
avant de se fixer à Paris Lors de sa nomination, en janvier
1895, on rappela le toast porté deux ans auparavant,
à Londres, par le comte Tornielli, à l'occasion d'une visite
de l'escadre anglaise à la Spezzia « Nous autres Italiens »,
avait-il déclaré, en faisant une allusion plus que transpa-
rente aux grandes fêtes données à Toulon en l'honneur
de l'escadre russe, « nous n'avons jamais éprouvé le besoin
« de mettre la maison sens dessus dessous pour recevoir
« nos amis. » Le propos discourtois et désobligeant de 1893
fut récompensé par l'accueil enthousiaste de tout ce que la
société parisienne pouvait compter d'étrangers, de juifs, de
protestants, et, par conséquent, de hauts personnages
républicains.

militaires de cette époque. L'ambassade italienne fut le quartier général de M. Reinach. Là, fut conspiré le départ du cabinet Méline. Là, dit-on même, fut inventé, désigné et choisi M. Delcassé. C'est là que M. Trarieux, chargé des criminelles confidences d'un président de chambre à la Cour de cassation, M. Lœw, vint murmurer à l'oreille de l'ennemi les secrets de notre service de contre-espionnage [1]. M. Reinach servait l'État juif, l'ambassadeur d'Italie servait le roi, son maître, qui rendait service à son cousin le roi d'Angleterre, et M. Delcassé n'avait qu'à se laisser aller à la suggestion de ces deux puissances étrangères qui, en somme, n'en faisaient qu'une. Il est allé de leur côté aussi loin que possible, jusqu'au crime de faux et d'usage de faux. Le commandant Cuignet l'a surabondamment démontré [2].

Mais le comte Tornielli ne négligeait pas son pays pour ses alliés, et, s'il est vrai que le cabinet Waldeck-Rousseau fut en partie constitué par l'Italie, l'ambassadeur ne laissa pas oublier ce service [3]. L'Italie obtint tous les accords commerciaux dont l'impécuniosité qui lui est naturelle

1 Il faut lire quelques détails de cette intrigue, encore bien imparfaitement connue, dans le livre remarquable cité plus haut qu'ont publié le jeune député nationaliste Henri Ferrette et notre confrère Denis Guibert, sur *le Conflit franco-allemand en 1905* (Paris, Albin MICHEL). Sans être toujours de l'avis des auteurs, je leur ai fait différents emprunts pour ce chapitre et les deux suivants.

2 Voir *Précis de l'Affaire Dreyfus*, par Henri DUTRAIT-CROZON

3 Voir l'appendice VII, *Le comte Tornielli*.

avait le plus pressant besoin. Elle les obtint même
parfois à nos dépens. Lyon fut atteint dans ses
soieries, ainsi que le Comtat, la Drôme et l'Ardè-
che; le Languedoc souffrit dans ses vins. Les ministres français se montrèrent à cette époque si accom-
modants sur nos intérêts régionaux que le roi
d'Angleterre dut en conclure qu'ils ne pourraient
pas se montrer beaucoup plus difficiles sur un
intérêt national. Il pria son rabatteur romain
de nous acheminer vers lui. Le traité d'arbitrage
permanent signé entre Paris et Rome fut suivi
d'un accord secret laissant à l'Italie les mains
libres en Tripolitaine et en Albanie, mais *nous
abandonnant toute initiative au Maroc.* Les critiques attentifs font remarquer avec beaucoup de
raison que l'Italie, amie et cliente de l'Angleterre,
ne nous aurait jamais laissé le Maroc ouvert sans
l'aveu du cabinet de Londres. Le nom de Maroc
ainsi prononcé de longs mois avant tout accord
franco-anglais, prouve que l'Angleterre combinait
déjà ses arrangements avec nous, l'Italie étant la
courtière.

Celle-ci était également secondée, comme l'avait
calculé la diplomatie d'Édouard VII, par le concours diffus mais constant que lui apportaient les
erreurs des libéraux et des radicaux français sur
la nature du gouvernement de l'Angleterre. Le
plus *whig* des Anglais ne saurait penser sans sourire à l'imagination que nos pères s'étaient formée
à ce propos et qui subsiste dans tous les lieux
où domine l'ignorantisme républicain.

Que le libéralisme anglais ne soit point un libéra-

lisme, c'est ce qu'il est un peu trop facile de voir.
Aristocrate, traditionnelle, profondément gouvernementale par sa constitution de la propriété,
par le recrutement de son armée de mer, par
ses mœurs générales, sa cruelle et pure justice, son
régime pénitentiaire et fiscal; aussi antidémocrate
qu'il est possible; dévouée depuis deux siècles à
la religion de la raison d'État; royaliste au surplus et résolument fidèle à sa dynastie; inconnue
et fermée au reste du monde, mais se développant, pénétrant et tyrannisant en tout lieu, l'Angleterre contemporaine, celle qui est forte, non
l'Angleterre prédicante et biblomane du XVIIᵉ siècle (qui peut reparaître au XXᵉ, mais à la condition
de tout compromettre et de tout gâcher de ce qui
la fit prospère et puissante), cette Angleterre doit
être jugée à peu près aussi libérale que put l'être
Carthage dans l'antiquité ou Venise moderne. Elle
n'est la patrie de la Liberté qu'en un sens : l'admiration ou le pastiche de ses institutions les plus
inimitables a servi à faire quantité de révolutions
et d'émeutes sur le continent. Tel a été le rôle bien
anglais des idées « anglaises ». Un rôle utile à
l'Angleterre qui, dans l'isolement splendide qu'elle
devait à la nature, a dû à cette politique une
paix profonde. Les idées anglaises ont causé, en
particulier, l'abaissement de la France; mais,
comme elles ont fait la fortune du parti libéral et
des républicains, ces derniers ont toujours pen-
ché pour l'Angleterre.

L'essence commune du libéral et du radical

en France se reconnaît à ce fait que tous deux
se dévouent à leur pays sous une condition qua-
siment religieuse. On ne saurait trop rappeler
l'excellente définition de ce patriotisme condi-
tionnel donnée par M. Ranc, quand en 1898 il
assurait qu'il lui était agréable d'entendre crier
à l'étranger [1] : « *Vive la France* », « MAIS » « *la
France de la Révolution* ». Quand on est pour « *la
France mais* », et quand, par surcroît, l'on connaît que ce « mais » révolutionnaire, axiome
mystique antérieur et supérieur au patriotisme,
est inspiré des révolutions qui agitèrent anciennement l'Angleterre, on est aussi tenté de placer
le berceau de ces principes immortels au-dessus
du berceau de notre chair périssable. Avant de calculer l'intérêt de la France, le parlementaire de
vocation le subordonne à l'intérêt de la Liberté
dans le monde, telle qu'on l'invoque, suppose-t-il,
dans la Mère des Parlements.

Dès lors, quand il est franc, quand il est
administré par une équipe radicale bien pénétrée
du libéralisme confessionnel, le régime républicain enferme quelque chose de profondément
et de passionnément étranger, une arrière-pensée
qui nous abaisse en particulier devant les
Anglais, qui les préfère à nous et qui nous subordonne à eux, un sentiment qui, s'il le fallait,
nous sacrifierait à leur avantage La République
conservatrice de 1895 avait oublié cet esprit et

1 Il faisait le récit d'un voyage en Belgique.

l'avait même remplacé par des traits de jactance
à l'adresse de l'Angleterre · la République radicale
réintégra les traditions du vieux parti. Elle res-
taura les vieux sentiments de subordination à la
sagesse anglaise, tant admirée de Voltaire, de
Rousseau et de Montesquieu, élément d'humilité
assez dangereux, sorte de trahison inconsciente
mais formelle, qui est gravée au cœur de ses diri-
geants

Sur toute chose ils élevèrent le bonheur et l'honneur d'une association avec les « nations libérales », c'est-à-dire avec l'Angleterre d'abord, et
cette entente fut considérée comme un bien
trop urgent pour être différée jusqu'à l'acquisi-
tion d'une forte situation militaire continentale
qui nous eût permis de causer d'égal à égal avec
notre associée. Certes, on ne put traiter tout de
suite, sous peine de blesser l'opinion encore
meurtrie des menaces de Fachoda. Mais on
organisa de doctes campagnes de presse Le « tsa-
risme » et le gouvernement du « Kaiser » furent
rétablis dans leur ancienne dignité d'épouvantail pour électeurs. On vanta l'avantage humanitaire d'un accord entre les États doués de
l'inestimable trésor d'un Parlement, les races
privilégiées, les peuples élus. L'opinion radicale
insista sur la hiérarchie spirituelle des constitu-
tions politiques. Les unes font le salut des peuples, et les autres suffisent à consommer leur
damnation « Venez mes brebis ! Allez, mes boucs »
Un ordre du jour du Grand-Orient de France

a proclamé que les insurrections, jadis le plus
saint des devoirs, deviennent abominables et scan-
daleuses dans les pays qui affichent sur les murs la
déclaration des Droits de l'Homme et du Citoyen.
L'Empire britannique brillait au premier rang de
ces oints du seigneur. Personne ne se demanda ce
que deviennent, au surplus, les droits de l'Homme
quand la marine anglaise recrute ses équipages
par le procédé de la « presse »[1]. On nous exhorta
simplement à acclamer le roi d'Angleterre, ses
vaisseaux et ses matelots.

La malheureuse victime de l'or anglais, Kru-
ger, vaincu et dépouillé, venait de s'arrêter à
Paris, qui ne lui avait pas marchandé l'ovation.
En mai 1903, Édouard VII fut moins bien reçu
par le peuple, mais les sphères officielles lui firent
brillant accueil. Il invita M. Loubet à le venir
voir en juillet suivant, puis il revint lui-même,
aimant mieux traiter directement son affaire
avec le président ou avec les ministres que de
s'en décharger sur qui que ce soit. Quelque
renseigné qu'il fût sur la France, le prince dut
s'étonner de trouver tout ce monde peu difficile,
et même plat. Son circuit italien aurait-il été su-

---

1 Il est bon de savoir que le procédé est constaté dans un
livre intitulé · *Le Libéralisme,* par M Emile FAGUET. « En
Angleterre, le service militaire n'existe pas.. Il est volon-
taire .. Qui veut n'être pas soldat n'est pas soldat. Cela se
comprend très bien... Mais ce même peuple a besoin d'une
marine militaire énorme, et il trouve naturel qu'on ait
recours à la *presse,* c'est-à-dire à l'enrôlement forcé des
matelots de la marine de guerre. »

10

perflu? Il se le demanda peut-être et s'excusa
devant lui-même d'avoir douté de la tradition
révolutionnaire. Mais rien de plus excusable que
son erreur. Si notre politique étrangère doit avoir
la couleur du parti politique vainqueur, et cela en
vertu du régime et de l'esprit républicain, elle a,
dans l'Angleterre monarchique, les seules couleurs
du pays. Là-bas un fait rallie et l'on fait confiance
au pouvoir en tant que pouvoir. Ici, et c'est ce
que le roi dut se rappeler, en l'absence d'un pouvoir réel suffisant, il ne reste que les idées, lesquelles divisent. Édouard VII estima nos divisions une bonne chose dans la mesure où elles
ne nous rendraient pas trop inaptes à l'œuvre
pour laquelle il avait des vues sérieuses sur nous.

L'entente désirée et réglée en principe ne s'annonçait pas mal.

XIX

LE PLAN DELCASSÉ. — DE LA FAUTE OU DU CRIME

La doctrine du Vieux Parti républicain et l'intrigue anglo-italienne s'accordaient naturellement dans la politique de M. Delcassé. Mais l'accord était maintenu et même stimulé par des forces matérielles dont il faut tenir compte.

Notre puissance nationale devenue le bien des spéculateurs et des gens d'affaires, il n'est plus possible à un cabinet de durer quelque temps sans former des entreprises coloniales nouvelles. Entreprises qui exigent que l'on s'entende avec l'Angleterre ou que l'on dispute avec elle. Du moment qu'on avait cessé de fourbir des armes et que le camp de Boulogne était bien levé, le parti le plus simple était d'en finir tout de suite avec la dispute; le plus pratique était de placer notre mouvement colonial sous le protectorat des maîtres de la mer.

— Qu'il y eût entre l'Angleterre et nous de vieilles querelles (Égypte, Terre-Neuve), c'est possible, redisaient certains financiers coloniaux; mais des conventions franches peuvent intervenir sur tous les points litigieux. On peut signer une manière de

concordat. Les faits sont accomplis; revêtons-les
d'un acquiescement régulier, et tout aussitôt,
nous recevrons en échange nos laissez-passer, nos
licences pour d'autres efforts. Bismarck nous avait
dit : « Prenez la Tunisie, prenez l'Indo-Chine. »
Édouard VII peut nous dire : « Prenez le Maroc »,
le Maroc étant d'une nécessité immédiate pour
laquelle tous nos syndicats sont debout et dont
ils ne feront point grâce au gouvernement qu'ils
soutiennent..

Tel fut le germe de ce qu'on peut appeler le plan
Delcassé. Sans doute ce plan apparaît plus grave
et plus ample quand on le considère dans les calculs d'un roi anglais qui nous veut pour son soldat sur le continent, ou dans les inquiétudes d'un
empereur allemand qui, nous ayant souhaités pour
seconds sur la mer, nous voit enfin passer au service de l'ennemi. Sans doute aussi, et plus encore
que les volontés des rois étrangers, plus que l'insouciance et l'inattention de notre ministre, l'esprit
de la situation, le génie des circonstances envisa-
gées nous faisaient courir un risque sérieux. Ce plan
nouveau, s'il ne prévoyait pas le conflit avec l'Allemagne, aurait pourtant dû le prévoir. l'Angleterre
souhaite ce conflit et l'espère, elle l'escompte même
avant l'exécution du programme naval qui doit
mettre si haut l'outillage maritime allemand.
Mais ces effets prévus ou imprévus du plan Delcassé y sont pleinement étrangers. En lui-même,
tel qu'il se formula et se réalisa, ce plan est beaucoup plus simple. Il pose sur une idée nette : *Nous*

ne pouvons plus coloniser contre l'Angleterre ni sans elle; colonisons donc avec elle. Tout entier, il se déduit de cette idée-là.

Le ministre espérait des « pénétrations pacifiques » mais rapides qui enrichiraient un certain nombre de ses amis. Mais il ne croyait pas ni ne voulait croire à l'échéance guerrière désirée par Édouard VII : il s'arrêtait à peine à l'idée qui aurait fait bondir d'espérance et de joie tout autre homme d'État français, celle d'une vraie guerre entre Londres et Berlin. C'est pour l'aisance du discours que l'on nomme le plan Delcassé « anti-allemand ». Tout au fond, M. Delcassé ne tenait pas compte de l'Allemagne. Il considérait que tous ses calculs pouvaient subsister en faisant abstraction de la plus puissante monarchie du continent. L'idée d'une intervention allemande dans le nouveau mariage anglo-français n'était pas au nombre des combinaisons qui eussent le bonheur de l'intéresser.

Plusieurs raisons de cet état d'esprit bizarre ont été avancées. Y eut-il une sorte de rivalité de métier entre l'empereur et M. Delcassé, le premier grand amateur de diplomatie et de paix, négociateur inlassable en mainte circonstance où n'importe lequel de ses aïeux eût tiré le glaive, le second plus novice mais d'autant plus enragé à ce noble jeu? On va jusqu'à parler d'une querelle d'homme à homme [1]. En fait, M. Théophile

1 « M. Delcassé eut, assure-t-on, le tort, dans les couloirs

Delcassé estima Guillaume II, comme le font
certains esprits en France, agité et agitateur sans
surface, capable de manifestations, de paroles et
de gestes, mais ceci et cela sans suite ni portée [1].

des Chambres, d'exprimer trop librement son opinion sur
la politique allemande et sur l'empereur lui-même. —
Quand on apprit la démission de M Delcassé, l'empereur,
qui se trouvait à une manœuvre militaire à côté du général de Lacroix, envoyé en mission spéciale pour le mariage
du Kronprinz, lui dit tout à coup : *Il est parti* .. Il, c'était
M Delcassé. » André TARDIEU, *La Conférence d'Algésiras.*

1 Les jugements les plus contradictoires ont été portés,
en effet, sur l'empereur Guillaume II L'historique en
serait piquant. Depuis l'académicien Jules Simon (confit
de béatitude au souvenir des questions dont Sa Majeste
le pressait si curieusement sur le verbe français « godailler »,
qu'Elle avait employé par mégarde, et qu'il avait osé, en
s'en excusant, relever), jusqu'à la belle dame amie de Pic-
quart, qui, en 1898 ou 1899, alla, flanquée d'un lieutenant
de cavalerie, demander à l'empereur si, oui ou non, Dreyfus lui avait livré nos secrets, il y aurait à signaler des
entreprises d'admiration, de sympathie, d'enthousiasme
absolument insoupçonnées du grand public. Je n'en dirai
que ce trait : un écrivain, d'abord sous son nom de citoyen
et de fonctionnaire français, puis, comme pris de pudeur,
sous un pseudonyme, a très sérieusement, et presque sans
y mettre aucune fantaisie, proposé Guillaume II pour
roi ou empereur à l'acceptation, à l'acclamation de la
France. L'offre n'a pas eu lieu dans une revue juive
ni dans une publication anarchiste : elle s'est reproduite
en deux périodiques, dont l un très honorable, l'autre si
droit, si honnête et si pur que le nom de vertueux lui
conviendrait parfaitement. Notons que l'extrême niaiserie
du langage ôtait de l'importance à cette insanité. Consul-
tez là-dessus le *Mercure de France* de novembre 1904 et
la *Coopération des Idées* d'avril 1905.
En revanche, des esprits amers et perspicaces, comme
Drumont, se sont toujours montrés extrêmement durs
pour la personne de Guillaume II. Ils lui ont surtout repro-

A supposer qu'il eût vu juste, M. Delcassé se donna le tort de ne pas savoir retenir des marques,

ché de parler beaucoup. Nous voudrions pouvoir admettre que l'action de l'empereur allemand ne suit pas sa parole. Mais l'impulsion donnée au commerce, à l'industrie et à la marine de l'Empire ne permet guère de le penser. Ce n'est pas seulement dans la construction de la flotte de guerre que l'on perçoit son impulsion et sa volonté. Comme le disait très bien M. Roger Lambelin dans la *Gazette de France* du 21 février 1907 : « Partout, en Allemagne, on perçoit une impulsion directrice; des plans sont élaborés avec soin et poursuivis avec méthode pour l'outillage des chantiers, l'aménagement des ports, l'amélioration des voies fluviales. Le souverain s'intéresse avec passion à tout ce qui a trait à la prospérité nationale; il sait que la marine marchande est l'auxiliaire indispensable de la marine de guerre. *Au Parlement, on demande des crédits et non des instructions de détail.* » Ce n'est là qu'un chapitre d'une activité et d'une vigilance qui s'étendent à bien des choses, à tout. — Il n'a pas fait la guerre?... Mais à quoi la guerre eût-elle servi, je le demande, s'il suffit des moyens pacifiques pour imposer, maintenir et développer une situation magnifique? La nation allemande est un produit fragile et cassant Peut-être l'Empereur a-t-il fait preuve d'un talent supérieur en ne tirant jamais le sabre qu'à demi. Peut-être aussi a-t-il eu tort d'exposer aux risques de la rouille le seul instrument qui ait pu rassembler les matériaux disparates de cette œuvre artificielle, de ce paradoxe historique et géographique : les Allemagnes unifiées !

— En somme, il n'est guère qu'un élément du caractère de Guillaume sur lequel on puisse tomber facilement d'accord, c'est la passion avec laquelle on l'a toujours vu tirer parti, dans le sens d'une utilité immédiate et pratique, de tout ce qui brille et séduit dans sa personne. Éloquence, poésie, bonne grâce, sciences, beaux-arts, il faut que tout serve ! Quand le cygne eut suffisamment fait ses grâces, Lohengrin tordit le cou à l'oiseau divin, le pluma et le mit à rôtir pour son déjeuner C'est ce que Drumont aime à appeler l'hérédité anglaise du neveu d'Édouard VII.

bien superflues, de ce sentiment. Il fut encore inférieur à sa tâche en ne s'inquiétant pas de savoir si
nos forces militaires valaient les forces de cet empereur dédaigné. Plus il pouvait avoir raison dans
son attitude, plus il devait se rendre capable de
la soutenir aisément. En admettant que Guillaume II manquât de « sérieux », il fallait pouvoir
l'attendre de pied ferme et opposer à ses démonstrations des démonstrations plus vigoureuses
encore. M. Delcassé avait beau rejeter toute
idée d'une offensive éventuelle de l'empereur. Il
méritait tous les châtiments du seul fait qu'il
négligeait de se garder contre le cas fortuit où
l'hypothèse ainsi écartée se serait produite. Diplomatie, c'est précaution.

La précaution à prendre s'indiquait toute seule :
il importait d'intéresser le patriotisme français.
Celui qui l'oublia fit une faute incomparable. Quoi !
tous vos mouvements d'Europe et d'Afrique,
toutes vos allées et venues entre Londres et Paris,
entre Rome et Saint-Pétersbourg, ont pour effet,
sinon pour but, « d'ennuyer », ou même « d'encer-
cler » l'empereur d'Allemagne. Vous faites mine
d'éloigner de lui son allié du midi. Vous vous faites
accuser de l'avoir écarté lui-même de vos arrangements coloniaux, et, en somme, c'est un peu
vrai. Il s'agit d'isoler l'Allemagne, assure-t-on, et
dans l'intimité, vous ajoutez : de « rouler » Guillaume, de « rouler » Radolin. Vous faites entendre
que vous ne craignez rien. Tout se passera en
conversations, vous en êtes sûr. Vous nous affir-

mez que l'âme des chancelleries contemporaines,
surtout allemandes, est le « bluff », — et vous ne
sentez pas que vous aussi bluffez, pour parler
votre langue, et que votre bluff obligera votre
partenaire à des bluffs redoublés. C'est à quoi il
vous faudra bien peut-être répondre. Mais comment? Sinon en triplant le bluff à votre tour et en
le renforçant de toutes les puissances morales capables de rendre votre bluff imposant! Il se trouve
que vous ne faites rien en secret. Vos sentiments
sont avérés. D'abord, on en cause partout. Puis,
vous y ajoutez toute la publicité concevable.
Votre défi à l'empereur remplit la presse européenne, y compris la russe et la turque. Et
voilà qu'une seule presse, une seule opinion,
en est tenue absolument ignorante, et c'est la
presse officieuse de votre pays, c'est notre presse
nationale! L'opinion française est censée gouverner, et vous ne faites rien pour l'avoir avec vous.
Vous ne faites rien pour émouvoir le pays et
pour l'associer à votre mouvement.

Cependant le concours tout au moins tacite de
la nation était indispensable à une politique
pareille. Quand vous auriez été décidé à ne jamais
faire aucun appel effectif à de telles forces, il vous
fallait, pour la montre et pour la parade en Europe, des hommes, de l'argent, de l'enthousiasme
public. Il vous fallait un corps de sentiments et
d'idées favorables sérieusement propagé dans notre
public. Or, vous n'avez jamais exprimé de velléité
dans ce sens. Vous n'avez même pas demandé à

vos collègues du Gouvernement d'interrompre, en
raison de votre grande œuvre en Europe, la propagande des doctrines et des sentiments contraires
à votre effort. Vos collègues, vos chefs, les Waldeck
et les Combes, les André et les Pelletan, servaient
l'Internationale ou l'Étranger. Vos amis, vos soutiens dans le Parlement, prêchaient de désarmer
et d'oublier l'Alsace : vous les avez laissés dire,
vous avez servi l'Étranger et l'Internationale
avec eux. Si vous l'aviez vraiment voulu, vous
auriez réuni avec vous et contre eux les multitudes françaises. Vous n'avez jamais fait un geste
ou un acte, ni même conçu une volonté dans ce
sens. Quelle inertie! Et quelle complaisance! Et
quel contraste avec votre boniment au dehors! Si
vous aviez eu, comme on l'a répété, la pensée de
nous rendre l'Alsace, il faudrait avouer que vous
en avez constamment rejeté d'abord toute apparence, ensuite tout moyen.

Il est vrai, votre main a touché un instant la
balance de nos destins. S'il était une idée, un
nom, un objectif politique qui eussent quelque
chance de relever notre esprit public dissous par
l'affaire Dreyfus, c'était certainement le nom,
l'idée et l'objectif de la Revanche; c'était le désir
de repartir pour le Rhin et dans la direction des
provinces perdues. En avez-vous jamais usé ?
Vous avez négligé une œuvre qui restait possible,
puisqu'elle fut tentée, lorsque tout fut perdu, par
votre successeur, M. Rouvier coalisé avec les
Berteaux et les Clémenceau. Certes, la belle spon-

tanéité de la nation n'a point reparu, mais le
gouvernement, par des moyens de gouvernement,
en obtint sous nos yeux quelques simulacres, et
ces simulacres constituèrent une démonstration
utile. Rien de tel tant que vous fûtes au quai d'Orsay. Rien de tel de 1898 à 1905. Ces manifestations
vous auraient servi. Elles vous auraient aidé puissamment. S'il ne s'agissait que de feintes, pourquoi n'avoir pas fait signe à toute la France de
feindre avec vous? Elle eût compris à demi-mot.
Les cachoteries de M. Hanotaux se concevaient
par l'impopularité fatale de son projet. Votre mystère à vous ne comporte pas cette explication.
Conforme à une pente longtemps suivie, à l'habitude, à la tradition, aux anciens sentiments, à
des intérêts éternels, votre politique étrangère non
seulement pouvait devenir populaire en France.
mais elle était la seule qui possédait cette vertu.
Et vous y avez renoncé!

A la rigueur, un ministre de monarchie, qui n'eût
été ni un Cavour, ni un Bismarck, ni un Richelieu,
se fût embarrassé d'une répugnance de protocole;
il lui aurait déplu d'associer « le peuple » à sa politique étrangère. Mais nos textes constitutionnels assuraient expressément M. Delcassé qu'il
vivait sous une République démocratique et parlementaire. La plus stricte légalité du régime se
trouvait, par miracle, en accord complet avec l'intérêt du patriotisme en sommeil et de la patrie
en danger. Le ministère Hanotaux pouvait se prévaloir de la nécessité de faire le bien sans le dire .

le ministère Delcassé ne pouvait réaliser un peu
de ce bien qu'en le disant. Or, il s'est tu.

On a très bien vu les calamités de la méthode qu'il adopta. Du point de vue de notre
intérêt national, on ne voit pas quel aurait été le
point faible d'une méthode inverse, dont les avantages semblent éclatants et nombreux. Écartons
toute idée de succès effectif. Dans le seul ordre
immatériel de la pensée et de l'énergie nationales, les Parisiens d'abord, tous les Français
ensuite, spécialement nos jeunes générations si
éloignées du souvenir de la grande guerre, notre
armée couverte d'insultes, les pays annexés qui
s'éloignaient de nous, auraient recueilli le bénéfice moral des revendications reprises à ciel
ouvert. Ces résultats moraux auraient du moins
compensé le péril qui a été couru sans compen-
sation et qui nous a valu des pertes si cruelles.

XX

DU PLAN DELCASSÉ (*suite*). — LA DÉFENSE
RÉPUBLICAINE

M. Delcassé a-t-il craint de trop plaire au pays? A-t-il craint de lui plaire jusqu'à déplaire à son parti?

Ce parti se reconnaissait, il « se mirait » dans le ministre qui l'avait conduit à l'entente anglaise et à l'amitié italienne. Il l'approuvait de témoigner quelque froideur à l'absolutisme prussien. Mais il eût refusé d'aller plus loin dans cette direction, car, surtout en 1901, 1902, 1903, déterminer un courant d'opinion un peu vif contre la nation allemande et tendre à raviver le souvenir de nos défaites eût semblé pactiser avec le nationalisme grondant et vouloir rendre un essor dangereux au militarisme, alors que nulle guerre immédiate ne nous pressait.

Un gouvernement d'opinion ne peut jamais avoir d'attention réelle que pour ce qui le presse. Les amis de M. Delcassé se plaisaient donc à songer, comme lui, que toutes les difficultés pendantes se résoudraient en quelque vain passage d'écrits. A quoi bon déranger le peuple? Pourquoi troubler la bonne fête anticléricale et anticatholique à laquelle le personnel gouvernemental se donnait? L'esprit public est unitaire. Si l'on veut qu'il mange du prêtre, il ne faut pas lui mettre du Prussien sous la dent. Enfin était-il opportun d'interrompre le précieux courant d'idées qui faisait prévaloir l'idée d'humanité sur l'idée de patrie ? Les journaux officieux des ministres Combes, André, Delcassé, organisaient les fêtes publiques où les artistes des théâtres subventionnés déclamaient des poésies antipatriotes :

Déchirez ces drapeaux ! Une autre voix vous crie :
L'esclavage et la haine ont seuls une patrie.
        La fraternité n'en a pas.

Récemment, la nécessité a ramené ces radicaux à leur antique chauvinisme. Une même nécessité en avait détourné M. Delcassé aux dates marquées ci-dessus. Tous ses coreligionnaires politiques auraient déconseillé comme superflue et dangereuse une agitation patriotique capable de déclasser les partis et de les ramener à l'unité française qui fait leur épouvantail. On n'a point de raison de croire M. Delcassé supérieur à ses compagnons de fortune; il devait partager leur façon de voir.

Les haines, les rancunes, les misères d'esprit du parti radical étaient si vivantes en lui qu'il ne s'était pas contenté de négliger l'appui de l'opinion française contre l'ennemi du dehors. Plus anciennement, il avait travaillé lui-même à diminuer dans les esprits et dans les choses la force

militaire sur laquelle repose toute diplomatie. Il
avait et souillé et laissé souiller cette épée française
qu'il feignait de brandir et de faire briller afin
d'étonner le Prussien. Son rôle dans l'affaire Dreyfus est d'un criminel. Il ne faut pas dire que cette
affaire est bien antérieure à la politique malheureuse de M. Delcassé, car le cabinet Combes l'a
reprise en 1903, et M. Delcassé, ministre au moment de la première revision, l'était également
au début de la seconde, à laquelle il ne s'est jamais opposé. On ne peut donc pas oublier qu'en
1899 ce fut « d'ordre de M. Delcassé », que le
métèque Paléologue [1] comparut le 29 mars devant
la Cour de cassation et accusa l'État-Major général de l'armée française d'avoir produit un faux
devant cette Cour. Or, ce faux était la transcription
d'une pièce parfaitement originale : la minute en
fut retrouvée par le commandant Cuignet dans la
serviette de l'agent de M. Delcassé... Cette ma-

1 Tel patron, tel client. De même qu'en 1904 M. Delcassé
n'a rien su, rien vu des préparatifs japonais, ses fameuses in-
telligences à Londres ne lui ayant permis de rendre aucun
service a notre alliée de Saint-Pétersbourg, en 1908 ce
fut l'ancien mandataire de M. Delcassé devant la Cour de
cassation, c'est le porteur et le défenseur du « faux Delcassé », c'est M. Maurice Paléologue, ministre de la République française à Sofia, qui n'a rien su des graves événements qui devaient aboutir à créer le royaume des Bulgares.
Ce diplomate apparut incapable. Un journal juif a touché un mot des déboires orientaux de ce Parisien mâtiné
de valaque ou de byzantin. Outre que personne n'est
prophète dans son pays, il y a un dicton qui court : Drey-
fusien, propre à rien, et la qualité de métèque y change
peu de chose.

nœuvre honteuse fut si complètement démasquée,
qu'on n'a pas osé en laisser subsister la trace
dans le recueil de l'*Enquête de la Cour de Cassation* édité par les dreyfusiens chez P.-V. Stock,
bien que l'allégation eût été publiée par tous les
journaux de Dreyfus, notamment par le *Figaro*.

Or, cette imputation d'un faux imaginaire était
uniquement destinée à masquer un faux très réel,
produit par M. Delcassé et par son mandataire [1] : faux dont le caractère a été démontré par
le commandant Cuignet. Dans l'intérêt de qui
M. Delcassé avait-il usé de ce faux? Dans l'intérêt de qui avait-il fait porter l'accusation calom-
nieuse? Le traître juif Alfred Dreyfus ne ressemble pas au premier bandit venu. On ne peut pas
l'avoir servi sans avoir secondé une cause évi-
dente d'amoindrissement national. Dreyfus per-
sonnifie cette intrigue étrangère qui nous paralysait au dehors parce qu'elle nous décomposait
au dedans. Cette intrigue a été nouée par l'ambassade italienne et tout d'abord dans l'intérêt
immédiat de l'Angleterre. Mais en faisant de main
de maître les affaires de Londres et de Rome, le
comte Tornielli n'avait-il pas également servi le
souverain au profit duquel Dreyfus avait trahi et
qui était le plus ancien allié du roi d'Italie? On
en pensera ce que l'on voudra, mais M. Delcassé,
que l'on donne pour le champion du monde contre

1 Voir le *Procès de l'Affaire Dreyfus* par Henri Dutrail-
Crozon.

l'Allemagne, avait veillé au bon renom des attachés militaires allemands pendant les heures décisives de l'affaire Dreyfus.

Cette complaisance, qu'on peut nommer d'un
mot, s'accorde mal avec les beaux rêves nationalistes [1], les projets de fière revanche et tous les
autres bons sentiments que, depuis sa chute, on
lui prête. Certains actes excluent certaines intentions. Les bons offices rendus par M. Delcassé
au gouvernement de Schwartzkoppen et de Munster établissent qu'il n'était pas étouffé par le scrupule. Il faut plutôt se souvenir qu'il a multiplié
les démarches amicales auprès de l'Allemagne
toutes les fois que la suggestion anglaise l'y a
porté. Il les a cessées et remplacées par des démar-

1 C'est après coup (après le coup que lui donna sa chute)
que M. Delcassé se voulut faire peindre en libérateur de
l'Alsace-Lorraine. Il a même donné la première touche au
portrait. Drumont (*Libre Parole* du 31 janvier 1906) rapporte comme textuelles ces paroles que l'ancien ministre
a dites à des représentants nationalistes :

« J'oublie les attaques de la *Libre Parole* depuis dix
ans, j'oublie tout ce qui a pu être dit contre moi, je ne me
souviens que de ce que M. Drumont a écrit : « Depuis
« trente-cinq ans, Delcassé est le seul ministre des Affaires
« étrangères qui ait osé regarder l'Allemagne en face... »
Je serai fier de montrer ces quelques lignes à mes enfants
plus tard. » Ces belles paroles ne peuvent faire oublier
comment M. Delcassé a fait défendre sa politique par ses
journaux, ses amis, son parti.

« *Elle n'est pas dominée par l'idée de revanche.* » — « *Le
but qu'il poursuivait n'était pas la revanche* », répète M. Maurice Sarraut (un des hommes les plus influents du groupe
Delcassé) dans l'*Humanité* du 22 octobre 1905. Et c'est la
simple vérité.

ches d'un ton contraire quand la même pression réglée lui en fit un devoir. On peut dire, l'histoire contemporaine à la main, que M. Delcassé
n'a jamais marché contre notre vainqueur de 1870,
il a marché pour l'Angleterre. Il n'a menacé
l'Allemagne que lorsque l'Angleterre y eut intérêt. Delcassé-Revanche est un mythe. Sa politique
fut tournée contre Berlin par Londres; elle ne s'y
est jamais orientée d'elle-même.

Un seul ministre républicain se montra aussi
bon Anglais que M. Delcassé : ce fut M. Waddington, excusé par le sang qui coulait dans ses
veines; mais tel est aussi, pourrait-on dire, le sang
même de ce régime, né anglais et demeuré sujet
anglais. En fait, l'ancien ministre de M. Loubet
avait été l'élève des disciples de M. Waddington
et de ses pareils.

Les Chambres sentaient et pensaient là-dessus
comme M. Delcassé.

Une fois qu'ils eurent obtenu de l'Angleterre
promesse de sécurité et même de progrès pour
leur empire colonial, possession du Parlement et
de la Finance, plutôt que propriété du pays [1], nos
radicaux, qui ne croyaient pas à l'Europe armée,
ne purent pas admettre qu'une tension sérieuse
pût jamais résulter de simples conversations de
chancellerie. Pas plus qu'ils ne se souciaient du

1 M. Maurice Sarraut dit très incidemment que l'intervention marocaine répondait *aux préoccupations actuelles
de coloniaux avides d'affaires* (*Humanité* du 22 août 1905).

répertoire de Déroulède, ces hommes d'État ne s'étaient jamais, sinon par occasions et suggestions extérieures, souciés de l'hostilité de l'Angleterre à l'égard de l'Allemagne. Ils ne songeaient pas davantage à parer les menaces que notre intimité avec l'Angleterre enflait et grossissait du côté allemand. « Choses d'Europe », la défense républicaine n'a rien à y voir !

Tous les dangers courus par la suite doivent être expliqués de ce point de vue. Il est absurde de reprocher à M. Delcassé d'avoir abusé de son crédit sur la Chambre. Il faisait les affaires de son parti dans l'esprit de son parti, en les adaptant à la situation. Ses prédécesseurs n'avaient jamais fait autre chose. La politique extérieure n'a jamais été contrôlée par le Parlement de la République, qui a toujours laissé le ministre tranquille : jusqu'en 1895, comme on l'a vu, on ne contrôlait pas faute d'avoir quoi que ce fût à contrôler. L'indépendance des bureaux, le silence de la tribune, la discrétion hautaine observée par les dignitaires du quai d'Orsay, toutes ces survivances de la Monarchie fonctionnèrent à vide jusqu'au jour où M. Gabriel Hanotaux conçut l'idée, aussi généreuse que malheureuse, de les utiliser sans commencer par rétablir la Monarchie. Il les avait mises au service d'une politique qui eût pu devenir utile à la France sous la condition chimérique de durer et de coordonner ses organes, mais qui nous engagea dans la plus funeste des voies, faute de cohésion et faute de durée. Le parti radical et M. Delcassé trouvaient cette machine en branle; au lieu de l'arrêter purement et simplement, comme l'eût voulu la tradition du parti, ils l'ont utilisée pour la pompe et l'ostentation au dehors, pour des fins religieuses, électorales ou financières à l'intérieur, sans prendre garde aux réalités désastreuses qui s'annonçaient. L'Angleterre exigeante nous lançait, à toute vitesse, sur l'Allemagne inquiète. Ils servaient la première, ignoraient la seconde, et l'esprit de défense républicaine imposait de n'avoir aucune idée de l'extérieur.

Une fois de plus se vérifiait la loi du développement historique de ce régime où les meilleurs ne servent qu'à fournir aux pires des prétextes plus respectables, des moyens d'action plus puissants. Les bonnes intentions de la République conservatrice avaient fourni des armes contre la France aux républicains radicaux. Pendant les trois ou quatre dernières années de son sultanat, beaucoup d'écrivains patriotes réclamèrent la tête de M. Delcassé : que ne réclamaient-ils la destruction de la République? Cela seul importait.

XXI

« HUMILIATION SANS PRÉCÉDENT » ET
« CHOSE UNIQUE DANS L'HISTOIRE » :
DE MARS A JUIN 1905.

Non, certes, ce qu'on poursuivait n'était pas la
Revanche. Non, l'on ne voulait pas attaquer l'Allemagne. Mais, comme un somnambule, on suivait
des chemins dans lesquels on devait nécessairement
la rencontrer, armée. Nous ne la visions pas, mais
elle se voyait visée par l'Angleterre, qui nous conduisait par la main. Or, en mars 1905, la grossière parole de M Maurice Rouvier n'était pas
sans justesse : il y avait quelque chose de changé
en Europe, il y avait « Moukden ». Le flanc oriental
de l'Empire allemand était affranchi de toute
menace russe.

Peut-être, après les premières défaites asiati-
ques et dès le milieu de l'année précédente, dès
Lyao-Yang, en septembre 1904, eût-il été facile
à un ministre des Affaires étrangères français de
prévoir ce péril. Des esprits politiques auraient
pris garde à ce nouvel élément pour en parer les
conséquences. Mais, M. Delcassé, n'ayant rien su la
veille de l'ouverture des hostilités russo-japonaises
ne se fit une idée nette ni du cours que prenait

cette guerre ni des répercussions qu'elle devait avoir. Les collaborateurs de M. Loubet ne montrèrent leur sollicitude militaire, maritime et diplomatique qu'après avoir subi le contre-coup des disgrâces de leur allié. Ils procédaient comme le Barbare de Démosthène : « S'il reçoit un coup, il y porte aussitôt la main. Le frappe-t-on ailleurs? Il y porte la main encore. Mais de parer le coup qu'on lui destine, il n'en a pas l'adresse et même il n'y pense pas [1]. » Aucune prévision n'occupa nos ministres durant les progrès japonais de 1904. Au budget pour 1905, le compte de la préparation matérielle à la guerre (constructions neuves et approvisionnements de réserves) a été réduit à 27 millions (de 100 millions en 1904), et c'était l'année même où l'Allemagne élevait le même budget de 85 à 137 millions [2]. Le général André, ministre de la Guerre, consentait ces économies qui ne coûtaient rien aux parlementaires. Au surplus, qu'on se rappelle l'histoire de France dans les trois derniers quarts de 1904! On saura à quoi s'occupait le Gouvernement chargé de défendre la frontière et l'honneur français.

C'est un accident, la découverte des fiches, c'est

---

1 *Première Philippique.*

2 LE GÉNÉRAL LANGLOIS, *Temps* du 26 février, d'après M. Klotz, député, rapporteur du budget de la Guerre. — Tandis que le fait matériel de la guerre d'Extrême-Orient n'éveillait même pas l'inquiétude de la défense nationale chez nous, l'Angleterre en utilisait rapidement les leçons et les exemples concrets. Dès le lendemain des défaites russes qui révélaient le rôle décisif des grands cuirassés, elle mettait en chantier le *Dreadnought* (1905).

un autre accident, la gifle de Syveton, qui, tout
à la fin de l'année, eurent raison du général
André. C'est l'année suivante, en janvier, que
fut congédié M. Pelletan, destructeur de notre
marine. Jusque-là donc nos flottes et nos régiments étaient administrés par leurs ennemis
naturels. Le général de Négrier avait donné sa
démission d'inspecteur d'armée quelques mois auparavant, parce que, disait un de ses rapports [1],
« on croit que la frontière de l'Est est couverte, et elle
ne l'est pas ». Qu'importait ! Le roi d'Italie et le
roi d'Angleterre nous faisaient des visites ou nous
en annonçaient. Tous les sots du pays faisaient
escorte à M. d'Estournelles de Constant, qui leur
prêchait l'évangile du pacifisme. Après trente-

---

1 M Louis Dausset, dans la *Liberté* du 5 avril 1906, a
publié la note suivante, signée du général de Négrier, et
relative aux événements de 1904-1905 :

« Mon rapport sur la situation à la frontière a été remis
par moi-même au cabinet du ministre le 23 juillet 1904,
à 5 h. 45 du soir.

« Le jour même, je me suis rendu à l'Élysée, où j'ai
laissé copie de la lettre d'envoi du rapport.

« M. le Président de la République m'a fait appeler le
27 juillet pour m'entretenir de cette lettre ; elle se termine
ainsi :

« Dans ces conditions, j'estime que je ne dois pas con-
« server en temps de paix des fonctions dont je ne pour-
« rais pas remplir les obligations en temps de guerre, et,
« d'autre part, *mon devoir est de dégager, vis-à-vis du pays,*
« *la responsabilité des généraux et des troupes du VIIe corps,*
« *relativement à leur situation à la frontière.*

« En conséquence, j'ai l'honneur de vous demander de
« me relever de ma fonction de membre du Conseil supé-
« rieur de la Guerre et de me placer en disponibilité, en
« attendant mon passage dans la 2e section du cadre de
« l'état-major général de l'armée. NÉGRIER »

cinq années de préparatifs militaires, notre monde politique, représenté par une presse anarchiste et cosmopolite, provoquait les Russes à la révolution. Toutes les puissances judiciaires de l'État étaient employées à flétrir quatre officiers sans reproche emprisonnés sur une accusation infâme dont on finit par reconnaître l'absolue vanité, car elle avait été forgée de toutes pièces au ministère de la Guerre par des criminels bien connus, mais restés impunis, et qui ont même été abondamment récompensés, parce que l'objet de leur crime avait été de satisfaire les partisans du traître Dreyfus. Entre temps, on votait une loi militaire destinée à bien disposer les électeurs : ils ne feraient plus que deux ans [1] !

En regard de ce peuple où tout se déchire, où le civil et le militaire sont ennemis, où le simple soldat fait peur au gradé, où l'officier en est réduit à fuir l'officier, où l'indiscipline politique engendre une indiscipline sociale et religieuse qui s'étend à tout et à tous, — en regard du pays où, qui plus, qui moins, tout le monde, fredonne, à son rang

> ... que nos balles
> Sont pour nos propres généraux,

---

1 « Quand les Allemands ont, en 1893, mis à l'essai le service de deux ans pour l'infanterie, ils ont eu soin d'accroître sensiblement leurs cadres de sous-officiers. Actuellement, le nombre de leurs sous-officiers dépasse 82 000, tous rengagés, du reste. Nous, nous n'en comptons que 50.000. » PIERRE BAUDIN, *L'Alerte,* 1906.

en regard du triste pays qu'est devenue la France,
se dressait, — sur un peuple beaucoup moins
bien doué, sur un territoire beaucoup moins riche,
moins fécond, nullement prédestiné à nourrir un
corps de nation — se dressait un État dont le seul
avantage était de reposer sur un principe juste
développant des mœurs politiques saines.

Le même prince y règne depuis dix-sept ans. Le
chef d'état-major que ce prince devait congédier
en 1906 était en fonctions depuis plus de quinze
ans et, depuis 1821, date de l'institution de l'état-
major prussien, c'était seulement le *sixième* titulaire du poste [1]. Ce qui environne ce prince est tout
à l'avenant : robuste, ancien, remis à neuf de temps
à autre. Un pareil ordre, ayant pour caractères
la prévoyance et la tradition, pour base le passé
et pour objectif l'avenir, peut compenser des infé-
riorités et des lacunes dans le caractère de la nation.
La méthode, la discipline, l'économie, suppléant
aux dons spontanés, ont mis sur pied un mécanisme qui fonctionne vigoureusement, activé par
les impulsions, souvent singulières, d'autres fois
merveilleusement sagaces et claires, du souverain qu'on appelle chez lui avec un mélange de
dérision, de stupeur et d'admiration, « l'Empereur
français ».

Son projet avait été étudié avec soin. Il l'avait

---

1 En Angleterre, M. de Chaudordy compte, de 1783 à
1895, c'est-à-dire en plus d'un siècle, trente-trois ministères ; il y en a eu trente-cinq en France de 1870 à 1895

mûri dans la solitude d'une croisière. On le vit,
dit-on, hésiter après la station de Lisbonne, par
suite des représentations d'une fille de France,
la reine Amélie de Portugal [1]. Mais le bolide était
lancé. Le 31 mars 1905, Guillaume II débarquait
à Tanger et annulait d'un geste toutes les compen-
sations idéales que les Anglais avaient accordées
aux Français en échange de l'Égypte et de Terre-
Neuve. Il déclarait que le sultan du Maroc était
pour lui un « souverain indépendant », et que
ce souverain devait tenir le pays ouvert à la
concurrence pacifique « de toutes les nations, *sans
monopole et sans annexion* ». « L'Empire », disait-il
encore, « a de très gros intérêts au Maroc. » Le
progrès de son commerce, poursuivait-il, ne sera
possible « qu'en considérant comme ayant des
droits *égaux* toutes les puissances par la sou-
veraineté du Sultan et avec l'indépendance du
pays ». Il conclut lapidairement : « *Ma visite
est la reconnaissance de cette indépendance.* »

Ce texte si net a été communiqué comme officiel soit aux Agences, soit même au Livre Jaune [2].
Une version plausible porte : « Je n'admettrai
pas qu'une autre puissance y prenne une pré-
pondérance. » Dès lors, quoi qu'il dût advenir,
l'amitié de la population marocaine était assurée

1 MM. Denis Guibert et Henri Ferrette, qui indiquent
le fait, sont républicains tous les deux

2 Voir l'analyse des deux discours prononcés par Guillaume II le 31 mars 1905 à Tanger, dans le livre d'ANDRÉ
MÉVIL ı *De la paix de Francfort à la Conférence d'Algésiras.*

à la « pénétration pacifique de l'Allemagne ». La
conférence d'Algésiras fera plus tard ce qu'elle
voudra. Un résultat se trouve acquis, d'ores et
déjà : la libre colonisation allemande est inaugurée au Maroc. Comme au Brésil [1], comme à Anvers,
comme à Chicago, une nouvelle Allemagne est en
formation sur ce territoire. Satisfait de son œuvre,

1 « Les immenses richesses de ces vastes territoires encore
vierges réalisent le rêve d'une plus grande Allemagne,
économiquement indépendante, au-delà des mers. Déjà
500 000 Allemands et leur progeniture résident au Brésil.
Dans le sud, ils sont l'élément dirigeant; leurs factore-
ries, leurs fabriques, leurs fermes, leurs magasins, leurs écoles, leurs églises, couvrent toute la contrée. Le portugais,
langage officiel du pays, est remplacé par l'allemand dans
nombre de communes Des capitaux allemands s'élevant à
20 millions de livres sont placés dans les banques, les tramways, les ouvrages électriques, les mines, les plantations
de café, etc., sous la protection du drapeau allemand.

« Un réseau de chemins de fer traversant le pays et un
projet de réseau plus étendu encore sont entre les mains
des capitalistes allemands Lans tout le grand trafic de
l'Océan, dans celui des côtes ainsi que dans la navigation
de l'Amazone, les Allemands prédominent.

« La germanisation du Brésil n'est pas un projet datant
du xixᵉ siècle; il y a soixante-dix ans qu'elle est entreprise, bien qu'elle ne soit poursuivie de façon agressive
que depuis dix ans environ, époque qui coïncide avec la
naissance et le développement de ce mouvement expan-
sionniste exubérant connu sous le nom de pangermanisme.

« Dans les nombreuses communautés peuplées uniquement de Germains, le gouvernement allemand autonome
existe. Les États du Brésil sont divisés en petits districts.
Parmi ceux-ci, il en est des quantités qui sont administrés pour et par des Allemands. Ils ont le droit même de
maintenir un système de taxation pour l'entretien d'églises
et d'écoles exclusivement allemandes L'allemand est parlé
partout. » (L'Energie française par André Chéradame.)

l'empereur se rembarque et fait voile pour l'Italie.

En Italie, de Naples, nous est signifiée notre seconde erreur. Non seulement le Maroc n'a jamais
été à nous, mais on nie, d'un accent hautain, que
l'Italie nous soit acquise, ainsi que nous avions eu
la simplicité de nous en vanter. Le roi Victor-
Emmanuel, levant son verre devant l'Empereur,
répète avec insistance la formule des « deux peuples alliés » et souhaite « la prospérité de la noble
nation allemande, alliée *fidèle* de l'Italie ». Guillaume lui répond en vantant la Triple-Alliance,
« gage sûr et solide de la paix », protectrice de
leurs « deux peuples ». Il se déclare « fermement
confiant dans l'alliance *fidèle* et dans l'amitié
intime de l'Italie et de son auguste souverain ».
Les deux souverains pouvaient paraître divisés
sur le papier des arrangements signés avec d'autres puissances, mais ils se donnaient publiquement rendez-vous du même côté des champs de
bataille futurs.

Ce que signifiait de prochain la course de Guillaume, il n'était pas facile de le saisir. On ne voyait
pas que l'empereur eût un intérêt immédiat à
risquer la guerre avec l'Angleterre; ses constructions navales étaient encore loin du terme. Mais,
le geste et la voix étaient assez pressants Provisoirement, il tâtait, il éprouvait la solidité des
alliances d'Édouard VII. La conférence d'Algésiras a depuis témoigné que ces alliances n'étaient
point trop mal agencées et résistaient à l'épreuve
du tapis vert. Mais, plus tard, les incidents bal-

kaniques ont prouvé à leur tour que la force du
fait resterait acquise aux gros bataillons de
l'Europe centrale et à la combinaison triplicienne
qui les représente.

Quoi qu'il en soit, la vérité oblige à dire que
le discours de Tanger résonna comme un coup de
foudre à Paris; le saisissement fut considérable.
Assurément, sauf dans les marécages politiques
délimités par le Palais-Bourbon, l'Élysée et la
Place Beauvau, aucun Français n'eut peur, aucun
ne trembla; mais tout le monde vit que l'affaire
était grave. Précisément, on discutait de théolo-
gie et de droit canon à la Chambre. Cela fit dire
à beaucoup de gens, notamment à un homme
d'esprit de profession nommé Harduin, à qui il
est utile d'emprunter ce texte qui fera foi :
« Ah! oui, il s'agit bien de la séparation de
l'Église et de l'État en ce moment, et du fameux
article 4! Si nous le croyons, et nous avons
tout l'air de le croire, nous sommes de fameux
Byzantins. » Ces Byzantins n'étaient qu'au Parlement, dans les Loges et dans quelques rédactions
de journaux. La nation comprit qu'il s'agissait
de sa vie, de sa mort et de son honneur.

Le Gouvernement voulut faire une expérience.
Il envoya une mission militaire, composée d'officiers de la plus haute distinction, pour le représenter au mariage du prince impérial allemand.
Les délégués furent bien reçus comme militaires,
et la mission, comme mission, presque éconduite.
L'empereur imagina même de compléter les jour-

nées de Tanger et de Naples : il vint inaugurer
un monument à Metz.

Il était naturel que le roi d'Angleterre fît
alors sentir sa présence et sa volonté. Ayant intérêt à des chocs maritimes aussi prompts que
possibles, Édouard VII aurait pu pousser au conflit immédiat. Plus d'un faiseur de pronostics annonçait qu'il y aiderait, pour écraser dans l'œuf
la nouvelle flotte allemande. Il préféra resserrer
ses liens avec le Japon, donner la paix aux Russes
et les appeler dans sa ligue contre l'Allemagne.
Comme il ne réussit pas tout d'abord en ce dernier
projet, l'intervention aggrava la crise sans la résoudre. Le représentant de l'Angleterre au Maroc
eut mandat d'appuyer fortement la cause française. La presse de Londres éclata en invectives
contre Guillaume II. Édouard VII tint à l'ambassadeur impérial un langage plein d'énergie.

Il fut plus net encore devant l'ambassadeur
français, qui en rendit compte à son Gouvernement dans une dépêche historique déclarant que,
en présence de l'attitude de l'Allemagne, « *il
était autorisé à déclarer que le Gouvernement anglais était prêt à entrer dans l'examen d'un accord
de nature à garantir les intérêts communs des deux
nations, s'ils étaient menacés* ». Or, « cette dépêche »,
a dit M. Maurice Sarraut, « fut communiquée, le
jour même de l'arrivée du roi d'Espagne à Paris,
par M. Delcassé à M. le Président de la République et à M. Rouvier : *le lendemain elle était connue
à Berlin !* » — « Comment et par qui avait-elle été

communiquée ? » poursuit M. Sarraut. « Voilà ce qu'on n'a jamais pu savoir. »

Le Gouvernement de la République tremblait déjà. Avait-il intérêt à trembler davantage ? En avait-il simplement envie ? L'événement fut précipité Averti par l'un ou par l'autre, mais enfin averti des intentions anglaises par un très haut personnage républicain, se croyant ainsi assuré qu'on répondait à sa menace de la veille par des préparatifs qui, eux, aboutiraient infailliblement à l'action — une action qu'à ce moment-là il désirait, peut-être autant et peut-être un peu moins que son bon oncle de Londres — l'empereur éleva le ton de ses journaux.

La presse allemande déclara que la France servirait d'*otage* à l'Allemagne si l'Angleterre s'avisait jamais de menacer la flotte de l'Empire : pour chaque milliard de perdu sur la mer, on saurait retrouver deux milliards à terre, dût-on aller les demander jusqu'à Paris. Cet aimable langage fut accueilli en France comme il le méritait. L'esprit public fit tête. La nation ne se troubla point. Les journaux qui ont dit le contraire ont menti. Nous sommes des témoins et nous avons vu. Redisons que notre France n'a pas eu peur. On ne peut en dire autant de ceux qui la gouvernaient.

Le doute sur leurs appréhensions fut quelque temps possible. Nous savons maintenant, par des confidences dont l'origine est sûre, car elles émanent tout à la fois du monde radical et du monde mo-

déré, que, non content d'agir par la presse,
l'empereur faisait des menaces officieuses et officielles pressantes. Ce que des particuliers osaient
imprimer à Berlin, les autorités de l'empire le
disaient dans les mêmes termes. Ce langage de
barbares ou d'énergumènes aura été, à cette époque,
celui de la diplomatie. M. Clémenceau, dans
l'*Aurore* du 21 septembre 1905, nous atteste que
c'étaient « bien des voix autorisées » qui avaient
porté à Paris le chantage prussien; le même jour,
M. Latapie [1], de la *Liberté,* continua et précisa les
révélations de M. Clémenceau.

Quelles étaient « *ces voix autorisées* »? dit M. Latapie. Jugeant qu'il n'y a plus d'inconvénient à
les faire connaître, ce républicain a écrit : « *C'est
l'empereur allemand qui a proféré la menace et l'a
fait signifier par son ambassadeur, le prince Radolin, au président du Conseil de France.* » Dans
une entrevue, toute privée, mais qui restera « un
des incidents *les plus graves et les plus douloureux
de notre histoire* », il fut demandé, exigé : que la
France accomplît « un acte » et prît « une mesure »
qui apparût nettement en opposition avec les
faits publics de l'Entente cordiale franco-anglaise
dont Guillaume II se montrait de plus en plus ir-
rité. Le sacrifice du ministre des Affaires étrangères
était indiqué comme suffisant, mais aussi comme
nécessaire : le congé, le départ de l'homme qui

---

1 Il faut lire la belle enquête de M. Latapie « sur la
frontière de l'Est et en Allemagne », *Sommes-nous prêts?*

s'était vanté de « rouler » l'empereur et d' « isoler »
l'empire devant être considéré partout comme la
conséquence et l'écho direct du discours de Tanger.
La voix de l'empereur entendue au loin aurait
fait tomber le chef de service français !

A Paris, les ministres estimèrent, avec raison,
que l'énoncé d'une telle proposition suffisait à
constituer une nouvelle offense pour le pays. « Ils
hésitaient », assure M. Latapie, dont personne n'a
démenti la version cruelle. Quant au Président de
la République, « il avait le cœur déchiré ! » — « *Il
faut que les ministres sachent au moins ce qu'ils
risquent* », fit dire alors Guillaume II. « *Nancy
pris en vingt-quatre heures, l'armée allemande devant Paris dans trois semaines, la révolution dans
quinze grandes villes de France et sept milliards à
payer pour les dégâts que ne manquera pas de
causer la flotte anglaise à la flotte allemande...* »

Ce n'est malheureusement pas la première fois
que l'on parle ainsi à la France. C'est la première
qu'un tel langage est supporté et que l'on y répond
en accordant tout. M. Rouvier, dont il est difficile d'imaginer le port de tête en cette circonstance, alla faire la commission de l'ambassadeur aux ministres et au président. Il paraît que
M. Delcassé balbutia : « Mobilisons. » Mais ses
collègues le regardèrent avec stupeur. Mobiliser
l'armée française en 1905. Hélas ! l'état du commandement ! Hélas ! l'état de la troupe ! Hélas !
l'état de l'opinion ! La guerre enfin, la guerre,
estimée de tout temps dangereuse à la Répu-

12

blique, soit qu'elle fût victorieuse ou qu'elle amenât des revers [1]!

Le bruit d'armes passait le Rhin. Des mouvements mystérieux s'effectuaient sur la frontière. Les émissaires impériaux inondaient Paris, et chacun précisant le rude ultimatum. M. Rouvier prit son parti. M. Loubet dut le subir, et quoi que pussent faire dire l'Italie et l'Angleterre, constituées en cette occasion les dernières gardiennes de notre dignité, malgré M. Reinach et M. Clémenceau qui s'étaient faits les porte-paroles des deux puissances désireuses de nous enfoncer dans un mauvais pas, on en passa par la volonté de Guillaume. La « chose unique dans l'histoire [2] » eut lieu. L'empereur reçut la victime telle qu'il l'avait choisie et marquée : le 6 juin 1905, M. Delcassé apporta sa démission.

Dans les salons du quai d'Orsay, qui sont le centre de notre action dans le monde, M. Del-

1 D'après M. PIERRE BAUDIN (L'Alerte), et M. ANDRÉ TARDIEU (La Conférence d'Algésiras), les lacunes de notre situation militaire, telles qu'on dut les constater en 1905, s'élevaient à 224.190.200 francs Et ces dépenses n'étaient pas des dépenses imprévues, c'était pour exécuter en quelques mois des commandes qu'on aurait dû faire en quelques années; c'était pour combler des vides énormes dans des stoks de marchandise, pour mettre en état nos quatre grandes places fortes, pour compléter l'armement et l'équipement de l'armée, pour quelques travaux de chemin de fer absolument indispensables à la concentration telle qu'elle était prévue par le plan de mobilisation...

2 Ce mot est de M. André Mévil dans son livre : De la paix de Francfort à la Conférence d'Algésiras.

cassé avait dit, six ans auparavant, au commandant Cuignet : — *Quand je parle, c'est la France
qui parle.* Malgré tout ce qu'il faut penser du système, du rôle et du personnage de ce ministre pré-
somptueux, il demeure certain que, le jour de sa
chute, la France est tombée avec lui. L'injure,
commencée le 31 mars à Tanger, consommée à
Paris le 6 juin, est la plus grande et la plus grave
que ce peuple ait eu à souffrir. On sait le nom
qu'elle gardera dans l'histoire. « Humiliation sans
précédent », a dit un historiographe républicain,
fonctionnaire républicain, rédacteur de plusieurs
journaux de la République, et qui rendait ainsi
un hommage complet à l'ensemble des régimes
antérieurs [1]. Aucun d'eux n'avait vu cela : en
pleine paix, sans coup férir, le renvoi d'un de
nos ministres par une puissance étrangère !

---

1 C'est M André Tardieu, auteur du Bulletin de l'Étranger dans le *Temps* du 5 juin 1908, qui caractérisa de la
sorte, trois années presque jour pour jour après l'événement, cette démission de M. Delcassé sur l'injonction de
l'empereur Guillaume II. L'année suivante, le 20 juillet
1909, à la tribune de la Chambre, M. Clémenceau, président du Conseil, appela cet événement « la plus
grande humiliation que nous ayons subie » La Chambre
semble avoir renversé M Clémenceau dans le dépit et dans
la rage que cette vérité, éclatante et sonore, lui aurait
inspirée. En tout cas, ce mot vrai et dur n'y fut point
étranger.

TROISIÈME PARTIE

INERTIE

ET

MOUVEMENTS

DEPUIS 1906

« Athéniens, il ne faut pas se laisser commander par les événements, mais les prévenir : comme un général marche à la tête de ses troupes, ainsi de sages politiques doivent marcher, si j'ose dire, à la tête des événements, en sorte qu'ils n'attendent pas les événements pour savoir quelle mesure ils ont à prendre mais les mesures qu'ils ont prises amènent les événements

« ... Vous faites dans vos guerres avec Philippe comme fait le barbare quand il lutte. S'il reçoit un coup, il porte aussitôt la main. Le frappe-t-on ailleurs? il y porte la main encore. Mais de prévenir le coup qu'on lui destine, ou de prévenir son antagoniste, il n'en a pas 'adresse, et même il n'y pense pas

« . Jamais de projets arrêtés. Jamais de précautions Vous attendez qu'une mauvaise nouvelle vous mette en mouvement. Autrefois, peut-être, vous pouviez sans risque vous gouverner ainsi, mais le moment décisif est venu, il faut une autre conduite. »

DÉMOSTHÈNE, *Première Philippique*

XXII

LE RETOUR A L'INERTIE

Plus loin, plus bas que Fachoda, où nous avait
pourtant conduits la République conservatrice, la
République radicale avait reçu dans cet affront
une marque cruelle de son inaptitude à exécuter aucun mouvement à long terme.

Sous l'amitié anglaise comme à l'époque de
l'entente allemande, cette vérité apparaissait éclatante : il fallait avouer que rien n'était changé !
Même la nouvelle expérience était plus concluante que les premières. M. Delcassé ne pouvait même pas essayer de l'excuse que M. Hanotaux fournira : « Je n'ai pas eu le temps. J'ai
été renversé trop tôt. » Cette pauvre petite péti-
tion de principe n'est même pas permise au
ministère radical. Avant d'être renversé, M. Hanotaux avait dû faire face, pendant sept ou huit
mois, à la diversion des Anglais pour Dreyfus.
Mais, contre M. Delcassé, point de diversion, ni
d'agitation. Le loisir d'un beau septennat. Le pouvoir le moins contrôlé, le plus indépendant, en
bon latin le plus *absolu* qui existât alors en Europe !
Et ce pouvoir se révélait, pour la seconde fois,
ridiculement inégal à une entreprise, qui s'était

pourtant recommandée d'une forte raison : du moment que notre action coloniale restait à la merci des Anglais, mieux valait les avoir pour amis que pour ennemis; au surplus, l'Angleterre était notre meilleure cliente; et si l'Entente nous apportait un mauvais risque de guerre avec l'Allemagne, tout de même il était plus facile, quand on était la France, — à condition d'être la France, — de défendre les Vosges ou de passer le Rhin que de réussir le difficile chef-d'œuvre d'une descente en Angleterre.

Justement, parce qu'il aurait eu mille fois raison s'il avait existé, politiquement, une France, M. Delcassé avait eu mille fois tort dans cette carence des pouvoirs compétents qu'on appelle la République. Ayant vu ce gouvernement négatif, et, par système, insoucieux de sa lacune capitale, viser énergiquement un but maritime et découvrir un jour que, tout en le visant, il était dépourvu de marine de guerre, M. Delcassé n'avait pas le droit de lancer la République dans la direction contraire et de s'exposer à la guerre continentale sans se demander si une armée de terre ne lui manquerait pas comme une armée de mer à M. Hanotaux. Le régime qui avait manqué de bateaux pour aller contre l'Angleterre pouvait et devait être à court de soldats pour se heurter à l'Allemagne. Telles étaient bien, telles devaient être les assises de la diplomatie républicaine pendant son évolution de dix ans!

Ce ridicule état de choses devait finir par être

interprété comme un stigmate naturel et nécessaire du régime, et destiné à durer autant que
lui-même. Il en résulta donc une poussée de sens
commun dans les régions gouvernementales, où
chacun s'aperçut que la sagesse était de ne plus
bouger désormais. Toute une presse invoqua à
cor et à cri les maximes de la plus épaisse prudence.

M. Harduin, qui avait joué dans cette histoire le
rôle à demi bouffe du chœur des tragédies antiques,
n'a pas mal traduit ce que « pensent » les vieux
républicains, M. Ranc, M. Mascuraud, sur ce qu'il
appelle « l'absurde cauchemar marocain ». « *Et
je pense, à ce propos, que nous étions bien tranquilles,
que nous aurions parfaitement pu continuer à l'être,
si un ministre n'avait pas éprouvé le besoin, alors
que personne ne le lui demandait, de faire de la haute
politique.* A quoi tient, cependant, le sort des nations ! Deux peuples vivent en paix, et, un beau
jour, les voilà sur le point de s'égorger parce qu'un
petit monsieur s'amuse à sortir du néant une
question qui, sans aucun inconvénient, pouvait
y rester. Ah ! être délivré des gens qui font du
zèle, quel rêve [1] ! » Le portefeuille de M. Delcassé
fut remis à M. Rouvier. L'imagination politique
ou littéraire cédait à la vieille pratique.

M. Rouvier était considéré pour son expérience.
On tenait compte de ses rares talents de financier,
l'affaire du Maroc étant aux trois quarts finan-

---

[1] H. HARDUIN : *Matin* du 14 janvier 1906.

cière, et nos entrepreneurs publics à Tanger et à
Fez voulant sauver l'argent, à défaut de l'honneur.
Mais ces raisons n'auraient pas été décisives
si l'on n'eût observé en outre que M. Rouvier
n'appartient pas à la tribu des jeunes ministres, ni roses, ni teintés; il n'est pas radical, il
n'est pas progressiste : il est « opportuniste ». Il est
de la bande de Grévy et de Gambetta, il appartient à la promotion de ce héros d'Anatole France
qui savait si bien dire que nous n'avons pas, que nous
ne pouvons pas avoir de politique étrangère, et qui
savait pourquoi et qui savait comment [1]. M. Rouvier avait été des plus fougueux à s'élever contre
l'huluberlu qui voulait faire de « la grande politique [2] », M. Rouvier se déclara pour la petite, très
nettement. Il liquida l'affaire de Tanger et, tout en
la liquidant, il se donna pour but de reprendre
l'ancien système ou plutôt cette ancienne absence
de système qui est positivement chère à quiconque, oubliant les sentiments et les intérêts d'une
France, prend en main les nécessités d'une République anarchique.

Le nouveau ministre des Affaires étrangères
n'était déjà plus seul dans son sentiment; il
se fit rapidement écouter parmi de plus jeunes que
lui. Il convertit à son point de vue les esprits
capables d'entendre les leçons de l'expérience.
Notamment M. Pierre Baudin, homme avisé, opi-

1 Voir l'*Histoire contemporaine* de Anatole FRANCE.
2 L'expression est de M. Ranc, autre Gambettiste authentique.

niâtre, a écrit, au *Figaro,* que notre malheur est de trop faire de « diplomatie, de vieille diplomatie » : « demandons aux ministres et à leurs collaborateurs de travailler, non à l'élaboration de grands instruments politiques, mais à la défense de la multitude de nos affaires à l'étranger, et nous aurons moins de difficultés à résoudre... » Des affaires industrielles et commerciales, et point d'*affaires* proprement politiques : comme si les premières n'étaient pas étroitement liées aux secondes, ainsi que l'exemple du commerce italo-allemand ne le montre que trop ! M. Pierre Baudin indiquait dans cette direction d'autres vues non sans intérêt, mais sa tendance allait évidemment au même objet que M. Rouvier : n'ayons plus de desseins, traitons, commerçons, trafiquons le plus obscurément, le plus modestement et le plus fructueusement possible, avec tous les comptoirs et tous les ateliers du vaste univers.

Reste seulement à savoir si ce retour aux premières pratiques du Vieux Parti républicain est demeuré dans l'ordre des choses possibles, après Tanger, après Kiel, après l'alliance russe. Il ne le paraît guère au premier examen. Au second, il ne le paraît plus du tout. D'abord parce que nous sommes engagés; ensuite parce que nous le sommes avec l'Angleterre. Notre passé nous tient, et le roi d'Angleterre ne nous lâchera pas.

C'est ce que les événements n'ont pas tardé à montrer.

Depuis la chute de « son » ministre Delcassé,

qui constituait un échec personnel pour lui, le
roi d'Angleterre n'a cessé de nous obliger. Il a
même « obligé » la Russie et, de manière à faire
dire ou croire que c'était pour l'amour de nous,
il a conclu la paix russo-japonaise. L'Allemagne
a retrouvé sur sa frontière orientale une Russie
hostile qu'il lui faut surveiller, à moins qu'elle
ne trouve le moyen et la chance de changer la
voisine en amie, comme à l'époque où s'allièrent
les trois empereurs. En tous cas, l'activité politique et militaire de l'Angleterre doit redoubler.
Multipliant les précautions pour nous imposer son
service et constituer fortement notre vassalité,
elle nous a soutenus à la Conférence d'Algésiras.
Le ministère Rouvier s'était brisé en plein conflit,
peut-être sous le choc d'une impatience de l'empereur Guillaume, peut-être par l'initiative réfléchie du roi Édouard ; celui-ci a immédiatement
exigé la constitution d'un cabinet à lui : Clémenceau, premier ministre, flanqué d'Albert Sarraut, le
frère de l'ami et défenseur de Delcassé, au sous-
secrétariat de l'intérieur, et de M. Pichon, créature
de Clémenceau, au quai d'Orsay. Le roi d'Angleterre
enjoint dès lors à Clémenceau de rétablir l'ordre, de
réorganiser le civil et le militaire. Il ajoute à ses
bons conseils des cadeaux plus sensibles. Notre
colonisation semblait lui faire ombrage ; maintenant nous aurons toute liberté de l'étendre et de
l'arrondir. On nous en donnera l'invitation de
plus en plus nette avec les facilités les plus larges.
Le bon sens nous indiquerait ici de perfec-

tionner et d'accroître la flotte. Non. Ce n'est pas
d'une flotte que l'Angleterre se soucie pour coopérer
contre l'Allemagne : elle a besoin de notre armée.
Notre gage colonial soigneusement accru et gonflé
par ses suggestions lui garantira le concours de
l'armée française.

Mais, si elle a besoin de notre armée, elle n'a pas
précisément besoin de notre victoire. Il suffira que
nous ayons occupé l'Allemagne, attiré son effort,
et détourné les coups. Ce qu'il ne faut point, c'est
que l'effort de la Germanie se porte sur les rivages
de la mer, ni que Guillaume de Prusse puisse recommencer Guillaume de Normandie ou Napoléon. Tout pastiche de camp de Boulogne, toute
réunion de Grande Armée à la berge de Kiel ou
dans les anciens ports de la Hanse doit être dérivée sur l'Ouest, sur le Rhin, sur nous, comme fut
dérivée du côté du Danube la force qui menaçait
Douvres en 1805. Il y a cent ans, l'Autriche,
alliée et subventionnée de l'Angleterre, avait
beau essuyer désastres sur désastres : à Elchingen, à
Ulm et à Austerlitz, elle n'en a pas moins sauvé une
grande portion de la fortune anglaise. C'est le même
rôle autrichien que nous destine l'Angleterre au
XXe siècle. Plus on accepte ses services aujourd'hui,
plus on engage nos lendemains à les rembour-
ser. L'ancienne politique de recueillement sera
donc d'utilité bien médiocre. On n'évitera pas
l'échéance Ne dire mot, c'est accepter. Et recevoir, c'est se lier. Inertie ou réengagement s'équivalent : du moment que notre partenaire agit

pour nous entraîner, tout ce qui n'est pas résistance
formelle de notre part est consentement. La féroce
amie insulaire procède comme ces créanciers sou-
riants, attentifs à ne mettre personne en fuite. Elle
ne nous demande aucune parole à l'avance, mais
s'inquiète de l'état de nos armes et de nos chevaux.

Nous avons accepté, nous avons reçu les services. Oh ! l'Angleterre n'a pas transcrit en un langage de prière ce que l'Allemagne avait mis en
style de menace : — Soyez notre otage, consentez
à répondre pour nous sur le continent... Nous
n'avons rien promis, non plus. Mais le temps a
consolidé, il a, pour ainsi dire, consacré la situation.
M. Clémenceau a glissé et manœuvré en Delcassé
supérieur. Y a-t-il une convention militaire entre
nous et l'Angleterre? lui demandait à la tribune
le sénateur Gaudin de Villaine. Et le ministre
a répondu par l'explication vague terminée par
le célèbre « J'ai bien l'honneur de vous saluer.»
On ne sait rien. Il n'est pas sûr que l'on ait
signé quelque chose, même après que M. Clémenceau fût devenu premier ministre. Le fait a
même été démenti assez nettement. Mais à certain jour dit, quand le marin anglais montera sur le
pont et que le fusilier allemand épaulera son
arme, quelque intérêt qui nous sera commun
avec l'Angleterre se trouvera avoir été lésé, comme
par hasard, du fait des Germains. Nulle excuse
de notre part ne sera de mise. On nous *intéressera*
à marcher. On y intéressera même les nôtres ou

ceux que nous prenons pour tels. Le malheur de
ne plus posséder qu'une milice de second ordre
sera qualifié de mauvais prétexte évident. Milice
ou armée, l'Angleterre ne nous demande qu'une
chose : de nous faire envahir, et nous le ferons.
Nous ferons cette basse guerre de mercenaires où
nul sacrifice des hommes ne sera payé en avantages
pour la patrie; nous la ferons, en très grande
partie, par un réflexe automatique qui aura dé-
coulé, comme ce qui précède, des excellentes positions que nous aura fait occuper notre seigneur,
exploiteur et tuteur anglais et qui suffisent à
répondre de notre conduite.

Cette union de fait ne ressemble guère à une
alliance dans laquelle on voit deux États contracter
pour se mouvoir ensemble. Ici l'un est moteur,
l'autre est simple mobile et simple protégé.
L'utilité pratique d'une entente équitable avec
l'Angleterre consistait à n'être pas gênés sur la
mer, de manière à garder tous les moyens de
manœuvrer sur le continent. Mais cette utilité
s'évanouit pour un régime découragé et décomposé
qui, se sentant incapable de bonne manœuvre,
fait retour au premier état de neutralité. La
République ne manœuvre plus, mais sera manœu-
vrée et manipulée par un cabinet étranger. Elle ne
fera plus ni combinaisons ni systèmes, mais elle
sera d'un système et d'une combinaison : système
anglais, combinaison dont la mise en train et la
direction lui échappent. L'inaction la plus complète va donc continuer à signifier, de sa part, le

service de l'Angleterre. Le « point d'affaires », en 1879, était inspiré par la terreur de l'Allemagne. En 1905, il est grevé de toutes les hypothèques que le prêteur de Londres a prises sur nous.

Les patriotes qui gémissent ou se querellent [1] à propos de ce scandale feraient mieux d'en saisir la cause et le remède. A ce gouvernement que sa nature rend inerte ainsi que la masse et le nombre dont il est le reflet, il faut oser vouloir substituer un gouvernement indépendant des partis et ayant ses mouvements libres, un état politique autonome, par là même, capable d'actionner les autres, au lieu d'être toujours et forcément actionné par eux. « Athéniens », disait Démosthène, « il ne faut pas se laisser commander par les événements, mais les prévenir : comme un général marche à la tête de ses troupes, ainsi des sages politiques doivent marcher, si j'ose dire, à la tête des événements ; en sorte qu'ils n'attendent pas les événements pour savoir quelle mesure ils ont à prendre ; mais les mesures qu'ils ont prises amènent les événements. »

1 La presse nationaliste elle-même est divisée entre violents amateurs d'alliance anglaise et âpres partisans d'alliance allemande ; la défense nationale y devient donc un nouveau sujet et un nouveau prétexte de guerre civile.

XXIII

RAISON DE L'INERTIE : QUE NULLE RÉPUBLIQUE NE POURRA MANŒUVRER. — VAINES RÉFORMES QUI TÉMOIGNENT POUR LE ROI.

Quel serait ce régime actif ? La crise de 1905 suscita bien des réponses à cette question, et c'est à ce propos que le général Zurlinden se demanda si l'on devrait aller jusqu'à la monarchie. « Ce serait assurément », dit-il, « le plus simple et le plus facile. » Pour éviter cette voie droite, on a proposé bien des circuits plus ou moins embranchés à la constitution de 1875. Mais toutes les modifications constitutionnelles ne permettront pas à la République de cesser d'être République, nature qui exclut le ressort permanent et coordinateur que tout le monde appelle à grands cris.

Une solution présentée par M. Paul Deschanel, solution à laquelle semblent incliner MM. Denis Guibert et Henry Ferrette, dans laquelle Édouard Drumont lui-même a parfois témoigné une confiance narquoise, consiste à demander le contrôle du Parlement. Bonne ou mauvaise, plutôt mauvaise, la réponse ne se rapporte guère au problème posé. A la rigueur, un contrôle parlemen-

taire peut éviter des fautes, signaler des périls,
exercer l'influence d'un correctif, d'un cran d'arrêt matériel, d'un principe négatif. Mais cela suppose un mouvement déjà ordonné : à quoi servirait
ce contrôle, dans l'acte de concevoir ou dans le fait
d'exécuter? Il nuirait nécessairement, dès les premières difficultés, à la mise en œuvre de chaque
système   tout système enveloppant nécessairement le sacrifice de quelques parties à l'ensemble,
rien ne serait plus aisé que d'alarmer et d'ameu-
ter un parlement ou une commission en faveur de
l'élément qui ne voudra pas qu'on le sacrifie [1].
Et comme tout se passerait au grand jour ou à
peu près, malgré les formations en comité secret,
l'intervention de l'Étranger n'en serait que faci-
litée. Il verrait notre jeu un peu plus clairement
qu'il ne le distingue aujourd hui, et le sien nous
resterait d'autant plus obscur

On a beaucoup exagéré la publicité donnée aux
questions extérieures dans le Parlement britannique. D'abord, les orateurs qui y questionnent
le gouvernement y sont presque toujours en
accord tacite ou formel avec lui; de plus, les
réponses publiques du cabinet responsable n'ont
souvent qu'une relation éloignée avec la vérité des
faits et des tendances; troisièmement, l'opinion
anglaise accepte de bon cœur ces fictions et ces
conventions; enfin, et c'est la nouveauté de l'An-

1 C'est proprement ce qui s'est passé pour l'Égypte.
Voyez la *Question d'Égypte,* par M DE FREYCINET.

gleterre moderne, les Chambres et les ministres ont beaucoup moins de part qu'autrefois aux affaires extérieures du pays. Comme toujours, dans tous les cas où une fonction s'exerce parfaitement, celle-ci s'est de plus en plus spécialisée et incarnée dans un organe accompli; après avoir été, comme prince de Galles, le premier agent diplomatique de son pays, Édouard VII était devenu le maître de ce département : il consultait, on le conseillait; mais, aux applaudissements de son peuple, il mena la barque à son gré [1].

Dès lors, nous nous trouverions d'autant plus faibles devant le roi d'Angleterre que nous adopterions un système plus voisin des anciennes coutumes de son île. Nos comités parlementaires deviendraient facilement le jouet de ses cigares et de ses dîners. Mieux vaut un Delcassé qui reste, après tout, punissable, que huit cents Delcassés sur lesquels il serait impossible de mettre la main. Le fou méchant unique est moins redoutable qu'une horde quelconque, animée de terreurs, de paniques et de tentations que nul esprit humain ne peut prévoir ni arrêter. Notre *statu quo* est bien préférable à l'intrusion du Parlement dans la diplomatie.

Il serait cependant d'une « urgente nécessité »,

1 On pourra consulter sur ce point l'Appendice X : *La Monarchie et la politique extérieure,* à propos du divorce suédois et norvégien.

disait-on en 1905, de coordonner l'action de nos
ministères. Dans ce noble dessein, l'on a rêvé
d'un ministère central appelé Ministère de la Défense nationale. Le personnage pourvu de ce portefeuille cumulerait les Affaires étrangères, la
Guerre, la Marine et les Colonies. On ne dit pas
quelle serait la nature de ses rapports avec le
président de la République, dont ce potentat
pourrait escamoter la personne, le siège et le
titre dès qu'il en aurait fantaisie. On ne dit
pas non plus quelles seraient ses relations avec
le Parlement le jour où la forme de son nez
aurait déplu à la majorité la défénestration des
palabreurs hostiles serait probablement sa première réponse aux ordres du jour un peu frais.

Quelques-uns vont au-devant de l'objection en
proposant de rendre la Guerre, la Marine et les
Affaires étrangères, qui administrent les intérêts
supérieurs de la patrie, indépendantes des fluctuations de la politique, et leurs titulaires (multiples ou uniques) inamovibles. On ajoute précipitamment : sous l'autorité du président de la
République. En effet, s'ils ne dépendent pas de
lui, ils seront ses supérieurs, et, s'ils dépendent
de lui, ils voudront s'affranchir de ce joug
nominal, de ce joug injustifié : si des hommes
recommandés par une haute valeur technique
en ce qui touche à la sûreté même de l'État, ne
doivent pas changer quand tout le reste change,
s'ils conservent leur fonction indéfiniment, aucun
politicien soumis à de tels changements n'aura

d'autorité ni de prise sur lui. On peut sortir ainsi
de l'anarchie parlementaire, mais ce sera par une
dictature administrative, c'est-à-dire par la monarchie, sans les garanties de responsabilité à long
terme, d'impartialité et de modération qui sont
propres à la monarchie.

Ce remède-là se confond avec le remède dé-
roulédien. Il souffre des mêmes critiques, et l'argument tiré du beau masque de Roosevelt ne
signifie rien. Roosevelt était le fondé de pouvoirs
d'une ploutocratie en partie héréditaire. Profondément, il a été l'homme des Trusts. Pour avoir un
équivalent français de M. Roosevelt, il faudrait
combiner les personnages d'un Rothschild et d'un
duc de la Rochefoucauld-Doudeauville. Rentrons
dans nos conditions françaises : ce dictateur, s'il
est élu, songera d'abord à sa réélection, et il lui
manquera la vertu indispensable au chef de l'État :
la capacité de réagir contre l'opinion du pays dans
l'intérêt de ce pays. L'élira-t-on à vie ? L'obsession du long avenir historique, la prévoyance pater-
nelle qui y répond, feront défaut encore. Le gouvernement d'un seul, lorsqu'il est sérieux, complet,
indépendant, ne saurait recevoir qu'un tempérament : c'est l'hérédité. Sans elle, il est mené à
la tyrannie la plus folle ; elle seule peut balancer le
règne de l'opinion, car elle impose le souci, essentiellement domestique, paternel, dynastique, de
l'histoire à venir qui n'est pour la masse d'un
peuple qu'un rêve abstrait sans consistance ni
vertu.

Geux qu'effrayait le dictateur ministériel préposé à la Défense nationale ont songé à mettre à la place du roi, non un ministre, mais un Conseil. Ce Conseil de la Défense nationale a paru à beaucoup une institution saugrenue. Les vrais parlementaires se sont rebiffés. Et la responsabilité ministérielle ? demandent les uns. Et la publicité des débats et des décisions? objectent les autres. Une troisième Chambre? Un autre Parlement? Assez de deux, merci ! disent les militaires. Il nous manque « *l'homme à la barre* », il nous manque « *quelqu'un* », et rien de plus, a fait observer fort justement un général [1]. Autre objection faite en 1905 par M. Brunetière : on ne réunit pas le Conseil supérieur de la Guerre, que ferait-on d'un Conseil de la Défense nationale? La « cérémonie » aurait lieu une fois l'an, « pas plus » ! a ricané M. de Galliffet. Et M. de Mun a conclu avec sérénité que cette « création » n'avait « aucune chance d'aboutir dans l'état présent de nos institutions ». Il était permis de le croire; mais eût-elle abouti, telle quelle, elle n'eût donné à la politique républicaine ni plus de cohérence, ni plus de fermeté; notre manœuvre internationale n'en aurait été qu'alourdie et compliquaillée.

Aux débuts d'avril 1906, pour ouvrir le septennat de M. Fallières, on estima utile de paraître tenter quelque chose. Le nouveau président et les

---

1 Le général Garnier des Garets. Opinion fournie à un enquêteur du *Figaro,* M. Charriaut.

nouveaux ministres imaginèrent de dénommer
« Conseil supérieur de la Défense nationale » certaines réunions d'une petite moitié du conseil de
ministres, auxquelles viennent faire figure de
consulteurs les chefs d'état-major des armées de
terre et de mer. La plaisanterie était si grossière
que des officieux, au *Temps*, n'ont pu retenir
l'expression d'une mauvaise humeur ironique. Ils
ont traité ce Conseil d'inutile, en ajoutant que, dans
le cas invraisemblable où l'on éprouverait l'envie
d'en faire usage, on s' « apercevrait » que c'est
« un bel édifice », mais « bâti sur le sable », puisque
les représentants de chaque administration y seraient aussi instables, aussi passagers, aussi éphémères que le pouvoir politique lui-même, changeant à chaque crise et suivant les fluctuations
des ministères successifs. « Base peu solide », en
effet.

La direction de notre Défense nationale en demeura donc à attendre les vertus de permanence
et de cohérence que les républicains ambition-
naient pour elle; imaginaires ou réels, existants
ou rêvés, ces organes postiches ne procurent
ni l'œil du maître, ni la main du chef, ni aucun
des organes politiques du roi.

XXIV

QUE LA FRANCE POURRAIT MANŒUVRER
ET GRANDIR

Alors, pour n'avoir pas à désespérer de la République, bien des républicains se sont résignés à un désespoir qui a dû leur être fort douloureux : ils se sont mis à désespérer de la France. Résistance, vigueur, avenir, ils nous contestent tout. Ce pays est peut-être absolument épuisé, disent-ils. Sa dégression militaire et maritime n'exprime-t-elle pas un état d'anémie et d'aboulie sociales profondes ? Sans parler des mutilations que nous avons souffertes, n'avons-nous pas diminué du seul fait des progrès de l'Univers ?

La population de l'Europe s'est accrue. L'Amérique s'est colonisée et civilisée. Nos vingt-cinq millions d'habitants à la fin du xviiie siècle représentaient la plus forte agglomération politique du monde civilisé. Aujourd'hui, cinq ou six grands peuples prennent sur nous des avances qui iront bientôt au double et au triple. La terre tend à devenir anglo-saxonne pour une part, germaine pour une autre. Slaves du Nord, Slaves du Sud finiront par se donner la main. L'Islam renaît, le monde jaune s'éveille : à l'un l'Asie, l'Afrique à l'autre. Que pourra faire la petite France entre tous ces géants? Barbares ou sauvages, à plus forte raison si elles sont civilisées, ces grandes unités ne paraissent-elles pas chargées de la dépecer ou de l'absorber par infiltrations graduelles? Peut-elle avoir un autre sort que celui de la Grèce antique?

Ceux qui font ce raisonnement oublient trop que, des grandes agglomérations nationales qui nous menacent, les unes, comme l'Italie et l'Allemagne, ne sont pas nées de leur simple élan naturel, mais très précisément de notre politique révolutionnaire, et les autres ne sont devenues possibles qu'en l'absence d'une action vigoureuse de Paris. En général, elles sont nées extérieurement à nous, des mouvements nationalistes que notre politique nationale n'a pas été en état de combattre ou même qu'elle a sottement servis et favorisés. Nous avons favorisé l'unification des peuples européens, nous avons laissé faire l'empire britannique. L'Amérique avait été séparée par Louis XVI de l'Angleterre, et son histoire ultérieure eût été un peu différente si Louis XVI avait eu quatre ou cinq successeurs réguliers, c'est-à-dire aussi versés dans l'art de pratiquer des sécessions chez les voisins que de maintenir entre les Français l'unité, la paix et l'union [1]..

1 Voir Appendice VIII, *La gestion extérieure de l'ancien Régime d'après M. Étienne Lamy.* « Le Maître », dit, en parlant du roi de France, un célèbre rapport au Comité de Salut public, « le Maître était l'héritier de quelques prin-

Notre natalité a baissé? Mais il n'est pas prouvé
que cette baisse soit indépendante de nos lois
politiques, ces chefs-d'œuvre de volonté égali-
sante et destructive qui tendent à détruire l'unité
des familles et à favoriser l'exode vers les villes
des travailleurs des champs. Il n'est pas prouvé
davantage qu'on ne puisse y remédier, directement et sûrement, par un certain ensemble de
réformes profondes doublées d'exemples venus
de haut. Une politique nationale eût changé
bien des choses, du seul fait qu'elle eût existé.
Elle en changerait d'autres, si elle profitait des
réalités favorables qu'une diplomatie républicaine, condamnée à l'inexistence ou à la démence,
ne peut que laisser échapper.

Plus d'une circonstance très propice semble nous
sourire aujourd'hui. Il suffirait de voir, de savoir,
de prévoir ! C'est nous qui manquons à la fortune,
nous n'avons pas le droit de dire que l'occasion
fera défaut. On se trompe beaucoup en affirmant
que l'évolution du monde moderne ne peut tendre
qu'à former de grands empires unitaires. Sans doute
une partie de l'univers s'unifie, mais une autre

cipes de famille, de quelques axiomes, bases des visées
ambitieuses de la Maison de Bourbon au préjudice des Maisons rivales. Nos tyrans ne s'écartèrent jamais de ces
axiomes et, forts de l'industrie nationale, ils parvinrent à
donner à la France les degrés d'étendue qui en ont fait la
puissance la plus terrible au dehors. Dans toutes nos
guerres, une province nouvelle était la récompense de
notre politique et de l'usage de nos forces. » (*Rapport à
l'arrêté du 14 octobre 1794.*)

tend à se diviser, et ces phénomènes de désintégration, comme dirait Herbert Spencer, sont très
nombreux [1]. Les virtualités de discorde, les causes éventuelles de morcellement, les principes de
guerres de climats et de guerres de races existent,
par exemple, aux États-Unis ; ils y sont moins
visibles que l'impérialisme, mais le temps, les
heurts du chemin et des brèches adroites prati-
quées de main d'homme les feraient apparaître
facilement un jour. Une foule de petites nations
séparées se sont déjà formées au xIxᵉ siècle en
Europe, comme en peut témoigner la mosaïque
des Balkans, dont nous n'avons su tirer aucun
parti pour la France. La Norvège et la Suède
ont divorcé [2]. La Hongrie semble parfois vouloir
rompre avec l'Autriche, qui elle-même est travail-
lée des revendications croates et roumaines. Cela
fait entrevoir beaucoup de possibles nouveaux.

Ce serait une erreur profonde que de penser que
tout petit peuple récemment constitué doive fata-
lement se référer, en qualité de satellite, à l'attrac-
tion du grand État qui sera son plus proche parent,
ou son plus proche voisin, ou le plus disposé à
exercer sur lui, par exemple, la tutelle affectueuse
de l'Empire britannique sur le Portugal. Les Slaves
du Sud ne sont pas devenus aussi complètement
vassaux de Saint-Pétersbourg que l'indiquaient

1 Notre ami Frédéric Amouretti avait profondément
étudié ce point de vue Voir Appendice IX, « *Dans cent ans* »
2 Sur le divorce suédois-norvégien, voir l'appendice X,
auquel nous avons déjà renvoyé.

leurs dispositions d'autrefois. Le tzar blanc les
recherche; il leur arrive d'accepter ses bienfaits
comme vient de le faire le nouvau roi des
Bulgares. Mais les Slaves sont repoussés par une
crainte autant qu'attirés par un intérêt : la monarchie austro-hongroise peut les grouper. A supposer
que Budapesth devienne indépendante, de sérieux
problèmes de vie et de liberté se posent pour les
Magyars placés entre le Hohenzollern de Berlin et
celui de Bucarest. On soutient que, dans cette hypothèse, le Habsbourg serait vivement dépouillé
par le roi de Prusse. C'est bientôt dit. D'autres
solutions sont possibles, qui seraient plus conformes au nationalisme farouche des États secondaires, celle-ci notamment · l'addition fédérale
ou confédérale de tous ces États moyens tendant et même aboutissant à former un puissant
contrepoids aux empires. Il n'y faudrait qu'une
condition : cet ensemble ayant besoin d'être organisé, il resterait à trouver l'organisateur, ou,
si l'on veut, le fédérateur, car rien ne se forme
tout seul.

Le choc des grands empires, remarquons-le,
pourra multiplier le nombre de ces menues puissances qui aspireront ainsi à devenir des neutres. Chaque empire éprouvera une difficulté croissante
à maintenir son influence et sa protection sans
partage sur la clientèle des nationalités subalternes. La liberté de celles-ci finira par être partielle-
ment défendue par le grave danger de guerre
générale qui résultera de toute tentative d'asser-

vir l'une d'elles ou d'en influencer une autre trop puissamment. Le monde aura donc chance de se présenter pour longtemps, non comme une aire plane et découverte, abandonnée à la dispute de trois ou quatre dominateurs, non davantage comme un damier de moyens et de petits États, mais plutôt comme le composé de ces deux systèmes : plusieurs empires, avec un certain nombre de nationalités, petites ou moyennes, dans les entre-deux.

Un monde ainsi formé ne sera pas des plus tranquilles. Les faibles y seront trop faibles, les puissants trop puissants et la paix des uns et des autres ne reposera guère que sur la terreur qu'auront su s'inspirer réciproquement les colosses. Société d'épouvantement mutuel, compagnie d'intimidation alternante, cannibalisme organisé ! Cette jeune Amérique [1] et cette jeune Allemagne, sans oublier cette vieille Autriche et cette vieille Angleterre qui rajeunissent d'un quart de siècle tous les cent ans auront des relations de moins en moins conciliantes et faciles. Peu d'alliances fermes, mais un plexus de traités et partant de litiges. La rivalité industrielle entre les empires est déjà très âpre; il serait utopique de chercher de nos jours leur principe d'accord, ni comment cet accord pourra durer entre eux.

1 On peut suivre les progrès de l'appétit américain dans le livre éloquent du marquis de BARRAL-MONTFERRAT, *De Monroe à Roosevelt* (Paris, PLON).

Quantum ferrum! On ne voit au loin que ce
fer. La civilisation occidentale a fait la faute
immense d'armer les barbares, l'Abyssinie contre l'Italie, le Japon contre la Russie. Erreurs
qui ne peuvent manquer d'engendrer à la longue
de nouvelles suites d'erreurs. On a salué dans
Guillaume II le prince généreux qui voulut grouper l'Europe contre les Jaunes. Et c'est lui qui
arme les multitudes sauvages de l'Asie blanche et
de l'Afrique noire contre l'Angleterre et la France.
Mais, s'il est le coadjuteur de la Porte et le protecteur de l'Islam, il ne lui serait pas facile de ne
pas l'être : les empires contemporains subissent
de plus en plus cette loi de travailler contre leur
commune racine, la chrétienté et la civilisation.
C'est un des résultats de leur progrès matériel A
ne regarder que les intérêts, l'intérêt de la seule mé-
tallurgie en Allemagne, en Angleterre et en Amérique suffit à rendre chimérique toute union
des civilisés, tout pacte civilisateur. Concurrence : d'où tremblement universel.

Eh bien ! dans cet état de choses, entre les éléments ainsi définis, ce tremblement et cette concurrence fourniraient justement le terrain favorable
et le juste champ d'élection sur lequel une France
pourrait manœuvrer, avec facilité et franchise, du
seul fait qu'elle se trouverait, par sa taille et par
sa structure, très heureusement établie à égale distance des empires géants et de la poussière des
petites nations jalouses de leur indépendance.
Les circonstances sont propices à l'interposition

d'un État de grandeur moyenne, de constitution robuste et ferme comme la nôtre. Parce qu'elle doit rester puissamment agricole, la France peut apporter quelque mesure au développement industriel; elle n'en est point serve. Elle peut se développer et s'enrichir sur place presque indéfiniment, parce qu'elle dispose des plus belles terres d'Europe, qui sont encore bien loin d'être mises en valeur comme il conviendrait Une politique favorable à nos dix-huit millions de ruraux, dont beaucoup sont propriétaires, nous concentrerait fortement dans le domaine de nos rois, et le péril d'être touché par le mouvement de désintégration universelle serait prévenu sans difficulté par un octroi spontané de larges libertés locales Économiquement et politiquement, par l'agriculture et par la décentralisation, nous composerions l'État le plus uni, en même temps que le plus souple et le plus autonome de l'Europe. Tout fâcheux abus de politique impériale et coloniale nous serait interdit par cette heureuse constitution qui ouvrirait la voie à la plus belle, à la plus active, à la plus fructueuse des politiques d'influence, car notre roi, maître absolu de son armée, de sa marine et de sa diplomatie, jouirait de l'indépendance nécessaire pour guetter, chez autrui, l'inévitable excès de la politique orgueilleuse à laquelle les Allemands, les Russes, les Anglais et les Américains ne peuvent désormais échapper.

Cette période de guet, d'affût et de véritable

recueillement pourrait être employée à un travail
souterrain de correspondance, d'entente et d'organisation, pratiqué parmi les peuples de puissance secondaire, parmi les demi-faibles, affamés
d'une sécurité moins précaire, aspirant à une
existence mieux garantie[1] Chacun d'eux ne peut
rien. Simplement coalisés, ils ne peuvent pas
beaucoup plus, étant séparés l'un de l'autre par
de trop grandes diversités d'intérêt Une ligue à
vingt têtes n'aurait au juste aucune tête. Il y faut
une tête unique et puissante pourvu que sa puissance ne soit pas un effroi. Il y faut la tête d'une
France bien ordonnée, c'est-à-dire *couronnée par un*
roi de France. Pour fournir un réel service, cette
France doit représenter l'alliance d'un État fort,
complet, capable de présider avec une impartiale
majesté le Conseil de ses alliés et de ses clients,
en mesure de faire exécuter les décisions communes et de donner des avis compris avec rapidité, tout en se défendant avec le plus grand

---

1 Inutile de rappeler que telle était la tradition de l'ancien régime, si remarquablement sanctionné par les aveux
du Comité du Salut public dans le rapport à l'arrêté du
14 octobre 1794 « Le système des traités de Westphalie »,
dit excellemment Albert Sorel, « fonde la suprématie de la
France sur la clientèle des États moyens » Il faut relire
toute cette forte page de l'*Europe et la Révolution fran-*
çaise, t. 1, l. II, ch. II, x, p. 311 et, page 314, le résumé de
la pensée de Vergennes . « Groupant autour de vous les
États secondaires qu'elle (la France) protège, leur intérêt lui
garantira leur alliance, et elle sera *à la tête* d'une coalition défensive assez forte pour faire reculer tous les ambitieux », etc.

soin de paraître imposer une autorité inso-
lente.

Nous n'aurions pas à chercher ni à convier; les
États secondaires seraient comme chassés par la
force des choses dans notre direction : nous les verrions s'enfuir vers nous. A nous donc de nous montrer assez vigoureux et d'être assez sages pour
donner confiance, apparaître comme des protecteurs effectifs et non des tyrans. Cette ligue de
menus peuples pourrait nous déférer son commandement militaire, et la politique éternelle des rois de
France, *volonté d'empêcher la Monarchie universelle ou l'accroissement excessif de telle ou telle
coalition*, recommencerait à rayonner efficacement
de Paris. Comme jadis, en raison de l'infériorité
numérique qui nous échut parfois sans nous pro-
curer de désavantage réel, nous n'aurons peut-
être pas sur la carte le volume des plus grandes
puissances : nous en aurons l'autorité morale
fondée sur une force vive supérieure. Mieux que
la Prusse ou le Piémont avant l'Unité, nous mul-
tiplierons nos valeurs par un habile emploi d'amis,
de protégés, d'affranchis exercés et fortifiés par
notre aide Politique de générosité qui aura son
intérêt propre autant que sa beauté, cette cheva-
lerie nous élèvera à l'empire.

Le maximum de notre force intérieure ayant
été atteint par la constitution de la Monarchie
héréditaire, traditionnelle, antiparlementaire et
décentralisée, nous aurons obtenu, par la constitution du robuste faisceau de nos amitiés, le maxi-

14

mum de notre force extérieure. Assurés de la
force, la force ordonnée et qui dure, il deviendra
possible d'en venir à l'action : l'action, soit immédiate, soit à long terme, pour la reprise de notre
bien et l'action en vue d'une paix européenne et planétaire qui, mettant fin à l'anarchie
barbare de nos races supérieures, mérite enfin
d'être appelée la *paix française,* seule digne du
genre humain.

Il n'est pas permis de marchander à l'œuvre
de Bismarck, nationaliste prussien, ou de Disraeli,
nationaliste anglais, l'admiration qu'elle comporte.
Mais enfin, il y a quelque chose au dessus, c'est
l'œuvre d'un Metternich son Europe, qui est celle
de Richelieu, de Lionne, de Choiseul et de Vergennes, apparaît bien supérieure aux nationalités
de Cavour et de Canovas. Cette Europe elle-même
était inférieure à la chrétienté d'Urbain II et
d'Innocent III. La chrétienté unie n'existant
plus depuis la Réforme, il n'en subsiste pas moins
une civilisation commune à sauvegarder. La
France peut en être le soldat et le gendarme,
comme le Siège catholique romain peut en rede-
venir le docteur et le promoteur. Le monde jaune
organisé par le Japon, le monde sémitique
ressuscitant, ici dans l'Internationale juive et
ailleurs dans l'Islam, nous menacent de furieuses
secousses, et tout le monde ne méprise pas l'ap-
port intarissable des continents noirs : que de croisades pacifiques ou guerrières à organiser ! Et, si
l'on est tenté de se croire isolé, qu'on se rap-

pelle tout ce qui parle encore français et latin dans le monde, l'immense Canada et cette carrière infinie que nous ouvrent les Amériques du Centre et du Sud ! Ce n'est pas la matière qui se refusera à l'audace française. L'esprit français trouve à choisir entre d'innombrables objets.

ÉPILOGUE

LA TRAHISON CONSTITUTIONNELLE

.. La politique extérieure primera toujours la politique intérieure, parce que les
risques ne sont pas les mêmes des deux
côtés. A l'intérieur, si nous faisons fausse
route, nous pouvons toujours espérer un
état meilleur et un retour des esprits vers
des idées plus larges. Là, du reste, tout se
paye, mais aussi tout se répare, et l'expérience se charge de mettre au point les
hommes et les choses C'est ce qui fait
que, dans ces dernières années, nous n'avons
pas perdu confiance et que nous avons
attendu patiemment la crise que nous venons
de traverser

A l'extérieur, il n'en va pas de même. Là
aussi, tout se paye, mais les fautes com-
mises peuvent être irréparables, et l'expérience est un maître qui fait payer ses leçons
trop cher La moindre imprévoyance, un
défaut de jugement, *un simple excès de
confiance*, peuvent décider de l'avenir et du
sort d'une nation.

Jules MÉLINE.

ÉPILOGUE

LA TRAHISON CONSTITUTIONNELLE

Les perspectives qui s'offriraient ainsi à la France sont donc illimitées. Tout ce qui la resserre et la borne aujourd'hui provient de son régime seul Le sort n'y est pour rien. Les temps sont plus que favorables. Mais notre État républicain, au XXe siècle, fait penser à ce personnage de *Candide* royalement servi par la plus belle des circonstances et qui, ne pouvant accuser que lui de sa disgrâce, finit par soupirer après des efforts superflus : *O che sciagura d'essere senza...* ! Encore l'État français est-il beaucoup moins à plaindre que l'eunuque du conte, puisqu'il lui suffirait d'un acte de volonté pour recouvrer tous les organes de la puissance. Il n'a qu'à le vouloir. Sa vieille et auguste dynastie fondatrice pourrait lui rendre, en quelques heures, avec sa couronne de princes, les uns enfants ou jeunes hommes, les autres blanchis sous l'expérience et sous le savoir, un chef dans la force de l'âge, actif et résolu, qui « connaît l'Europe comme un bourgeois sa ville [1] », une reine sortie d'une Maison illustre et dont l'origine fran-

1 Expression de Jules Lemaître.

çaise [1] est entourée des hommages de l'univers.
Tous les instruments nécessaires à une politique
européenne active sont à notre disposition. Tout
est possible, tout est prêt, le roi est là. Mais
si l'on ne veut pas du roi, il est très important
de ne plus se leurrer : quoi qu'on veuille ou qu'on
rêve, il faudra renoncer à rien réaliser, la vivante
condition de toute manœuvre étant ainsi omise
ou laissée de côté.

Les deux grands poèmes diplomatiques dont
nous avons suivi et expliqué l'échec avaient certainement de quoi séduire les imaginations. Si le sentiment national s'est montré à peu près aussi froid
pour l'aventure anglophile que pour l'aventure
germanophile, des hommes d'élite se seront passionnés successivement pour ces projets antagonistes. Nous avons vu un capitaine comme
Marchand, des écrivains comme Jules Lemaître,
Judet, Lavisse, se laisser tenter par l'ample étendue
du plan Hanotaux... Édouard Drumont, Paul
Déroulède, Jules Delafosse, Cochin, se sont prononcés non moins vivement en faveur de l'épure
de M. Delcassé... On ne peut dire que les uns
ni les autres aient commis d'erreur d'appréciation. Dans les airs, tous raisonnaient juste. Il
n'était pas absurde d'aller chercher à Londres les
clefs de Strasbourg et de Metz, et l'idée d'une
opération de ce genre, conduite après entente avec
Guillaume II, pouvait se défendre : seulement

1 La Maison de Habsbourg-Lorraine

elle supposait une forte constitution de l'État politique et la confiance de l'opinion dans un chef
supérieur à tout soupçon, reconnu incapable
d'oublier l'objectif final alors même que la nécessité lui eût imposé des détours plus subtils, des
circuits plus larges encore. A plus forte raison, très
soutenable était aussi la pensée d'une action commune avec l'Angleterre nous rassemblant malgré
Guillaume et se raccordant ainsi au concept ins-
tinctif et primitif de la Revanche : mais cela exigeait la restauration de l'armée, le raffermissement
de l'opinion publique, le châtiment des traîtres, le
silence des factieux, la résurrection de l'autorité,
la transformation intellectuelle et morale de ceux-
là mêmes qui se trouvaient investis de l'exécution de ce plan .. Pas un de ces retours de bon
sens qui ne fût chimérique sous le règne du Bloc
ou même sous le règne de n'importe quelle faction républicaine intéressée à prolonger ou du
moins à couvrir les génératrices de l'anarchie
parmi nous.

Avec le roi, chacune de ces deux politiques
eût procuré ses avantages. On eût pu choisir
l'une ou l'autre et la faire aboutir. Nous l'avons
dit, s'il avait été possible de conduire l'entente
avec l'Allemagne jusqu'à la guerre anglo-boer,
c'est-à-dire jusqu'en octobre 1899, un ministère
Hanotaux prolongé d'un an et demi aurait su
tirer parti des embarras de l'Angleterre. Cela
était possible dans un État capable de maintenir
un cabinet pour des raisons d'intérêt national

contre une opinion fanatique et vénale; mais
cela était impossible dans un État moins résistant que les factions et, dès lors, nécessairement
impuissant à dompter le parti de Dreyfus.

D'autre part, l'Allemagne n'a pas eu à traverser, depuis 1904, des heures aussi difficiles
que l'Angleterre de 1899; mais elle eut ses crises
sociales, morales, religieuses, même régionales,
qu'une action franco-anglaise aurait pu exploiter [1]
si M. Delcassé, dans son long ministère, avait pu
s'assurer les forces matérielles capables de donner
un corps au platonisme de sa diplomatie. Quand
on la suppose fondée sur le réel, au lieu de poser
sur des imaginations, la politique Delcassé réalise
le bon sens même. Un peu atténuée et relâchée
du côté de Londres, où nous n'avons besoin que
de neutralité bienveillante, corrigée vers le Quirinal, où nous sommes beaucoup moins forts
depuis qu'on nous brouilla avec le Vatican, enfin

---

1 C'est précisément ce qu'a fait contre nous Guillaume II. Nous avons eu, en 1906 et 1907, nos crises politiques, religieuses, sociales et régionales, quelquefois exci-
tées par lui et dont il s'est servi ensuite pour réaliser en
Allemagne les brillantes élections nationalistes, impéria-
listes et dynastiques de 1907 contre le socialisme. Cet empereur et roi faisait de l'ordre chez lui pendant qu'il nous
dépêchait la Révolution, après nous avoir humiliés par ses
menaces de guerre La suite donnée par l'empereur à
l'alerte de 1905 rappelle assez bien comment Bismarck,
après une autre alerte, moins heureuse pour lui, en 1875,
seconda et excita le radicalisme contre le maréchal, le duc
de Broglie et l'Église. Avant d'envoyer ses obus, un État
prévoyant adresse à l'ennemi des éléments de guerre civile.
Richelieu le faisait avec les moyens de son temps.

suffisamment soutenue du côté de Vienne, cette
politique ferait un ensemble satisfaisant. Mais
comment essayer de réorganiser une armée et
comment nouer une intime et sérieuse entente
autrichienne sans avoir le roi à Paris?

Il serait, au reste, bien sot de tenir Vienne ou Londres pour des éléments, bons ou mauvais *a priori,*
désirables ou haïssables en eux-mêmes. Ils sont
ce qu'on en sait tirer. Appelant bon l'utilisable,
mauvais ce dont on n'a que faire, personne n'a
que faire d'un dessein politique éclatant et qui
semblerait digne de la grandeur française tant
que l'on refuse à la France le moyen d'en régler
la suite et l'exécution Faute d'un roi de France,
le système Delcassé a valu le système Hanotaux,
qui ne valut rien. Ceux qui ont fabriqué, moitié
dormants, moitié éveillés, ces rêveries jumelles sont
naturellement de l'avis contraire. Mais, lorsqu'ils
tentent de se justifier en expliquant leur double
défaite par de mauvais hasards indépendants de
leur sagesse, ce pitoyable plaidoyer ne sert qu'à
remettre en lumière le point sur lequel ils baissent
les yeux et la voix : ils ont compté sans la faiblesse du système républicain, ils en ont négligé
le principe de malfaisance.

Leurs apologies personnelles ont en outre montré,
en acte, l'influence corruptrice exercée par l'esprit
de ce régime sur des hommes dont on ne suspectait
jusque là que la clairvoyance. Le public n'a pu
voir sans en éprouver une surprise mêlée d'effroi
comment les hommes d'État de la démocratie,

au sortir de négociations et de difficultés encore
brûlantes, se jouaient des plus grands secrets de la
politique extérieure de leurs pays[1]. Dès l'automne
de 1905, les conversations, les démarches, même
les documents relatifs à la chute de M. Delcassé
coururent les journaux par le soin de l'ancien
ministre et de ses amis : M. Sarraut en a rempli
la *Dépêche* de Toulouse et l'*Humanité*.

Trahison? soit. Cette trahison était bien fatale.
Il le fallait. Il le fallait absolument pour M. Delcassé, il le fallait pour ses amis, il le fallait pour
ses électeurs : chacun se préparait aux élections
législatives de mai suivant, et, si M. Clémenceau
en manifesta quelque indignation facétieuse, cela
tenait uniquement à ce que le sénateur du Var
n'était pas candidat à la députation[2]. C'est en
vain que la Conférence d'Algésiras approchait, elle
aussi; en vain risquions-nous d'y être mis en état
d'infériorité par les divulgations de nos diplomates parlementaires. La grande Conférence européenne n'était de rien au prix de la nécessité où se
voyait M. Delcassé de ramener à lui la faveur et
la sympathie de l'électeur. Cette faveur venait
de lui être ravie brutalement dans une conversation internationale recueillie par M. Georges Vil-

1 Voir l'Appendice X, *Nos secrets d'État*

2 M Clémenceau était d'ailleurs candidat ministre. Il le
devint quelques mois plus tard, et la tête d'homme d'État
que le vieil opposant anarchiste venait de se façonner aux
dépens de M. Delcassé lui mérita la confiance de notre
suzerain, le roi d'Angleterre. Voir encore l'appendice X.

liers et parue au *Temps* du 5 octobre 1905. M. de
Bülow, chancelier de l'Empire, venait de le mettre en cause publiquement en l'accusant d'avoir
affecté d'ignorer l'Allemagne et tenté de l'isol
C'est pour le défendre sur ce point que les amis
de M. Delcassé ouvrirent toutes les écluses. Il
fit d'ailleurs comme eux, malgré de pâles grimaces de démenti. Lui qui, au ministère, s'était
montré si arrogamment dédaigneux des explications de tribune et que la Chambre avait trouvé
plus secret, plus mystérieux que M. Hanotaux,
M. Delcassé se transformait en professionnel de
l'information et du bruit depuis que l'exigence
électorale l'avait saisi. Il se peignit lui-même ou
se fit peindre dans un appareil de martyr, et ces
confidences dramatisées plurent à l'électeur, qui
s'empressa de réélire ce républicain éprouvé ;
mais elles apprirent malheureusement à l'Europe la confiance qu'on pouvait mettre dans
nos bureaux. L'unique bénéfice de cette triste
affaire n'aura été que d'avertir quelques citoyens
réfléchis ; ils comprirent par ce scandale comment
l'élection provoque à trahir la nation, en pro-
voquant l'insurrection des intérêts particuliers
contre l'intérêt général.

Il est assez piquant de trouver chez un des plus
fermes amis de M. Delcassé le sentiment de cette
trahison constitutionnelle. Les trois cents pages
que M. André Mévil a rédigées en 1909 sur notre
politique extérieure forment un dithyrambe en
l'honneur de l'ancien ministre ; le loyalisme répu-

blicain de M. Mévil n'y paraît pas effleuré de
l'ombre d'une inquiétude, mais il ne peut pas
s'empêcher de noter au passage des actes de défaillance ou des faits de duplicité tellement graves
qu'il suffit de saisir ces traits particuliers pour
être au moins tenté de lui demander s'il admet
que le régime où ils sont possibles soit innocent.

Pour charger certains adversaires de M. Delcassé, M. André Mévil en vient à nous décrire un
état de choses tel que le président du Conseil
et le ministre compétent purent régler en même
temps et en sens opposés une même affaire étrangère! M. Rouvier prenait un parti, M. Delcassé en
adoptait un autre, et l'étranger se réservait,
comme de juste, la liberté de choisir le plus à son
goût. Jamais la division qui est au cœur de la
République ne s'est mieux accusée que dans l'âpre
discorde où s'agitèrent nos vaines tentatives de
résistance à Guillaume II.

Nous n'en étions plus, comme pour l'alerte de
1898, à modifier trop hâtivement un dessein : ici, à la
même minute de la même journée, notre dessein
perdait aux yeux de l'ennemi tout caractère
d'identité ! Non contents de différer sur des points
graves, les deux ministres se contredisaient, l'un
disant blanc, l'autre disant noir, et leur lutte
intestine, naturellement ignorée du peuple français, c'est-à-dire du maître et du souverain, était
connue de toute l'Europe. On parlait de la droite
allemande et de la gauche anglaise de notre
ministère avec autant de simplicité que de la

droite et de la gauche de notre Chambre. Un
ambassadeur d'Allemagne, le comte Monts, fit
un jour allusion, dans un salon de Rome, à
certain parti que les gens de Berlin appelaient
« nos alliés de France ». Et le chef avéré de ces
alliés de l'Allemagne, partisans publics de l'alliance
allemande, n'était autre que M Rouvier, collègue
et président de M. Delcassé. M. Rouvier traitait
par-dessus la tête de son collaborateur du quai
d'Orsay, alors que celui-ci était aux prises avec
Bulow et Guillaume II.

« Je ne chercherai pas à expliquer », dit M. André
Mévil, « l'étrange attitude de M. Rouvier, ni à
établir les mobiles qui l'ont fait agir. J'ai entendu
porter contre lui les plus graves accusations. » Sans
préciser, probablement, faute de preuves matérielles, l'auteur juge que, « par les accointances »
que M. Rouvier eut « en tout temps » « avec les
financiers allemands », par ses dispositions favorables « à un rapprochement franco-allemand »,
M. Rouvier ne devait pas être « indifférent » (lisez
hostile) aux intrigues de l'étranger contre son
ministre. D'après certaines pages du livre de
M. Mévil, c'est M. Rouvier qui aurait songé le
premier à sacrifier M. Delcassé; c'est encore à
M. Rouvier que Berlin fit sentir que l'on nous
saurait gré du sacrifice.

« Ne considérant que le présent », ne songeant
pas à jeter un coup d'œil sur le passé, ne se sou-
ciant pas de l'avenir, bref, « financier et non diplomate », M. Rouvier était incapable d'apprécier à

leur vraie valeur les desseins profonds de l'Allemagne. Avait-il seulement compris l'importance
du secret qu'il laissa surprendre au sujet des
propositions que nous faisait l'Angleterre d'après
la dépêche historique de notre ambassadeur à Londres [1] ? Ce secret n'était connu que de lui, de
M. Delcassé et de M. Loubet. Ce n'est pas
« sciemment » que M. Rouvier l'a laissé courir,
car M. Mévil n'admet pas « qu'un premier ministre français » ait « sciemment » livré « la politique de la France » : mais, selon ce publiciste
républicain, le premier ministre de la République dut « lâcher » un mot malheureux que son
entourage direct sut recueillir « soigneusement »
et transmettre « fidèlement ». Où? A Berlin. Voilà
un ministre bien entouré.

M. Mévil a soin d'ajouter que l'offre anglaise
déplaisait à M. Rouvier : elle nous éloignait de
l'Allemagne, nous mettait en mesure de résister
à l'empereur, et enfin elle fortifiait la situation
morale de M. Delcassé, que M. Rouvier aimait
peu. D'après M. Mévil, il suffisait de ce triple
dépit pour rendre M. Rouvier plus expansif que
de raison dans les sociétés dangereuses où sa
présence était déplacée presque autant que ses
confidences. « *M. Rouvier voyait fréquemment des
gens dont la fidélité à la cause française n'était
rien moins que sûre.* » Ce n'est pas moi qui
souligne. « Un d'entre eux, notamment, fut pincé

---

1 On en a vu l'analyse page 172.

en flagrant délit, à l'automne 1905, sortant du cabinet de M. Rouvier pour aller à l'ambassade d'Allemagne... Chose étrange, le même personnage, *financier israélite* », je souligne ceci, « fut un de ceux qui, au moment de la constitution du ministère Rouvier, annonçaient ouvertement que dans quelques mois l'alliance allemande serait faite. Est-ce que cette personne n'aurait pas entendu quelque parole imprudente qu'elle transmit très discrètement à Berlin, soit encore à l'ambassade d'Allemagne ? » M. Mévil, ami de M. Delcassé, ne paraît pas autrement surpris de trouver là ce juif, posté à égale distance de l'Allemagne et de M. Rouvier : « Tout est possible », conclut-il avec une remarquable philosophie.

Les agents secrets de l'Allemagne étaient pareillement des amis, des meilleurs amis, de M. Rouvier et de certains de ses collègues. Les « personnages » « dangereux » que l' « homme d'État français avait adoptés pour amis » « ont été royalement et impérialement récompensés à Berlin ». Au premier rang de ces vieux familiers du monde gambettiste figurait le mari de la Paiva, Henckel de Donnersmarck, qui fut fait prince comme Bismarck, Munster et Bulow, pour actions d'éclat contre la France. Mais Henckel n'était qu'un ambassadeur hors cadre : de l'ambassade officielle, M. von Miquel menait la campagne contre M. Delcassé, recrutant dans le Tout-Paris « des concours féminins très actifs », « ne craignant pas de rendre visite à des parlementaires influents »

Et ces parlementaires en étaient fort impression-
nés, car les intrigues de l'étranger redoublent
d'influence et de portée politique en un pays où
l'autorité nationale se dépense et se dissout dans
le verbiage. On pouvait recueillir entre les tribunes et les couloirs du Palais-Bourbon des mur-
mures intéressants, peut-être intéressés : « *Nous
en avons assez de ce ministre qu'on ne voit
jamais, qui ne daigne pas parler, refuse de
s'expliquer et pose au grand diplomate* [1]. » Ainsi
les « agents allemands » manœuvraient sans
peine cette foule de malheureux bavards, effrayés
du spectre guerrier. Des journées qui auraient
pu être remplies par les travaux muets de la
préparation militaire et par des négociations de
sang-froid eurent leur centre dans les pas-perdus
du Parlement et les antichambres des ministères.
Tel était le dernier tribunal établi pour juger sur
une grande affaire française ! Les duretés de l'événement proportionnèrent notre honte à l'absurdité de notre Constitution. Quand M. Delcassé eut
succombé, la princesse de Bulow a pu dire : « *Nous
n'avons pas demandé sa tête, on nous l'a offerte !* »

Moins facile à couvrir que M. Delcassé, M. Hanotaux avait eu des prospérités plus courtes et
était tombé de moins haut. Moins remuant,
moins entouré, il a écrit pour sa défense un petit

---

1 Il avait déclaré, à ses débuts, qu'il dirait tout, publiquement ou dans son cabinet (*Éclair* du 13 octobre 1905)
Ç'avait été, dit M. Judet, sa première parole, son premier
engagement.

livre et des articles variés. La position reste assez
faible, parce qu'il a cru sage de se tenir, à l'abri
d'exposés de diplomatie pure, sans consentir à en
examiner l'étroit rapport avec la politique générale. Il lui importe assurément de masquer un
pareil rapport, mais il importe, à nous, de le mettre en son jour, en montrant la raison de la réticence, qui ne tend guère qu'à nous faire perdre de
vue un ensemble fâcheux, à force de nous faire
admirer des détails satisfaisants. Si M. Hanotaux
était un ingénieur-métallurgiste ayant présidé à
la construction d'une voie ferrée défectueuse, il
n'échapperait pas au reproche de malfaçon en
se bornant à alléguer la qualité parfaite du
métal fourni par ses forges. Le métal a sa
haute importance dans l'entreprise, mais celle-ci
comporte bien d'autres éléments, depuis l'étude
des terrains et du tracé jusqu'au choix de divers
autres matériaux, sans oublier la pose et l'ajustage.
Le fer était bon, c'est entendu. Mais le reste?
De M. Hanotaux, marchand de fer ou diplomate
de carrière, personne ne dispute. Chacun ne
demande pas mieux que de rendre justice aux
talents spéciaux qu'il put déployer aux Affaires.
Ses explications spéciales sur la qualité d'une
fourniture n'éclaircissent absolument rien des
autres questions. Tout au contraire, elles y ajou-
tent une question nouvelle : comment cette excellente denrée diplomatique et comment la bonne
maison qui l'a produite ont-elles, en fin de compte,
manqué leur but?

M. Hanotaux apportait des ambitions servies

par un talent et par des connaissances dont nous
pouvons tomber d'accord. Ce que nous voulons
savoir, c'est, étant donné sa valeur, s'il pouvait
en tirer un emploi utile dans les conditions politiques établies par la démocratie et acceptées par
lui : sa qualité de ministre des Affaires étrangères
de la République, lui donnait-elle les moyens
d'action que, loyalement, rationnellement, pos-
tulait l'ampleur de vues et de desseins qui lui
étaient propres quand il prit possession de la plus
haute vigie française sur l'étranger? Voilà la
question débattue. M. Hanotaux n'y a jamais
répondu, bien qu'elle lui ait été posée sur tous les
tons depuis que le coup de Tanger nous a fait souvenir du coup de Fachoda. Ce n'était pas nous
répondre que de dire en dernière ligne, page 121
de son livre, que, « en France », au moment où
s'amorça la crise extérieure, le concours de l'opinion fit défaut, pour ce motif que « les esprits
passionnés par l'affaire Dreyfus étaient ailleurs ».

Ils n'auraient pas été ailleurs si le Gouvernement avait été plus puissant que l'Affaire. Ou les
distractions d'esprit n'auraient pas eu de conséquences aussi graves si l'autorité avait résidé dans
le gouvernement et non dans les esprits d'une multitude. Alléguer, même page, que « l'opinion », étant
« divisée », ne le soutenait plus, est-ce là contester,
n'est-ce pas plutôt confirmer ce que nous disons
de la faiblesse organique d'un gouvernement
d'opinion? M. Hanotaux ajoute, page 122, que, le
lendemain d'un accord utile et précieux, « le mi-

nistère » dont il faisait partie « était renversé » :
renversé le lendemain du jour où, selon l'expression d'un partisan de M. Hanotaux, l'Angleterre
elle-même, se trompant « sur la santé et la vie de
la République modérée », croyait à la « vitalité »
de cet expédient! De telles observations ne font
que répéter en d'autres termes notre question
perpétuelle : — Comment vous êtes-vous fié à
l'opinion? Comment avez-vous pu fonder sur le
roseau une construction de ce poids et de ce
volume? Comment n'aviez-vous pas calculé cette
nécessaire fragilité du ministérialisme républicain? Sachant qu'il leur était possible de tout
renverser en renversant votre ministère, vos antagonistes européens en recevaient une tentation et
une provocation permanentes à user contre vous
de nos conflits intérieurs   comment cela ne vous
apparaissait-il pas clairement? Vous savez pourtant bien que l'élection du souverain en Pologne
conviait, appelait de même les monarchies voi-
sines à pénétrer la Diète pour y asseoir les influences et les autorités qui étaient à leur solde.
Prendre garde à ces vérités, y réfléchir profondément et passer outre aurait été un crime · personne n'en accuse M. Hanotaux. Les avoir oubliées dans le feu de l'action est une faute de
sagacité dont nul homme d'État ne se vanterait.

Non moins considérable avait été l'autre faute
de M. Hanotaux, celle qui consistait à risquer un
choc avec l'Angleterre avant d'avoir vérifié l'état
de nos forces de mer. Oui, l'erreur était prodi-

gieuse, et l'était d'autant plus que son unique
excuse tient aux habitudes de travail inhérentes
à un régime où, comme on l'a vu, l'incoordination
ne saurait disparaître sans péril pour l'essence
même du Gouvernement.

Le défenseur le plus habile, le plus ardent et
le plus tenace de M. Hanotaux dans la presse
parisienne a senti le danger que courait son
client de ce côté; il a essayé d'y pourvoir. Dans
une série d'études consacrées à la politique intérieure et extérieure des modérés, M. Ernest Judet
s'est d'abord efforcé de nier que tout choc entre
Angleterre et France ait même été possible. Or,
le choc n'a été évité que parce que nous avons
battu précipitamment en retraite, devant « un
parti pris appuyé par la force et sur le fait de la
conquête », a écrit M Hanotaux en personne, qui a
constaté que « le droit des traités n'était même pas
admis aux honneurs de la discussion »; pour l'y
faire admettre, il aurait fallu pouvoir mettre en
ligne des forces réelles. Que le risque ait été couru,
ce n'est donc plus niable On refusera donc toute
espèce d'indulgence à des hommes d'État qui se
sont exposés à une telle éventualité sans y parer
et même sans y penser, laissant les côtes sans
défense, les dépôts de charbon sans approvision-
nement, la flotte en infériorité manifeste. M. Judet
a si bien senti la valeur décisive de ce reproche
qu'il a fait de son mieux pour paraître y répondre et que, un beau jour, en tête du papier sur
lequel il se préparait à écrire son article, le sep-

tième de la série, numéro 7592 de son journal, sa
plume arrondit en fort beaux caractères ce titre :
« *La France était-elle désarmée en 1898 ?* » Mais,
ayant lu et relu cette page avec une attention soutenue, je déclare qu'on pourra y trouver tout ce
qu'on voudra, excepté le premier mot d'une argu-
mentation tendant à établir que celles des forces
françaises qui pouvaient être destinées à faire face
aux forces anglaises, c'est-à-dire nos forces maritimes, fussent *en état*. L'auteur se contente absolument d'assurer que la France était « bien en selle »,
sans préciser sur quelle espèce de cheval marin.

Ainsi, quelque soin qu'ils en prennent, ni le
ministère de 1905, qui nous valut Tanger, ni celui
de 1898, à qui nous devons Fachoda, ne trouvent
de justification ni d'excuse au régime. Chacun à
sa manière accable ce régime et en révèle une
faiblesse. Leurs fautes symétriques sont énormes
en elles-mêmes. Elles s'aggravent si l'on réfléchit
aux périls effleurés, dont la mesure échappe, et aux
conséquences qu'on n'évitera pas. Ces « affaires »
extérieures, dont les républicains de la première
équipe avaient eu une horreur si humble et si
sincère, les voici aujourd'hui qui affluent, nous
pressent, nous débordent, en attendant qu'elles
entraînent et submergent. Déjà vieille alliée de la
Russie, amie et, si l'on peut dire, « commère » de
l'Angleterre, bonne camarade de l'Italie, la France
est lourdement grevée de tout ce que représentent
de charges et d'inimitiés les dessous de tant

d'amitiés ! Ne s'étant même pas privée de nouer
des sous-alliances, fort compliquées, trop compliquées, avec les meilleurs amis de nos plus sûrs
ennemis [1], la République est lancée sur un flot de

---

1 A propos des quelques incidents qui ont suivi l'entrevue du tzar et du roi d'Italie à Racconigi, M Jacques
Bainville notait dans l'*Action française* . « Nous avons déjà
dit à plusieurs reprises combien nous semblait imprudente cette politique que l'on dit sage et prévoyante et
propre à conserver la paix L'Autriche-Hongrie fait malheureusement partie d'un système dirigé contre nous et
contre nos alliés européens. Tout service que nous lui
rendons en ce moment ne peut que nous desservir nous-
mêmes. Le *parti de la jeunesse*, qui est dominant à
Vienne depuis quelques années avec l'archiduc François-
Ferdinand, est assez actif et assez ambitieux pour qu'il
soit évident qu'on exploite là-bas les témoignages de bonne
volonté que prodigue le gouvernement de la République
Ce n'est sans doute pas servir les intérêts de la paix générale que d'aider à forger des armes contre nos amis, et
cela dans une période critique de la rivalité austro-slave.
« Encore une fois, nous avons trop souvent traité ce sujet
pour qu'il soit utile d'y revenir. A quoi bon se réjouir
de l'entente italo-russe, dirigée contre l'Autriche et les
ambitions de cette puissance en Orient, si l'on s'empresse,
d'autre part, d'épouser la cause autrichienne? Nos com-
plaisances pour la cour de Vienne n'auront d'autre effet
que de nous introduire dans un *redoutable imbroglio*. A
force d'irriter ou de décourager ses amis et de donner à
ses adversaires sans rien recevoir en échange, la France
sera la dupe de combinaisons *infiniment trop compliquées*
En tout cas, il faudrait choisir et ne pas célébrer comme
une victoire diplomatique le rapprochement italo-russe,
qui, lui-même, était loin de simplifier la situation, pour
aller tout de suite après chercher une contre-assurance
chez l'ennemi Tant de pas et de démarches ne constituent
plus de la politique, c'est de l'agitation. Et l'on perd
nécessairement au jeu lorsqu'on prend à la fois tous les
numéros de la loterie. » Mieux valait, comme au temps

nouvelles difficultés internationales que les incidents marocains menacent d'aggraver, alors que son régime intérieur ne peut suffire à régler les plus simples et les plus anciennes.

On peut se reporter à la Constitution, si remarquablement analysée par M. Hanotaux dans la grande histoire rédigée pendant les loisirs que lui a faits sa chute [1]. On y voit que le texte constitutionnel « ne prévoit pas le danger extérieur », que tout y est « sacrifié au contrôle et au contrepoids », que « la discussion y prime la résolution », que cette oligarchie des Dix mille, comme l'appelait Bismarck, et qui n'est, sous le nom de démocratie, conformément à la définition de Hobbes, que « la tyrannie de quelques harangueurs », n'est même pas capable d'un sentiment net de ses responsabilités devant le pays La responsabilité n'est pas définie dans notre élu, elle ne l'est pas davantage dans notre électeur. Nous ne demandons pas de compte, « jamais, nulle part, à personne ». Le ministre coupable n'est pas inquiété. « Il tombe, et c'est tout. » Tout est permis dès lors, en fait de négligence et d'incurie. C'est ce règne de la « facilité » déjà observé par M. Anatole France. Le régime est facile pour les particuliers qui se mêlent de l'État.

passé, ne pas jouer ! Seulement aujourd'hui il faut mettre à la loterie, et les mises sont telles que l'on y perd à tout les coups.

1 Gabriel HANOTAUX, *Histoire de la France contemporaine,* t III, c. v. Théorie de la Constitution.

En revanche, l'avenir de l'État n'obsède, n'occupe spécialement personne : pour tout ce qui est de haut intérêt, d'ordre national, tous nos textes constitutionnels s'accordent à établir « un minimum de gouvernement ». Et cela peut encore aller tant que l'État n'a point d'histoires sur les bras et tant que les autres États ne lui font sentir ni leur existence ni leurs exigences. Mais, s'écrie l'analyste Hanotaux, « qu'arriverait-il soit dans la paix, soit dans la guerre, si soudain tous les ressorts de la nation devaient être tendus en un effort suprême pour courir à la frontière ou sauver l'âme du pays? » M Hanotaux se résume en marge du livre par ces mots : « *Quid?* en temps de crise? » Eh ! oui, *quid* dans ces temps de crise que notre politique extérieure, par sa direction même, tend à rapprocher, sinon à précipiter? *Quid* en cas d'invasion ? *Quid* en cas de révolution ? C'est le cas de le demander, *Quid* et *Quid?* Où donnera-t-on de la tête et que fera-t-on ?

Nul ne veut poser la question. Au contraire, cette grave question politique est écartée comme suspecte. Ceux qui l'écartent s'évertuent, en outre, à discréditer ceux qui l'articulent. Comme à la veille de 1870, quand l'opinion démocratique revenait à la vieille chimère du pacifisme désarmé, les modérés ne se montrent pas plus sages que les révolutionnaires. Soit qu'ils assurent, comme M. Ribot au Sénat, que « les grandes luttes politiques vont pour le moment finir » et qu'il n'y aura plus que des questions sociales; soit qu'ils approuvent bruyamment ce discours, comme l'a fait M. Judet; soit enfin qu'ils s'efforcent, comme M. Hanotaux, d'écarter de son *Journal* à un sou les inquiétudes sérieuses qu'éveillent ses livres à sept francs cinquante : les modérés s'efforcent de faire oublier par des concessions et des bravades sociales leur impuissance à aborder le problème de l'État. Comme si ce problème premier ne devait pas être résolu avant tous, afin d'aborder les difficultés sociales dans de bonnes conditions et pour garder quelque chance de le résoudre ! Ces modérés s'unissent donc en fait à l'effort anarchique dans ce que cet effort présente de plus téméraire et de plus dangereux; ils rejoignent cette anarchie dans l'oubli de l'intérêt le plus général, qui s'appelle la force et le maintien de la nation. On imagine accroître ainsi et consolider la République. Eh ! si l'on y parvient, on accroît et on consolide la vieille cause d'inertie qui nous annule en tant qu'État européen. Devenue satellite d'un système de Puissances supérieures, votre République est moins que jamais en mesure de résister aux forces extérieures en mouvement : au lieu de l'entraîner et de la stimuler, les Puissances la poussent et la charrient, comme un corps mort, vers ses destinées misérables.

Dans ces hasards qui peuvent devenir facilement tragiques, les responsabilités politiques doivent être bien réparties. Sans décharger ni les

idées ni les personnes du parti radical, qui
reste gravement et profondément accusé, l'examen attentif remonte bien au-delà de ces radicaux
pour découvrir la faute qui causa les autres malheurs. Le système des larges combinaisons européennes et des mouvements étendus à travers le
temps et l'espace ne date point des radicaux. Ce ne
sont pas des radicaux qui voulurent prendre l'air
de l'Europe, qui songèrent à faire grand sans
posséder les organes de la grandeur : le parti
que représentaient, en 1895, MM. Ribot et Hanotaux, en 1898, MM Hanotaux et Méline, le
parti de Kiel, le parti de Fachoda n'étaient
aucunement le parti radical; la majorité qui, de
1896 à 1898, laissa M. Hanotaux plus que libre,
maître absolu, n'était pas une majorité radicale,
ce n'était à aucun degré une majorité d'énergumènes, de sectaires, d'illusionnés.

Les hommes d'expérience, les gens d'affaires,
les capitalistes puissants et les bourgeois précau-
tionneux y étaient en majorité. On y trouvait pas
mal d'esprits cultivés et studieux, modérés et
conservateurs, patriotes et sages, accoutumés à
tenir compte des recettes du jour pour mesurer
les dépenses du lendemain. Cette aristocratie et
cette bourgeoisie conduisait tout le reste. Elle
s'est bien trompée. Qu'elle paie son erreur. Pour
mieux dire, qu'elle la voie. On ne lui demande pas
autre chose. Qu'ayant vu, elle tire du spectacle un
enseignement. Qu'ayant appris, compris, elle ait
la volonté d'agir et de réagir. L'absurdité et la

folie de son premier pas dans une politique extérieure digne de la monarchie et dépourvue des
moyens de la monarchie devrait suffire à lui montrer qu'il n'est plus permis d'être sage dans un
régime sans sagesse, ni raisonnable et prévoyant
dans un État décapité, ni même patriote dans
un gouvernement constitué contre la patrie. Les
modérés ont trop péché contre la France. Ils lui
doivent en expiation un exemple : leur ralliement général à la monarchie.

APPENDICES

I

CONVERSATION DE SCHEURER-KESTNER
AVEC JULES GRÉVY

> Et d'abord, dès les ori-
> gines, la grande affaire,
> la préparation de la Re-
> vanche, à laquelle le pays
> entier se croyait ferme-
> ment exercé et conduit,
> avait ete rayée du pro-
> gramme réel. Page 8.

Scheurer écrit, pages 262, 263, 264 et 265 de
ses *Souvenirs :*

« ...Ma femme vint bientôt me voir Nous allâmes
ensemble rendre visite à Jules Grévy, le président
de l'Assemblée, mon ancien défenseur de 1862, avec
qui ma famille avait conservé d'amicales relations
Grévy nous reçut dans son superbe cabinet de la
présidence, tout plein des souvenirs de Louis XIV.
Cet apparat, au milieu du deuil de la patrie, pro-
duisit sur nous une impression pénible Nos jeunes
imaginations, exaltées par le malheur, *ne pensaient
qu'à la préparation de la revanche immédiate.* Nous
nous trouvions au milieu d'un luxe qui nous révol-
ait

« Grévy était assis derrière son bureau. Il se
leva, avec cette gravité qui lui était habituelle,
même dans les circonstances les moins solennelles,
s'avança vers ma femme, lui prenant les deux

mains, et lui dit avec un air paternel et protecteur :   Ma chère enfant, je suis heureux de vous
« voir, je sais ce que vous avez dû souffrir pendant
« cette horrible période au milieu des Prussiens. »

« Après nous avoir demandé des nouvelles des
nôtres, il ajouta avec un tact médiocre : — Il est
« douloureux d'avoir perdu son pays, le pays qui
« vous a vu naître, où l'on a toutes ses affections.
« Mais, que voulez-vous, mes enfants? Le régime
« qui a pesé si longtemps sur la France ne pouvait
« laisser que des désastres derrière lui. Vous qui
« n'êtes pas responsables de ses fautes, vous êtes
« punis cependant avec les autres, peut-être plus
« que les autres. » Dans notre émotion, nous atten-
dions un correctif à ses paroles un peu cruelles
dans leur banalité Comme il tardait à venir, je
me permis de dire au président : « La France a
« un grand devoir à remplir envers l'Alsace. Elle
« en a fait son bouc émissaire et n'en avait pas le
« droit » Je ne pus achever Grévy me regardait
d'un œil sévère. « Mes enfants, dit-il, je sais que
« vous êtes pour la guerre. Eh bien ! je vous le
« dis à vous, mon ami, qui avez voté contre la
« conclusion de la paix : *il ne faut pas que la France*
« *songe à la guerre. Il faut qu'elle accepte le fait*
« *accompli, il faut qu'elle renonce à l'Alsace.* » Les
larmes coulaient de nos yeux. Le président nous
prit les mains et ajouta : « Ne croyez pas *les fous*
« *qui vous disent le contraire et qui sont cause que*
« *nos malheurs ont été aggravés par une lutte sans*
« *espoir* » Comprenant l'allusion perfide à Gambetta et sentant *l'injure faite au grand citoyen en*
qui l'Alsace-Lorraine mettait tout son espoir, nous
sortîmes navrés de cette entrevue, comme si un
mauvais génie venait de nous enlever tout ce qui
nous restait de courage.

« Ce jour-là, j'ai jugé Grévy. J'avais jusqu'alors
considéré cet homme, remarquable à bien des titres,

ɔmme un **vrai** Romain, grave et austère, d'une
mplicité peut-être un peu apprêtée. Derrière le
ɩasque antique, je vis reluire, pour la première
ɩis, l'œil malin et madré du paysan franc-com-
ɔɪs. Le héros s'évanouɪssait. Depuis cette trɪste et
écourageante entrevue, je n'ai plus eu avec Grévy
– et je sais qu'il s'en est plaɪnt quelquefoɪs — que
ɛs rapports officiels et obligatoires. »

II

L'IDÉE DE LA REVANCHE D'APRÈS SCHEURER-KESTNER, LE COMTE DE MUN, DRUMONT, JAURÈS, GAMBETTA, RANC, ETC

> Cette idee fut vraiment
> une reine de France.
> Page 35

I

Déçu par cet accueil de Grévy, Scheurer-Kestner courut se réchauffer auprès de Gambetta, qui mit beaucoup de vivacité dans ses paroles de « fidèle souvenir à l'Alsace ». L'Alsacien déclare qu'il en fut touché et conquis Ce ne serait pas beaucoup dire, car certaines démarches et certaines attitudes de Scheurer à Strasbourg inspirent la même inquiétude que les relations étroites et intimes de Gambetta avec Henckel de Donnersmark, le confident et le messager de Bismarck. Cependant, la qualité d'ancien député de Thann et le fait d'avoir été élu à Paris comme enfant de l'Alsace devaient (tout au moins jusqu'à l'affaire Dreyfus) régler la conduite publique de Scheurer et lui composer un langage. Par ce qu'il veut

bien nous en dire, on voit quel pouvait être, vers
1871, l'état d'esprit des patriotes républicains,
dont il parle avec une pointe de malignité saisis-
sable :

« Un soir, dans notre petit café, on parlait de la
Revanche, dont personne ne doutait, et que nous
croyions tous, ou presque tous, prochaine. Clémenceau me dit : « Es-tu sûr de la fidélité des Alsaciens? Pendant combien de temps nous feront-ils
crédit? — Soyez sans inquiétude, répondis-je à mes
amis. L'Alsace vous laissera le temps nécessaire.
Seulement il faut qu'il lui soit bien démontré que
la France ne l'oublie pas. » Cinq ans de patience
nous semblaient alors le maximum qu'on pût demander à nos frères annexés, et ce délai paraissait
bien long à beaucoup d'entre nous. Pour moi,
instruit par l'expérience de la guerre, je reportai
à quinze ans l'échéance suprême Hélas ! vingt-
quatre ans se sont écoulés au moment où j'écris
ces lignes, et l'Alsace attend toujours, toujours
fidèle. La France l'est-elle autant? Depuis un quart
de siècle, elle trouve dans son patriotisme les
moyens de supporter des charges écrasantes et de
concilier l'existence d'une armée permanente, formidable, avec les aspirations d'une démocratie républicaine Une nation capable d'un si long effort
mérite une récompense de la destinée.... »

II

A la date où Scheurer-Kestner écrivait ces
lignes (1894-1895), il était presque indifférent que
l'échéance fût reculée. L'imagination des Fran-

çais pouvait atermoyer tant qu'elle était bien sûre
de ne pas renoncer. Les arrière-pensées se tra-
duisaient avec une clarté particulière toutes les fois
qu'on discutait au Parlement les crédits de la
défense nationale. La dette étant sacrée, on lui
votait le nécessaire à l'unanimité. M. de Mun a
raconté une séance de l'ère boulangiste où, seize
années après le traité de Francfort, le sentiment
national se révéla intact et pur comme au lendemain de la guerre :

« Le 8 février 1887 fut, dans les annales parlementaires, une journée mémorable. Aucun discours
n'y fut prononcé; nulle séance, cependant, ne m'a
laissé une plus durable impression

« En ce temps-là, Guillaume Ier régnait sur l'Empire allemand, et le prince de Bismarck dirigeait la
politique impériale. La France achevait l'œuvre
laborieuse de son relèvement militaire, et la haine
clairvoyante du chancelier prussien préludait à l'affaire Schnœbelé par des propos chaque jour plus
provocants. M. René Goblet était président du
Conseil, le général Boulanger, ministre de la Guerre.
Pour hâter la fabrication du fusil Lebel, le Gouvernement déposa une demande de crédits supplémen-
taires destinés à la *réfection de l'armement*.

« C'était vers le milieu de cette journée du 8 février. Le projet fut aussitôt envoyé à la Commission du budget, et la séance, de fait, se trouva
suspendue. Dans les couloirs, les groupes se for-
mèrent, nombreux, agités. La droite, la gauche
et le centre, radicaux et modérés, catholiques
et libres penseurs *se confondirent, dominés par la
même et unique pensée*. On était pourtant au lendemain des grandes discussions de la loi de 1886,

qui organisait définitivement la laïcité de l'enseignement primaire. Mgr Freppel les avait soutenues avec éclat; chacun de nous avait, à ses côtés, besogné de son mieux. Nos adversaires, M. Goblet lui-même avait ardemment poussé le combat. Mais, *à la première nouvelle de la demande de crédits, toute autre préoccupation disparut des esprits* . on entoura le président du Conseil, en lui demandant toute la vérité

« M. Goblet, calme et maîtrisant son ordinaire impétuosité, nous déclara nettement que les circonstances étaient graves et qu'il faisait appel au patriotisme de tous pour que les crédits fussent votés sans débat. Ce fut assez.

« On rentra en séance. En un moment, les bancs furent garnis. Les tribunes étaient pleines, la loge diplomatique au grand complet : le silence de cette foule remplissait la salle d'une poignante émotion. Le président Floquet se leva, tenant dans ses mains, qui tremblaient un peu, le cahier des crédits. Sa voix résonna, seule et grave. Après le premier chapitre, lorsqu'il dit : *Quelqu'un demande-t-il la parole?* le silence retomba lourdement. Alors vinrent les mots sacramentels : *Que ceux qui sont d'avis d'adopter le chapitre premier veuillent bien lever la main !*

« Aussitôt, cinq cents bras se dressèrent ensemble avec un bruissement sourd . je vois encore Mgr Freppel, à côté de moi, jetant en l'air, d'un élan saccadé, comme pour un mouvement du maniement d'armes, sa main largement ouverte : *le feu de la Revanche était dans ses yeux* [1]. Ce fut ainsi, avec une régularité toujours plus saisissante, après

1. On a récemment publié une lettre de Mgr Freppel au pape Léon XIII, qu'il priait d'intervenir auprès de l'empereur Guillaume II, pour obtenir la rétrocession de l'Alsace-Lorraine contre indemnité.

chacun des chapitres : *le geste banal avait pris l'apparence d'un rite sacré.* Au vote sur l'ensemble, il se prolongea comme une muette acclamation. Il sembla que l'âme de la patrie traversait la salle. Les spectateurs retenaient leur souffle. *Les diplomates regardaient sérieux et surpris.* Quand le président eut dit . — *Le projet de loi est adopté,* sans un mot, les députés se levèrent presque tous. De nouveau, la salle fut déserte.

« La journée historique était finie Elle eut à Berlin un retentissement énorme le Reichstag l'entendit bientôt invoquer comme un exemple. » (*Gaulois* du 21 septembre 1905)

L'étonnement des diplomates s'explique bien. Ils venaient d'avoir là, enfin, la sensation, la révélation du souverain auprès duquel ils se trouvaient accrédités sans le connaître. Ce n'était ni le cabinet en fonctions, ni le président en exercice, ni le suffrage universel. Ce n'étaient pas non plus les membres visibles de cette assemblée, ni la nation dans sa multitude ou dans ses éléments variés. C'était ce qui avait fait passer, sur cette assistance, le frisson d'un esprit, d'un élan public unanime. Le souverain régnant sur la France, encore unie et sans partage, c'était, en 1887, le grand désir de recouvrer le plus tôt possible, les armes à la main, notre Alsace et notre Lorraine ! Ce désir faisait la synthèse des vœux du pays, il représentait légitimement la nation, en ce qu'elle avait de meilleur, de mieux défini, de plus fort. Il l'actionnait, il la dirigeait, il régnait.

III

Ce souverain idéal, ce mâle rêve de la reprise de Metz devait d'ailleurs être berné et mystifié sans miséricorde jusqu'au jour où on le détrôna sans façon Les serviteurs professionnels de l'idée de revanche ayant passé leur vie politique à détruire les conditions de notre unité morale et de notre vigueur militaire, il ne reste, après quarante ans, qu'à souligner avec Drumont « l'ironie amère et violente » du souvenir de ces belles années de foi

« Pendant les premières années qui suivirent la guerre, la pauvre France naïve vivait dans l'admiration d'un Gambetta patriote qui, jour et nuit, méditait sur la Revanche C'était le temps où l'on voyait des visages pâlir, où l'on entendait de vrais sanglots quand, dans la fumée d'une salle de café-concert, une chanteuse apparaissait avec le costume alsacien. *L'atelier et le salon étaient d'accord dans le même sentiment* A 3 heures du matin, on pensait encore à la Revanche Dans les brasseries littéraires et les sous-sols artistiques, on trouvait alors Paul Arène, ce poète exquis et cet obstiné noctambule. Accompagné par un piano, dont les touches à moitié cassées rendaient des sons affreux, il chantait et mimait le *Roi de Thulé.*

« Le Roi de Thulé, c'était le vieux Guillaume qui, en compagnie de ses barons et de ses généraux, vidait joyeusement la coupe dans la haute salle du château qui donne sur la mer Soudain, un bruit formidable retentissait. Guillaume, saisi d'épouvante, se levait en trébuchant, la coupe encore à la main. Quel était ce bruit ? Parbleu, c'était l'armée de la Revanche qui arrivait tout à coup. C'étaient

« Les conscrits pieds nus de Faidherbe
« Et les mobiles de Chanzy.

« *Pendant ce temps-là, Gambetta dînait chez la Païva avec Henckel de Donnersmark, le fameux Henckel dont le* Matin *nous a signalé les louches manœuvres pendant le conflit marocain* » (Extrait de la *Libre Parole* du 20 octobre 1906.)

Il fut un temps où les amis de Gambetta essayaient encore de nier cet ordre de faits qu'ils présentaient comme une invention des ennemis de la République ou le mensonge audacieux de la réaction. Henckel était un mythe, Donnersmark un fief dans la lune, la Païva une création de satirique et de romancier. Mais tout cela se trouve aujourd'hui vérifié par les publications récentes qui ont été faites en Allemagne. Les journaux gambettistes auront vainement essayé d'en tronquer et d'en esquiver les morceaux difficiles. M. Jacques Bainville, dans sa brochure en collaboration avec M. Marie de Roux, *La République de Bismarck*, a complété les textes et rétabli la vérité [1], qui fut amplement avouée depuis par la nouvelle orien-

1 Dans la *Gazette de France* du 21 octobre 1905, M Jacques Bainville défia vainement le *Figaro* et le *Temps* de publier dans leur texte complet les lettres échangées entre Gambetta et le rabatteur de Bismarck ; cette correspondance était mutilée et atténuée dans la version du *Temps*:

tation imprimée à l'esprit et à la volonté des
républicains.

IV

Car ils ont bien marché. Ce que le Gambetta
d'il y a vingt-cinq ans était réduit à dissimuler,
non seulement on en convient, mais on l'utilise en
manière d'argument et d'autorité L'accord explicite de Gambetta et de Bismarck, ses rencontres
secrètes avec l'envoyé de Bismarck, sont invoqués
publiquement au secours de cette opinion que Jules
Grévy se contentait d'exprimer dans l'intimité :
« Il ne faut pas que la France songe à la guerre. »
« Il faut renoncer à l'Alsace. » Pour tout dire,
ce Gambetta inconnu ou nouvellement découvert
fortifie M. Jean Jaurès : il lui fournit de quoi
bien démontrer que l'idée de Revanche est une
pure honte et pourquoi elle réalise le plus funeste,
plus fol anachronisme dans la « conscience » d'un
peuple européen au xxe siècle. Voici la thèse
générale soutenue par M. Jaurès dans l'*Humanité*
du 16 octobre 1905, au cours des polémiques ins-
pirées par les révélations de MM. Delcassé, Sarraut, Lauzanne, etc. :

« Tant que la revanche restera parmi *les possibles* de la politique française, la tentation viendra
à des hommes d'État de profiter des circonstances
qui leur paraissent favorables à ce dessein, et la
tentation viendra à d'autres peuples, qui auront

contre l'Allemagne des griefs d'un autre ordre, d'exploiter cette survivance obscure de l'idée de revanche pour nouer une coalition antiallemande. »

Le surlendemain (18 octobre), M. Jaurès ne se borna point à flétrir l'idée de revanche et le désir d'en sauvegarder de vagues semblants, il affirma de plus que, en fait, cette obsession devait prendre fin, du moment que les « combinaisons anglaises » offertes à M. Delcassé avaient été repoussées, cinq mois auparavant, par les autres membres du cabinet Rouvier :

« Ces combinaisons, M. Rouvier les a renversées pour le plus grand bien de la France, de la République et de l'Europe. Mais quel est le gouvernement qui pourra reprendre avec quelque autorité une politique de Revanche, maintenant que, sur cette politique, grosse de son fruit détestable sans doute, mais viable, une opération d'avortement a été pratiquée? »

C'était faire beaucoup d'honneur à M. Delcassé que d'expliquer sa politique par l'idée de revanche, mais là n'était pas la nouveauté ni l'intérêt de l'article de M. Jaurès; au contraire, tout ce qui suit est fort piquant :

« Par un singulier paradoxe, c'est le gambettisme, *dont il semblait que la politique de revanche fût l'âme profonde,* qui s'y est opposé. Une première fois, c'est Gambetta lui-même. Après l'éclatante victoire républicaine du Seize Mai, il se crut désigné pour le pouvoir; et qui l'eût été, en effet, mieux

que lui, sans les timidités réactionnaires du centre
gauche puissant encore, sans les intrigues de la
jalousie et l'hostilité sournoise de l'Élysée? Mais
son nom était comme le symbole de la Revanche,
*Gambetta s'appliqua aussitôt à rassurer la France
et l'Europe. Il affirma, en toute occasion, que la
France voulait la paix avec tous Et il alla jusqu'à
préparer un voyage à Berlin et une entrevue avec
M de Bismarck.* Détail frappant : *le même Henckel
de Donnersmark, qui avait servi d'intermédiaire entre
Gambetta et M. de Bismarck, et combiné une rencontre d'ou devait sortir* AU MOINS UN AJOURNEMENT
DE L'IDÉE DE REVANCHE, *est venu à Paris dans la
crise récente* [1905]; et il a été mêlé aux négociations officieuses qui ont préparé la détente de la
situation redoutable créée par Delcassé. Il n'a eu,
sans doute, à invoquer auprès de M. Rouvier que
le nom et le souvenir de Gambetta

« M. Rouvier, lui, c'est d'abord contre le général
Boulanger [1], c'est ensuite contre M. Delcassé, qu'il
a sauvé la paix *C'est la destinée extraordinaire
du Gambettisme de faire avorter périodiquement la
politique de revanche.* »

M. Jaurès résume ensuite son avis personnel
dans l'audacieuse exclamation suivante : « Comme
« si, dans l'état présent du monde et avec le
« douloureux effort de l'humanité vers la justice
« sociale, la guerre de revanche, MÊME AVEC LA
« CERTITUDE DE LA VICTOIRE, n'était pas un
« désastre ! »

---

1 Dix-huit années avant d'imposer au président Loubet
le renvoi de M. Delcassé, M Rouvier avait été le collaborateur de Grévy dans les premiers pièges tendus à Boulanger.

Ce mot impie fit scandale dans le petit monde des modérés. Quelques-uns osèrent répondre nettement que la tradition gambettiste, si elle eut des faiblesses, n'avait jamais admis qu'une victoire de la France sur l'Allemagne pût être qualifiée de « désastre ». En quoi les modérés se trompaient gravement. Le gambettisme le plus orthodoxe, le plus autorisé, n'a peut-être pas dit cela, mais il l'a laissé dire, il a coopéré de toute sa force en faveur de M. Jean Jaurès, lequel l'a dit... En effet, peu de jours après avoir produit cet aphorisme, en faveur duquel l'ensemble de l'article paraissait invoquer l'autorité de Gambetta, M. Jaurès fut honoré de la plus haute approbation qu'il pût rêver pour lui à ce moment : celle de M. Ranc.

Personne n'était mieux placé que M. Ranc pour rétablir, si on l'eût dénaturée, la vraie pensée de Gambetta. Loin de rectifier, M. Ranc confirma Avec la plus incroyable facilité, il a mis en morceaux la légende militaire de Gambetta Il a flétri la généreuse contrefaçon du grand homme telle que l'ont accréditée quelques généraux illusionnés, et, avec eux J.-J. Weiss, Déroulède, Georges Duruy. M. Ranc a restitué la véritable définition du Gambettisme. On me saura gré de la reproduire en entier, d'après le *Radical* daté du 23 octobre 1905 et paru, en réalité, le 22. M. Ranc disait :

« Dans la séance déjà célèbre du Conseil des ministres dont les détails — vrais ou faux — ont été livrés à tous les vents de la publicité, sinon par

M. Delcassé, au moins par ses amis, le protégé du
tzar a eu l'outrecuidance, pour justifier sa folle
politique, d'évoquer le souvenir de Gambetta, il
a même poussé l'impertinence jusqu'à en appeler
au témoignage de ceux de ses collègues qui avaient
été les collaborateurs ou les amis de Gambetta.
C'était une façon d'insinuer que les gambettistes,
s'ils ne partageaient pas les vues de M. Delcassé,
s'ils ne le suivaient pas aveuglément dans ses *fan-
taisies de haute politique,* se mettraient en contradiction avec les enseignements du grand patriote, du
grand homme d'État. »

On va voir ce que signifient les mots de « grand
patriote » dans l'idiome du gambettisme, d'après
M. Ranc :

    « Or, voici ce que, le 12 août 1881, à l'Élysée-
Ménilmontant, dans une réunion publique, devant
ses électeurs de Belleville, Gambetta disait :
    « A la politique extérieure je ne demande qu'une
« chose, c'est d'être digne et ferme, c'est de se
« maintenir les mains libres et les mains nettes;
« c'est *de ne choisir personne dans le concert euro-
« péen* et d'être bien également avec tout le monde;
« c'est de considérer la France non pas comme
« isolée, mais comme parfaitement détachée des
« sollicitations *téméraires* ou jalouses; c'est de dire :
« — Désormais, la France n'appartient qu'à elle-
« même, elle ne favorisera les desseins ni des dynas-
« tiques du dedans, ni des ambitions du dehors;
« elle pense à se ramasser, à se concentrer sur
« elle-même, à se créer une telle puissance, un tel
« prestige, un tel essor, qu'à la fin, à force de pa-
« tience, elle pourra bien recevoir la *récompense de
« sa bonne et sage conduite.* Et je ne crois pas dé-
« passer la mesure de la sagesse et de la prudence

« politiques en désirant que la République soit
« attentive, vigilante, prudente, toujours mêlée
« avec courtoisie aux affaires qui la touchent dans
« le monde, *mais toujours éloignée de l'esprit de*
« *conflagration, de conspiration et d'agression,* ET
« ALORS, *je pense, j'espère que je verrai ce jour où,*
« *par la majesté du droit, de la vérité et de la justice,*
« *nous* RETROUVERONS, *nous rassemblerons les frères*
« *separés.* »

M. Ranc ajoutait à la citation :

« Ne semble-t-il pas que ces belles paroles, em-
preintes d'*une profonde sagesse* et du *plus pur patriotisme,* ont été prononcées hier? Ne s'appliquent-
elles pas admirablement aux événements d'hier?
Ne sont-elles pas la condamnation des *combinaisons* folles, de la politique d'*aventures* où, dans son
infatuation, M. Delcassé espérait entraîner le gouvernement de la République? Non, nous ne sommes
pas infidèles aux enseignements de Gambetta,
quand nous répétons avec lui : *Pratiquons la politique des mains libres;* quand nous disons : *Ne
soyons les complaisants de personne,* ni de l'Allemagne, ni de l'Angleterre ! C'est bien assez, c'est
trop d'avoir été pendant des années *les complaisants de la Russie!* C'est grand dommage qu'un
de ceux à qui, le 6 juin, s'adressait M Delcassé,
ne l'ait pas tout bonnement renvoyé au discours
de Ménilmontant. Malgré sa gloriole, malgré son
bel aplomb, M. Delcassé serait resté quinaud Il
serait rentré... sous son portefeuille. »

L'Écriture ne vaut pas sans la Tradition qui
l'interprète. Grâce à la forte autorité de ce prêtre
du gambettisme, la doctrine est fixée : parmi les
échappées contradictoires du tribun, nous savons
bien lesquelles nous ont porté sa vraie pensée

Un accord parfait s'est conclu en octobre 1905
entre le gambettisme, représenté par M. Ranc, et
le renoncement, représenté par M. Jaurès. Quand
on voit à quel point cela fut spontané, facile, naturel, on commence à sentir ce qu'a été la comédie
de la Revanche Il « *semblait* » *que la politique
de revanche fût* « *l'âme profonde du gambettisme* »,
a déclaré d'une part M Jaurès *D'autre part*, a-t-il
ajouté, *c'est le* « *gambettisme* » *qui, trois fois —
par Rouvier en 1905, par Rouvier en 1887, par
Gambetta lui-même en 1877* — « *fil* » *certainement*
« *avorter* » *la politique de revanche.* Et Ranc ne pro-
teste ni contre l'une ni contre l'autre de ces deux
propositions de M. Jaurès Il en sanctionne la
double thèse en fournissant, comme à l'appui, un
texte authentique et public de Gambetta, tiré du
discours de 1881 à l'Élysée des Beaux-Arts. Enfin,
il n'élève aucune objection contre cette écœu-
rante assertion de M. Jaurès *qu'une guerre de
revanche, même victorieuse, serait toujours un
« désastre » pour l'Humanité*
Jaurès comprit, et, dans les vingt-quatre
heures qui suivirent la bénédiction gambettiste
de M. Ranc, le 23 octobre 1905, il publiait en
tête de l'*Humanité* un article qui liquida la question des provinces perdues, au point de vue démocratique et républicain. En dissipant toute
équivoque sur le sens historique de la revanche, M. Jaurès instruisit les lecteurs de l'*Humanité* de ce qu'il leur faut croire, de ce qu'il
leur faut rejeter, en un mot, de ce qui doit rester
de la tradition gambettiste prise pour centre de

17

l'orthodoxie républicaine. Les petits catéchismes
diocésains ne sont pas plus précis dans leurs définitions dogmatiques. La Revue de l'*Action française* du 15 avril 1907 analyse dans les termes
suivants la définition de M. Jaurès :

1° *Ce qu'il faut croire :*

La plupart des Français traitant des Provinces
perdues en ont considéré soit la fonction straté-
gique, la valeur comme « Marches » françaises, soit la
part morale ou matérielle prise au commun travail intérieur de la nation. On a lu des pages admi-
rables de Proudhon pour montrer l'éternel effort
des maîtres de la Gaule, qu'ils fussent Césars ou
Capets, à pousser leurs frontières jusqu'aux berges
du Rhin. Le feu duc de Broglie a su noter, en quelques mots, la légitimité de l'effort dont Proudhon
n'a voulu voir que la constance. On ne saurait
demander à M Jaurès d'arrêter son regard sur des
problèmes « nationaux » qu'il doit négliger par état
Cependant, abstraction faite du patriotisme, de
l'intérêt national ou du point d'honneur, l'Alsace
et la Lorraine existent; elles ne forment pas un
territoire abstrait disputé entre deux nations : le
labeur de quatorze siècles s'y est incorporé, elles
représentent une œuvre, un produit, en même
temps qu'un instrument des travaux futurs, et cet
outil, fait en majeure partie de main d'homme,
semble, par là, éminemment précieux à l'esprit
humain et au genre humain Un tel capital collec-
tif, qui n'est pas seulement moral, devrait atteindre à quelque valeur « sociale » aux regards de
M Jaurès Chose bien remarquable, M. Jean Jaurès
n'en dit rien. Dans le litige franco-allemand qui
l'occupe, l'*objet* lui paraît tellement insignifiant
qu'il n'en fait aucune mention.

Il n y a point d'Alsace, il n'y a point de Lorraine.
Jaurès ne retient, il ne compte que l'idée d'une
offense morale faite en 1871 aux Lorrains et aux
Alsaciens, à ceux, du moins, qui vivaient à ce
moment-là. Où nous parlons géographie, économique, histoire, art militaire, il nous répond jurisprudence, éthique et religion : les Allemands ont fait
du mal aux Alsaciens et aux Lorrains, ils les ont
annexés sans leur consentement; les Allemands sont
donc tenus à réparer leur tort M. Jaurès est inflexible sur ce dommage Mais on peut lire et relire son
article, on n'y trouve rien qui soit relatif au fait
alsacien-lorrain considéré comme nécessaire à la
force et à la durée du reste de notre patrie.

Ce vide est d'autant plus sensible que l'article
est loin d'être composé de pures nuées Indifférent
aux conditions générales de l'existence nationale,
M. Jaurès se soucie energiquement de préserver
nos contemporains d'une guerre, et il examine, avec
attention, toute chose réelle qui risquerait de l'amener. Il denonce comme un péril toute diplomatie
trop active, tout système de manœuvre, tout défi
prolongé qui nous menacerait de la moindre complication La politique de revanche lui déplaît surtout à ce titre. Il ne néglige rien de ce qui assure,
au jour le jour, la sécurité apparente : si la
frontière découverte et le territoire amoindri ne lui
inspirent que des vues idéalistes sur l'iniquité du
Germain, la moindre perspective de mobilisation
lui suggère une opposition très pratique et très
véhémente. Il est impossible de ne pas en conclure
que sa témérité de penseur se réserve pour les
sujets qui n'entraînent pas de risques corporels.

Un de ces sujets, c'est la *faute* des Allemands
M. Jaurès semble penser que le dommage qu'ils
ont fait aux Alsaciens-Lorrains constitue, à leur
charge, à leurs dépens, un grief absolu, perpétuel, indélébile Naturellement, il se garde d'écrire que, seul,

le retour à la France des pays annexés établirait
une juste réparation Il ne discute pas davantage
l'hypothèse où les Alsaciens-Lorrains, sans s'atta-
cher à l'Allemagne, sans nous traiter en étrangers,
oublieraient la blessure, une fois indolore et cica-
trisée. Mais, sans énoncer que, pour lui, notre titre
est impérissable. il le donne à penser et il le suggère,
ne serait-ce qu'en se cantonnant avec autant de
résolution que de force dans son point de vue *uniquement* juridique

On ne saurait trop louer la commodité de ce
point de vue. Suivez bien. Du moment qu'il y a
procès, qu'il n'y a que procès, et qu'on ne se représente cette affaire internationale qu'à la manière
d'une cause destinée à quelque assemblée de grands
juges européens qui n'existeront peut-être jamais;
du moment surtout qu'on pose le problème dans la
langue de la chicane, il arrive infailliblement que
les idées changent de place et que les faits perdent
leur sens, de sorte que les situations en paraissent
interverties. C'est à la partie lésée que le « beau
rôle » échoit alors. Elle en vient à penser qu'elle
tient (comme on dit vulgairement) le bon bout Ce
n'est plus pour l'Alsace ni pour la France qu'il faut
s'inquiéter, c'est pour la pauvre Allemagne qui
s'est donné le tort de ne pas traiter les populations d'Alsace-Lorraine comme la France avait
traité les Niçards et les Savoyards : faute d'un
plébiscite en règle, elle perdra, nous gagnerons,
quand on jugera entre nous. Quelle situation pri-
vilégiée ! Mais, dès lors, attention de nous y tenir !
Prenons bien garde d'en remplir exactement les
devoirs, c'est-à-dire de ne rien changer à l'état des
faits ! Surveillons-nous ! Un avantage militaire dé-
truirait manifestement le bel ordre qui nous favo-
rise. Évitons-le. Mais pas de concession non plus.
Nous ne renonçons pas. Nous maintenons les
« droits » des Alsaciens-Lorrains. Nous avons même

l'air de maintenir tous les nôtres, puisque nous en
parlons encore, à l'instant même où nous pressons
nos compatriotes, dans les termes les plus formels,
d'en abdiquer une partie, en réprouvant toute
revendication par les armes .

Quand Gambetta disait cela, ou tournait plus
ou moins autour de ces idées, les Français comprenaient si mal qu'ils se méprenaient tout à fait Mais
cela devient clair et net sous la plume de M. Jaurès
reprenant l'affaire au point où M. Ranc l'a laissée
en nous conseillant « les mains libres » :

« Nous voulons « dit M. Jaures » que la France
réserve envers tous son entière liberté d'action

« Mais cette liberté d'action, *quel usage en fera-
t-elle?* S'en servira-t-elle pour une politique de revanche militaire, ou pour une politique de paix?
Voilà la question décisive. *Voilà la seule* question.
Tant que la France n'aura pas reconnu, *dans l'intimité de sa conscience,* que ce n'est point par les
combinaisons et les hasards de la force que LE
DROIT *violenté* en 1870 *peut être réparé,* tant qu'elle
ne *se sera point engagée envers elle-même* [1] à ne
mêler *aucun calcul de revanche militaire, avoué ou
secret,* à sa politique extérieure et à sa diplomatie,
tant que les hommes d'État français *pourront*
croire que leur *devoir* envers la nation est de préparer cette revanche militaire et de la rendre possible par le jeu des alliances, c'est le poids intérieur
qui fera toujours dévier notre politique vers les
aventures; et nous verrons se reproduire, périodi
quement, des entraînements funestes comme celui

---

1 Ces trois derniers mots soulignés par M Jaures Il
est bon d'observer combien l'on nous veut puis de toute
rancune envers l'étranger dans le parti qui prêche la haine
de nos concitoyens !

qu'a subi M. Delcassé [1] ou des tentations impru-
dentes comme celles que le Gouvernement anglais
ne nous a pas ménagées.

« Le *Temps* dit que nous nous efforcerons de
prévenir les conflits entre l'Angleterre et l'Allemagne. Comment le pourrons-nous, si nous-mêmes,
dans le fond de notre pensée, nous *croyons* que notre
devoir est de guetter et de saisir une occasion favorable de revanche? Si la France est convaincue,
comme le sont les socialistes, que *les groupes humains opprimés* en Finlande, en Pologne, en Alsace-
Lorraine, en Irlande même, seront *réconfortés et
restitués dans leur droit par l'effort intérieur des
peuples vers la démocratie et par l'action croissante
de la classe ouvrière internationale,* si elle croit cela
comme nous, et si elle croit que la paix hâtera cette
croissance bienfaisante de la démocratie européenne
et du prolétariat, alors oui, elle peut servir la cause
de la paix générale. *Alors oui,* elle peut travailler
à prévenir entre l'Allemagne et l'Angleterre des
chocs funestes; car elle adhère *du fond même de sa
conscience* à une politique pacifique. Mais si elle
peut *être justement soupçonnée, si elle peut, en s'in-
terrogeant tout bas, se soupçonner elle-même de chercher* dans les événements *l'occasion longtemps atten-
due d'une revanche militaire* contre l'Allemagne,
quelle sera *son autorité morale,* quelle sera la sincé-
rité et l'efficacité de son action quand elle préten-
dra s'employer à prévenir les conflits? Voilà la

1 Encore une fois, il est d'intérêt capital pour M Jaurès
de faire croire que l'échec de M Delcassé fut aussi un
echec de l'idee de revanche. Mais redisons qu'il n'y eut
jamais rien de commun entre cette idée et cet homme,
sinon quand celui-ci, mal tombé du pouvoir, éprouva le
besoin de lustrer sa honteuse histoire Mais, tandis qu'il se
donnait chez ses nouveaux amis pour le libérateur éven-
tue de ll'Alsace, ses amis plus intimes, tels que M. Maurice
Sarraut, soutenaient et établissaient le contraire.

vraie question, question décisive, celle qu'on n'ose pas aborder ou qu'on aborde *obliquement* et qui pèsera sur toute la situation européenne, tant qu'elle n'aura pas été résolue ou par la *détestable aventure de la guerre* ou par l'affirmation française de la paix définitive, en qui *la promesse de justice* est contenue. »

Ne reprenons de cet exposé que le dogme central en réservant les raisons vraies ou fausses dont il est soutenu — Est-il vrai qu'une politique de revanche française soit le seul cas de guerre pour les Européens? M. Jaurès conviendra tout à l'heure qu'il n'en est rien. La guerre peut nous être déclarée contre notre attente et contre notre vœu Nous pouvons y être entraînés par nos affaires coloniales ou méditerranéennes, par notre évolution politique ou économique. Enfin, elle peut éclater chez les autres. Tout cela ne dépend en rien de notre volonté de résignation ou de revanche, mais tout cela interromprait, de l'avis de M Jaurès, le mouvement démocratique et, par une conséquence qu'il tire lui-même, retarderait indéfiniment le triomphe du « droit »... D'autre part, est-il vrai que la démocratie ne puisse être arrêtée que par la guerre? Ne lui connaît-on d'autres ennemis? M. Jaurès le dit mais ne le montre pas. Enfin, la démocratie, certainement inapte à l'organisation militaire, en est-elle plus apte à créer l'état de justice et de paix? Autant dire qu'il suffit d'ignorer la stratégie et la tactique pour savoir l'économie politique et le thibétain... Mais, M Jaurès a pris tous ces postulats pour accordés, il suppose que tous ces vœux seront exaucés et sur cet enchaînement d'hypothèses repose la série des actes de foi proposés à l'*Humanité :* « Droit violenté » mais qui peut être réparé; « promesse de justice », « autorité morale » de la France; « réconfort » et « restitution » des « grou-

pes humains opprimés »; retour au « droit » par
« l'effort intérieur vers la démocratie », cet effort
coordonné par l'Internationale ouvrière...

DOGME : *le droit alsacien-lorrain revivra comme
celui de tous les peuples opprimés quand aura lieu
l'avènement du prolétariat d'un bout a l'autre de la
terre habitée.* Croire autre chose est adhérer de près
ou de loin à une erreur dont M Jaurès va nous découvrir la malfaisance horrible. Il est intéressant de lui
voir rechercher une exacte et complète formule de
cette erreur Quel digne adversaire la fournira?
M. Jaurès n'espère point que M. Delcassé ou le
Temps, auxquels il répliquait tout à l'heure, lui oppo-
sent rien de très pur. Au fond, il sait parfaitement
que M. Delcassé n'a jamais voulu la Revanche, et le
Temps, toujours pris entre la vergogne civique et
l'intérêt électoral, ne cesse de flotter entre les patriotes et la démocratie Ces contradicteurs sont
trop près de lui Dès qu'il lui faut citer l'expression radicale d'un système opposé au sien, M. Jaurès est obligé de chercher plus à droite. Il ne trouvera
ce qu'il cherche que passé les frontières du Vieux
Parti Républicain, tout proche du parti national
et en pleine réaction, chez ceux que M. Ranc a
excommuniés ou qu'il a reniés : les amis de M. Méline ! N'est-il pas significatif qu'il faille habiter loin
du bloc pour se trouver véritablement en conflit
avec M Jaurès sur la question de l'Alsace-Lorraine?

2º Nous arrivons donc à *ce qu'il faut rejeter.*

L'avant-veille, en critiquant la politique de
M Delcassé. mais en faisant à ce ministre la royale
largesse de lui prêter des desseins tels qu'il n'en eut
jamais, la feuille de M Méline, la *République Française,* avait écrit quelques lignes bien faites pour
appeler sur les joues de M Jaurès toutes les roses
de la pudeur offensée .

« L'intérêt de la patrie, même lorsqu'on le place
« dans la reconstitution du patrimoine national,
« n'est pas de faire la guerre à toute occasion, c'est
« de remporter la victoire — on reconnaîtra que
« ce n'est pas tout à fait la même chose — et le
« devoir d'un homme qui préside aux destinées de
« la France, c'est de ne risquer la guerre que lors-
« qu'il aura la conviction d'avoir accumulé toutes
« les chances de succès M Delcassé y travaillait
« ardemment, et il a pu dessiner une politique de
« revanche (!) très séduisante

« M Rouvier ne tient pas moins que lui à la re-
« vanche (!), mais il n'a pas estimé que nous fus-
« sions prêts à soutenir victorieusement la guerre,
« et il s'est opposé a une politique qui aurait pu
« conduire à la guerre. »

— « Quel pitoyable état d'esprit ! » répond M. Jaurès.

« C'est dire que la France n'attend pour faire la
guerre à l'Allemagne que l'heure ou elle se croira
assurée du succès. C'est dire qu'elle n'aura, en attendant, d'autre politique que de préparer, de hâter
cette heure de la revanche et de la guerre. Quel
effet doivent produire ces paroles, reproduites et
commentées en Allemagne ! Quel argument elles
fournissent au chauvinisme et au militarisme allemands ! Il en sera ainsi *tant que la politique de revanche n'aura pas été décidément éliminée de la pensée
et de l'action de la France.*

« Par là, certes, ne disparaîtra pas toute menace
à la paix de l'Europe et du monde J'ai déjà dit
combien la politique de l'Allemagne en Asie était
rétrograde et violente, grosse de périls de tout ordre
et de sinistres aventures. Je sais *aussi* que l'Allemagne, même quand elle croit simplement se prému-
nir contre une agression du dehors, a une manière

brutale et lourde qui laisse dans les cœurs le ressentiment et le malaise (!); et ces procédés sont
comme aggravés par les brusques oscillations d'une
volonté irresponsable (?) L'Angleterre *aussi* a ses
vues égoïstes, ses arrière-pensées mauvaises que
l'entente cordiale ne nous oblige point à seconder.
Mais plus grande sera l'*autorité morale* de la France
pour COMBATTRE dans le monde la politique
d'égoïsme, de violence et de ruse quand elle-même,
répudiant à jamais tout dessein d'agression, se sera
élevée par une sublime anticipation au point de
vue de l'avenir, quand elle aura affirmé sa *foi idéa
liste* en la *justice immanente* qui s'*accomplira* pour
les PEUPLES VIOLENTÉS comme pour les classes op-
primées, par la *démocratie et le socialisme* grandis-
sant dans la paix. »

Eh ! en attendant l'heure qui accomplirait les
promesses, on ne voit pas très bien comment notre
nation pourrait « combattre » n'importe quoi ou
n'importe qui « dans le monde », du moment qu'on
lui supposerait ce grand dégoût et cet extrême effroi
de la guerre que M. Jaurès s'attache à lui incul-
quer ! Comprend-on qu'il nous conseille de renoncer à la volonté de revanche pour pacifier l'univers, dans l'instant même où il assure que la guerre
européenne peut éclater autrement que de notre
fait?

Le fait d'oublier et de sacrifier l'Alsace peut
nous valoir la guerre autant et plus que le fait de
nous souvenir ou de nous armer. On peut attaquer
les gens de peur de leurs bâtons et de leurs grands
couteaux; mais la plupart des agresseurs donnent
leur préférence aux passants qu'ils estiment inca-
pables de se garder. Étions-nous, dans la réalité
des choses, assez pacifistes, démunis, renonciateurs,
sous le gouvernement de ce « Delcassé le provoca-
teur » qui n'était pourtant rien que le digne collègue

d'André, de Loubet et de Combes ! Or, cela n'a pas
empêché (au contraire) Guillaume II de traiter Delcassé comme Bismarck n'osa traiter ni le général
Boulanger ni les ministres du maréchal, qui lui ins-
piraient des inquiétudes plus légitimes.

Dans son très vif désir d'écarter, par tous les
moyens, l'idée de la guerre, M Jaurès ne craint
pas d'avancer une vérité de bon sens Il y a du
vrai dans son objection générique à tout système
de politique étrangère dont le but avoué, public,
officiel, serait le retour vers le Rhin Non seulement
ce serait le cas du joueur qui se trahit lui-même en
laissant voir son jeu, mais la provocation constante
le condamnerait au soupçon perpétuel, aux pièges,
aux mauvais coups et à la plus solide impopularité
en Europe Reste à savoir s'il est inévitable d'être
découverts à ce point. On peut méditer une
politique sans la dire, la préparer sans la crier. Il
suffit de posséder un gouvernement capable de
secret, de réflexion et d'esprit de suite Que ce gouvernement ne puisse être républicain, c'est peut-
être de quoi nous imposer l'horreur de la République [1], mais M. Jaurès exagère la portée de ses
arguments en se figurant qu'ils imposent l'oubli de
Strasbourg et de Metz.

La vérité est que cet oubli est inhérent à la
doctrine de M. Jaurès Autant ses raisons adven-
tices, empruntées à la supputation des faits ou au
calcul des forces, semblent faibles, alors même
qu'il leur arrive de contenir quelque chose de juste,
autant, quand on remonte au principe formel de sa
pensée, comprend-on que M Jaurès se désintéresse

1 Nous avons vu plus haut que la politique officielle de
revanche était, dans notre République, le seul moyen de
maintenir l'unité nationale Nécessité intérieure *d'en parler* · impossibilité d'aboutir à l'extérieur *si l'on en parle.*
Encore un cas des innombrables contradictions du régime !

du *souvenir français* en raison de l'objet et de la nature de ce souvenir : il est national !

Entre « les peuples violentés », qu'il mentionne avec émotion, M. Jaurès ne semble pas songer que l'un d'eux est le sien. Il peut s'attendrir sur le membre détaché du corps, il ne mentionne pas le corps privé du membre S'il permet de garder du traité de Francfort une certaine pensée de deuil, ce n'est, en aucune manière, qu'il déplore l'affaiblissement du pays. Qu'est cela? Le vrai mal, ce n'est pas d'avoir été diminué, mais de l'avoir été *par force*. Si, en même temps que l'Alsace-Lorraine, Nancy, Dijon. Châlons et Besançon nous avaient échappé à la fois. mais sans nulle contrainte, *en douceur*, l'intérêt du problème eût vraisemblablement disparu pour M. Jaurès, la plainte devrait cesser net. Dans une rupture accomplie sans violence, ni douleur, le litige et le corps du litige le grief même seraient absents. Il n'y aurait ni mal ni offense.

L'offense spirituelle et morale reçue voila trente-six ans étant notre seul titre contre l'Allemagne, ôtez-la, et vous enlevez tout ce que voit et déplore M. Jaurès. Retournez la situation, vous retournez son jugement et son sentiment. Que nous recouvrions nos provinces par le moyen qui a le malheur de lui déplaire, et ce sera son tour de se séparer de nous, car cette « violence » nouvelle ne se pouvant sans de nouvelles injustices, M. Jaurès ne pourrait que nous prendre en mépris ou en pitié, comme les membres d'une cité inférieure : plaignants, naguère dignes et glorieux, bons spoliés d'hier, naguère bienheureux et irréprochables, en règle avec toutes les plus subtiles prescriptions du Code des devoirs internationaux, nous nous verrions déchus aussi bas que possible dans la triste posture des criminels diadémés qu'on appelle triomphateurs ! M. Jaurès pâlit a la seule pensée de voir s'envoler l'auréole et tomber en lambeaux la robe du

martyre que la France avait méritée. Le voilà, le
« désastre » ! Puissent les lecteurs de l'*Humanite*
n'être jamais enveloppés de cette infortune ! « L'autorité morale » de la France y succomberait Elle y
perdrait la foi, « sa foi idéaliste » dans les plans
éternels de « la Justice immanente ».

Et je sais bien que ces derniers mots feront
rêver, douter peut-être quiconque voudra se représenter comment ils ont été articulés par Gambetta : sous Gambetta, ils paraissaient vouloir
signifier, à tout le moins, que nous ne devions
pas avoir peur de faire la guerre, la Justice étant
avec nous, et M. Jaurès leur fait exprimer que
cette même guerre doit nous inspirer une sainte
horreur !

3° La tradition de Gambetta.

Serrons mieux la comparaison. Lorsque Gambetta prononce : « la majesté de la vérité et du
droit », comme dans son discours de l'Élysée des
Beaux-Arts, ou quand il assure que : « de grandes
réparations peuvent sortir du droit », comme dans
son discours de Cherbourg, le reste du morceau
semble nous le montrer les sourcils réunis et l'œil
étincelant, martelant les syllabes, un poing ou deux
tendus contre un invisible ennemi, à la rumeur
lointaine des cuivres, des tambours et de la fusil-
lade : or, on ne trouve pas un terme guerrier dans le
texte. Les métaphores sont du modèle que M. Ranc
a passé à M. Jaurès Elles sortent uniformément
du cabinet de l'avocat ou de l'étude du notaire.
Seulement, au rebours de ce qui se passe dans la
sérénade de Mozart, l'orateur accompagne sur un
rythme guerrier ces paroles d'une très pure sagesse
bourgeoise. Oppose-t-il le droit au fait, le juste au
violent, le moral au brutal, on croit entendre, au
lieu du petit pas de l'huissier ou du bredouillement

du greffier, le déclic des armes qu'on charge ou le commandement du feu. L'artifice est continuel, et toujours semblable à lui-même.

A ce modèle de phraséologie, M. Jaurès n'ajoute rien Ses propos vont montrer ce qu'il en retranche et comment la vertu de cette ablation lui permet des développements harmoniques. On va trouver le gambettisme conduit au dernier degré du raffinement dont il était capable. Rarement commentaire s'adapta aussi bien au texte, le serra de plus près en l'améliorant. Les conclusions de Gambetta sur *la majesté du droit, de la vérité et de la justice* se complètent et s'illuminent en ces paraphrases destinées à exorciser, pour la dernière fois, l'*esprit de conflagration, de conspiration et d'agression.*

« M. Ranc écrivait hier ces fortes paroles : *Ne soyons les complaisants de personne, ni de l'Allemagne, ni de l'Angleterre; c'est bien assez, c'est trop d'avoir été, pendant des années, les complaisants de la Russie.*

« J'y souscris pleinement. Je lui demande seulement la permission d'ajouter que toute politique de revanche, avouée ou secrète, fera de nous les complaisants, les satellites de la puissance en qui nous croirons trouver une compagnie d'agression contre l'Allemagne.

« M. Ranc cite l'admirable discours prononcé par Gambetta en août 1881 à l'Élysée-Ménilmontant :

« — Je ne crois pas dépasser la mesure de la sagesse
« et de la prudence politique en désirant que la
« République soit attentive, méfiante, prudente, tou-
« jours mêlée avec courtoisie aux affaires qui la tou-
« chent dans le monde, *mais toujours éloignée de*
« *l'esprit de conflagration, de conspiration et d'agres-*
« *sion,* et alors, je pense, j'espère que je verrai le
« jour où, *par la majesté du droit, de la vérité et de*
« *la justice,* nous retrouverons, nous rassemblerons

« les frères séparés . » Voilà vingt-quatre ans que ces
paroles ont été dites. Et plus le temps s'écoule, plus
il apparaît que la condition des frères séparés,
comme celle de tous les groupes ethniques qui pâlis-
sent d'un régime de violences, ne pourra être relevée
selon la justice que par l'avènement décisif de la
démocratie européenne, inspirée de l'esprit socialiste *Cette majesté de la vérité et du droit,* invoquée
par Gambetta, elle ne peut prendre corps que dans
les peuples libres [1]; elle ne peut se manifester
pleinement que dans ce prolétariat international
dont l'élite, sans cesse accrue, cherche à éliminer
de tous les rapports humains, rapports de nation
à nation et d'individu à individu [2], l'arbitraire et
la violence. Ce prolétariat international, cette nouvelle démocratie européenne, ne peuvent accomplir leur œuvre que *dans la paix.*
   « Pourquoi la France se refuserait-elle à prononcer la parole décisive? Pourquoi laisserait-elle subsister une racine d'équivoque d'où repoussent sans
cesse les tentatives d'ailleurs manquées? »

Loin d'altérer en rien la thèse gambettiste, cette
adaptation pacifiste en découvre complètement le
sens secret. Cette forme nouvelle en éclaircit le
fond originel On dirait que l'idée de Gambetta,
longtemps comprimée ou gênée par les circonstances, vient enfin de toucher à sa juste limite
d'épanouissement. Grâce à la clarté explicite ré-
pandue sur le but et sur les moyens, M. Jaurès
a pu débarrasser sa prose du bruyant cliquetis dont
les oracles de son maître restent encombrés et couverts Le rythme et le son de la voix vont d'accord
avec la pensée Nulle musique militaire ne l'ac-

---

1 Et dévorés sans doute par la guerre des classes?
2 De classe à classe, probablement aussi?

compagne plus, nul geste menaçant ne ponctue les propos conciliants et juridiques M Jaurès avoue ce qu'il fallait que Gambetta gardât pour lui. Il ne s'agit aucunement de préparer une guerre heureuse. Il ne s'agit plus de rattacher à la France les pays qu'on lui arracha. Des hommes violentés seront rendus à eux-mêmes, sans aucun effort national de notre part, du seul fait de la commune poussée démocratique de tous les autres hommes de l'Europe et du monde.

L'orateur est assez sûr de lui et de M. Ranc pour se résoudre à parler net et à cesser de battre des signaux de retraite sur le rythme de la charge et de la victoire. Le seul bon goût universitaire aurait pu suffire à conseiller cette innovation à M. Jaurès. Mais tant d'autres circonstances l'ont imposée à son esprit ! En vérité, s'il faut admirer quelque chose, ce n'est pas la liberté de langage de Jaurès. mais le détour que prit Gambetta. Jaurès, en 1905, est absolument libre de dire ce qu'il lui plaît. Un parti nombreux le soutient, il est presque au pouvoir Le sentiment public ne peut se tourner contre lui, étant démoralisé, depuis la démarche de Kiel qui nous rapprocha de l'Allemagne, par l'affaire Dreyfus qui sépara la nation de l'armée, par la destruction officielle et régulière de la force publique au gré d'un André ou d'un Pelletan, enfin par la basse pratique de la délation et les appels continuels à la désertion. Ce que Jaurès demande est peu au prix de tout ce qu'il a obtenu; dix ans d'un insolent triomphe donnent à sa démarche une assurance incomparable Le désarmement qu'il réclame paraît, en soi, presque plausible. Assurément, tous nos intérêts nationaux, l'état certain des réalités de l'Europe, contredisent nettement l'optimiste rêverie de M Jaurès; mais les apparences immédiates, les impressions diverses de l'opinion française ne sont pas très éloignées de lui Tout se passe comme

s'il parlait dans l'esprit de la situation, avec la
lâche approbation, plus ou moins consciente, des
meilleurs interprètes du « sens commun ». Ce qu'il
veut apparaît possible par le seul fait qu'il le
demande si ouvertement. Il exige avec violence
ce qu'on ne lui refuse que mollement.

Gambetta eut affaire à plus forte partie. On
saisit maintenant son art : en un temps où les
forces vives de la nation, les éléments actifs et
remuants tendaient à la guerre, il voulut, sut et
put empêcher cette guerre, qui, faite sous la République, eût été mortelle au régime qu'il fallait
sauver à tout prix. Pour empêcher la guerre, il
rassembla autour de lui ceux qui la voulaient, il
fit semblant de la leur prêcher « à outrance », mais,
en réalité, par le subtil usage du plus étonnant des
jargons, remplaçant l'acte par le geste, le mot qui
définit la pensée par l'émission de voix qui la trouble, il inspira, en fin de compte, aux véritables
républicains, fort intéressés à la paix, un sentiment
de confiance et de sécurité sans réserve.

L'arrière-pensée gambettiste, d'une simplicité si
audacieuse, ne courait aucun risque de s'égarer jusqu'à la masse du pays Celui-ci, s'il eût dû comprendre, aurait compris au premier mot; car, *toujours*
le tribun avait défini le plus clairement du monde
sa pensée, mais, *toujours* aussi, il l'avait ornée et
couverte de tels rugissements que, personne ne
voulant s'en tenir à d'aussi inanes formules, tout
le monde voulait penser que, à des éclats
si rudes, devait correspondre un dessein plus grave
dont on refusait de lui parler explicitement; de
sorte que, *toujours,* ce qui était la pure vérité
passa pour une précaution oratoire destinée à donner le change à l'Europe, et les fausses intonations,
les fausses mimiques, les jeux de scène patriotiques
passèrent *toujours,* non moins nécessairement, pour
le rayon voilé d'une conception formidable et sous-

18

entendue que tout brave Français devait saisir à
demi-mot. La vérité était prise pour une fable
diplomatique et, au contraire, la suggestion subtile, la prudente insinuation de la fable guerrière,
la réticence calculée et aussi menaçante que mysti-
ficatrice, obtint cet immense crédit qui est à peine
épuisé.

C'est à la faveur de cette équivoque entre Gambetta et la France que la République a pu s'établir et se développer sans encourir l'hostilité de
tous les éléments patriotes et clairvoyants. Le
mal une fois fait à la faveur du règne de la cause
du mal, ce qui devait être a été.

La vraie doctrine républicaine, que Grévy
n'osait professer hors du cercle de ses intimes et
que Gambetta prenait soin de rendre tout à fait
méconnaissable avant de la produire au dehors,
cettedoc trine demeurée longtemps mystérieuse
s'énonce aujourd'hui toute pure. Encore un coup,
tel est l'effet de la perversion du sentiment public
par les abominables discussions de l'Affaire. Telle
est la conséquence éloignée, mais directe, de l'incompréhensible et démoralisante rencontre de
Kiel, dans laquelle M. Hanotaux prétend ne plus
reconnaître aujourd'hui qu'une « politesse diplomatique [1] », mais qui ouvrit une ère. Tel est, en
un mot, le durable effet du régime, de son intérêt
et de son esprit.

1. Préface à *Politique extérieure*, de René Millet.

III

LES FONCTIONS PROPRES DE L'ÉTAT [1]

> Comme toujours, alors,
> sous le poids des choses,
> sous la pression des cir-
> constances on essaya d'im-
> proviser. Page 62.

Un ancien ami de M. Félix Faure vient de donner, dans le *Figaro* du 5 juillet 1901, sous la signature « Saint-Simonin », de curieuses révélations sur l'état d'esprit gouvernemental au moment de Fachoda.

Ces révélations, fort curieuses, étant aussi des plus complexes, la plupart des commentateurs, dans les journaux, en ont négligé l'essentiel.

1º Le confident de M. Faure a confirmé ce que nous avait appris le livre de M. Lockroy : *La Défense navale*. On était à deux doigts d'une guerre avec l'Angleterre, et, pour cette guerre, rien n'était prêt. Il a fallu improviser des ressources militaires, maritimes et financières. Des politiques estimables se sont contentés de gémir sur cette imprévoyance et la nécessité de l'improvisation à laquelle on se vit réduit.

1 D'après la Revue l'*Action française*, du 15 juillet 1901.

2º Le confident de M. Félix Faure, voulant décharger le monde officiel de la responsabilité de l'humiliation africaine, en a rejeté la faute sur Marchand. Ce qui n'a pas manqué de causer de justes réclamations dans la presse nationaliste. Le héros africain, s'il voulait lire nos confrères, les prierait de s'intéresser d'un peu moins près à ses affaires et de mieux s'appliquer à comprendre celles du pays.

3º Le confident de M. Faure a révélé enfin que, dans le péril national de 1898, une grande résolution fut prise par le président et par ses ministres. Ils résolurent de violer la Constitution et, passant de la résolution à l'acte, ils décidèrent d'affecter à la défense des côtes et à l'armement un certain nombre de millions dont le Parlement n'avait pas crédité le premier sou. Les présidents des deux Chambres, les présidents et les rapporteurs des deux Commissions du budget, consultés, donnèrent la main à ce petit coup d'État secret. A cette occasion, le chef d'une de ces Commissions parlementaires, M. Pelletan, fils d'un proscrit du Deux Décembre et grand défenseur de Dreyfus, se fit admirer pour son zèle patriotique. M. Pelletan admet que l'on viole les Lois constitutionnelles en vue d'une déclaration de guerre qui peut mener des milliers de citoyens à la mort; il n'admettra jamais que l'on ait pu commettre une faute de procédure en vue de châtier le traître qui exposa ce pays à subir les mêmes risques de guerre dans des conditions

d'infériorité odieuse La pensée de M Camille
Pelletan est formée à l'image du parti républicain
tout entier Elle en a l'incohérence et le décousu.

Sur l'illégalité ainsi révélée par l'indiscret du
Figaro, ont gabé et glosé nos distingués confrères
de la presse conservatrice :

— Vous nous accusiez de complot contre la
Constitution; ce n'est pas d'un complot, c'est d'un
attentat consommé que vous vous êtes rendus
coupables, vous autres. Etc., etc.

Le thème donné, les variations sont faciles.
Soyons sérieux. Examinons l'affaire, non par rapport aux textes constitutionnels, mais aux nécessités politiques.

La question n° *1* — improvisation et imprévoyance, — se rattache aux éléments les plus
connus et les plus vulgaires du procès général du
régime. Une république démocratique ne peut ni
se souvenir ni prévoir. Elle n'est constituée qu'en
vue du présent. Le fait est donc normal, passons.

La question n° *2*, pure question de personnes (soulevée entre des ministres et ce héros,
Marchand), cette question pourra soulever un
tumulte à la gauloise. C'est un point de fait à
régler dans le cabinet de l'historien.

La question n° *3* est de la plus haute importance, à condition de ne pas la réduire à des
effets de polémique. — On a violé la Constitution? Et après? La démocratie parlementaire est
un gouvernement à principes. Mais tous les gou-

vernements à principes, avant d'être « à principes », sont des gouvernements; pour être des
gouvernements, ils ont besoin d'exister. « *Vivre,
d'abord.* » Ils feront donc toujours céder et plier
les principes devant cette primordiale nécessité
de la vie. Pour vivre, pour faire vivre sa république, M Waldeck-Rousseau a dû violer tous ses
principes, tous les principes républicains, dans
la matinée du 13 août 1899, quand il a fait
arrêter et emprisonner 75 personnes seulement
suspectes de n'aimer ni Dreyfus ni les dreyfusiens. C'est parfaitement vrai. Mais, ce qu'il y a
d'intéressant dans le coup d'État commis l'année
précédente, à l'automne 1898, par M. Félix Faure
et par ses ministres, c'est *que l'opération avait
pour but non la vie de la République, mais la vie
de la France, non la défaite d'un parti à l'intérieur,
mais la défense nationale contre l'Extérieur.*

Examinons les conditions de ce dernier coup
d'État Il fallait de l'argent pour défendre les
côtes et armer les navires. Or, tandis que la Constitution prescrivait aux pouvoirs responsables d'en
référer au Parlement pour obtenir les sommes
nécessaires, les règles éternelles de la diplomatie
et de la guerre, jointes aux circonstances particulières du cas donné, prescrivaient de ne fournir
à l'antagoniste éventuel aucun avertissement,
aucun indice même, d'éviter jusqu'à l'apparence
d'une intention belliqueuse. Toute démarche
publique nous eût trahis. La rapidité, le secret,
telles étaient les nécessités de fait; la lenteur, la

publicité, telles étaient les obligations légales.
Les dernières créaient un péril public. Il a donc
fallu les sacrifier aux premières On a sacrifié la
Constitution de 1875 à la nécessité politique, la
loi écrite à la loi naturelle, le droit à la raison
d'État. On a eu mille fois raison.

Édouard Drumont a remarqué avec justesse
que, dans ces circonstances, Félix Faure agissait
exactement comme son très antique prédécesseur,
le roi Dagobert. Même il agissait comme tous les
chefs d'État présents et futurs.

Le précédent du roi Dagobert peut paraître
en effet d'une époque assez basse : car il est loi-
sible de remonter au-delà de César, d'Alexandre et
de Sennachérib. Si les trois fils de Noé se sont
fait la guerre, il est inévitable de supposer que
ces potentats évitèrent de faire leurs préparatifs
belliqueux avec trop de lenteur ou de publicité.

Un régime qui impose en ces graves matières
ces deux principes du parlementarisme, — la
publicité, la lenteur, — se peut donc définir avec
exactitude, *un État politique constitué de telle sorte
que la principale, l'essentielle de ses fonctions, —
la préparation à la guerre, — ne puisse être exercée
qu'en fraudant ou violant son principe constitutif.*

Je ne me contente pas de rappeler un fait. J'énonce
la nécessité qui commande à tous les faits, car elle
les gouverne tous, elle tient au régime. On ne la
changera qu'en le changeant lui-même. Ainsi que
l'ont montré les révélations du *Figaro*, le président Félix Faure s'était préoccupé de savoir com-

ment on gouvernerait *pendant* la guerre, quand la
moitié du Parlement serait aux armées; il se pro-
posait de faire voter une « rallonge » à la Constitution Une réforme est en effet possible de ce
côté, et cette « rallonge » est votable. Mais Faure
était trop avisé pour concevoir aucun projet de
réforme relatif à ce qui se ferait *avant* la guerre :
préparation et déclaration. Ici, l'essence même du
régime, l'essence même de la guerre, sont trouvées
en contradiction

Mais plus la guerre devient « moderne », plus
cette contradiction s'accentue. Un membre (libéral) du Corps législatif déclarait, vers 1869, qu'il
y aurait toujours un écart de trois mois entre
la déclaration d'une guerre et l'entrée en campagne. On sait que cet écart, en 1870, fut réduit
à quelques jours. Tout esprit informé prévoit
que la prochaine guerre comportera une offensive
foudroyante, et dont les résultats seront fatale-
ment décisifs. Le brave Félix Faure y pensait
aussi et, comme l'a fort bien dit encore Édouard
Drumont, il y pensait beaucoup moins en
homme de loi et en juriste qu'en homme d'action
et en homme d'affaires. Une confidence de M. Hugues Le Roux, parue, je crois, dans le *Journal*,
peu de temps après la mort de Félix Faure, nous
a appris que le défunt président s'était promis,
au cas d'une guerre [1], de violer la Constitution

1 Une étude comme celle-ci devrait être illustrée A défaut
de vignettes, voici quelques lignes de M. Francis de Pres-

plus effrontément encore qu'il ne l'avait fait en
1898; M. Félix Faure voulait *mobiliser sans consulter les Chambres*. Et tout homme d'État, soucieux d'éviter des défaites certaines, en devra
faire au moins autant.

Ainsi, en cas de guerre, le vote préalable des
crédits par le Parlement est un mensonge et une
illusion En cas de guerre, le vote de la mobilisation par les représentants de la nation souveraine est un autre mensonge et une autre illusion.
Je sais que toute politique connaît des mensonges
utiles et des illusions nécessaires Pour avoir tout
à fait raison, il me resterait à montrer que, dans
le cas donné, — en République, — ce mensonge
et cette illusion sont plus qu'inutiles, funestes.

Mais cette preuve est trop facile; qui ne l'aper-

---

sensé sur les différents coups d'État réussis ou rêvés par
Félix Faure :

  « *On se frotte les yeux avec stupéfaction quand on lit le*
« *passage ou, avec un sang-froid qui serait cynique s'il*
« *n'était imbécile, ce zéro, qui ne multiplie que grâce à la*
« *position où il a été mis, réclame la dictature en cas de*
« *guerre. Il n'a pas l'air de se douter que la Révolution s'est*
« *faite, que le libéralisme existe pour prévenir la confisca-*
« *tion des franchises publiques sous prétexte du salut de la*
« *nation* »

  Oh ! « le libéralisme existe » — Si le libéralisme de
M Francis de Hault de Pressensé n'existait point, il faudrait l'inventer pour nos menus plaisirs. Nous avons d'ailleurs entendu dire que la Révolution elle-même avait
proclamé la patrie en danger, qu'elle avait suspendu les
garanties de libéralisme « jusqu'à la paix » et que le « prétexte du salut de la nation » s'y était incarné dans un
certain *Comité de Salut public*

çoit clairement⁹ Un coup d'État comme celui de
Faure, en 1898, exige un esprit d'initiative que
ce président possédait fort heureusement, mais
qui pouvait manquer à son successeur. Supposons, toutefois, qu'un Grévy ou qu'un Sadi Carnot,
eussent fait ce que fit M. Faure : un coup d'État
implique, outre quelque perte de temps, une dépense d'énergie et de volonté qui, dans une situation moins fausse, serait appliquée plus utilement
à lutter contre l'État adverse. Et, de plus, un
coup d'État suppose un élément de désordre et
de trouble qui est commun à tous les actes préci-
pités. Enfin.. , mais il est clair que, — comme le
normal l'emporterait sur l'anormal, le régulier
sur l'irrégulier, — ainsi un État étranger, organisé d'avance en prévision de cette éventualité,
l'emporterait sur notre État condamné à s'improviser l'organisation nécessaire.

Un pays qui tient compte de la nécessité de
fait, qui la connaît, qui la prévoit, qui la mesure,
qui lui oppose ou lui propose, de longue main, des
mécanismes appropriés, sera plus vite prêt qu'un
pays démuni, pris de court, forcé aux expé-
dients pour parer à la même nécessité. Toutes
choses étant supposées égales d'ailleurs, la victoire de l'organisé sur l'inorganisé est fatale. *Or,
notre Constitution pose en principe cette absence
d'organisation préalable.* Elle n'est républicaine,
démocratique et parlementaire que parce que,
suivant la remarque profonde de M. Anatole
France, « *elle n'est qu'absence de prince* » : elle

comporte, avant et par-dessus tout, la suppression
de l'autorité centrale, supportant les responsabilités de la direction

Ce moteur central, ce vivant mécanisme, existe
en perfection dans une monarchie héréditaire,
traditionnelle et antiparlementaire. Absolument
comme dans la dictature plébiscitaire, un homme
y concentre et résume tout l'État; les initiatives
vigoureuses y peuvent être prises avec le maximum de la rapidité; mais, infiniment mieux que
dans la dictature plébiscitaire, où ce tempérament n'existe à aucun degré [1], l'homme est,
par sa position, tellement identifié aux grands
intérêts nationaux qu'il élève à leur maximum
les garanties de la prudence, de la sagesse et du
calcul. Le roi dans ses conseils, conseils qu'il
peut réduire ou étendre à son bon plaisir, ce roi
qui règne et qui gouverne ne dépend de personne
ni de rien, que de l'intérêt national, pour la
préparation et la déclaration de la guerre. Mais
il en dépend de manière si directe qu'il ne peut
pas oublier cette dépendance. S'il peut, comme
tout homme, enfreindre cette règle, elle reste

---

1 En effet, le César, le Président, plébiscité avec les
apparences du pouvoir sans limites, n'est pas une volonté
autonome ni une raison libre Il est le serf de 10 millions
d'électeurs, pour mieux dire, le serf du régime électif,
c'est-à-dire de l'opinion, c'est-à-dire de ceux qui la font,
c'est-à-dire de ceux qui payent ces derniers, c'est-à-dire
enfin de l'argent. Le nom de Napoléon III, victime des
idées et des intérêts révolutionnaires, illustre assez mélan-
coliquement cette vérité générale

présente à son esprit, de manière à s'imposer à lui au premier avertissement du destin Et c'est tout ce qu'on peut rêver de précautions humaines! Il n'y a rien au-delà de la garantie de l'hérédité. En essayant d'y ajouter, on ne peut qu'affaiblir le pouvoir compétent et, par conséquent, sa tâche et son œuvre, le salut public, l'intérêt capital de tout et de tous. Cette tâche essentiellement politique, l'œuvre dont il peut seul apprécier tous les motifs et composer tous les organes, doit s'attribuer franchement, comme le veut le sens commun, au seul pouvoir qui ait les moyens de la réussir.

Division du travail, selon la loi des compétences, voilà la seule solution réaliste.

On me dira

— Mais la guerre est faite par tout le monde Il est juste que tout le monde soit consulté avant de la faire.

— Cela serait *peut-être* juste, mais cela ne serait point possible, à moins de tuer le pays. Or, il faut précisément éviter au pays d être tué. C'est le but même de la guerre. Tout ce qu'on peut faire, en un tel sujet, pour la justice, c'est d'écrire une loi qui y soit conforme; mais, en écrivant cette loi, on saura bien qu'à la première occasion cette loi sera violée pour notre salut, et l'on écrira par conséquent un mensonge, ce qui fera une première injustice, pour aboutir à en commettre une seconde, qui sera de violer cette loi inexécutable, mais respectable en tant que loi.

Que si l'on ne la violait pas, on perdrait la patrie, ce qui ne serait peut-être point un monument de justice, et, de plus, comme en suivant les règles de cette loi, on consulterait une multitude d'in- compétents sur un sujet dont ils ne peuvent savoir le moindre mot, de ce dernier chef, la justice rece- vrait un troisième accroc.

La politique réaliste songe moins à la règle de cette justice céleste qu'à la nécessité terrestre du salut public. C'est tout dire, et c'est ajouter que nous ne sommes pas disposés davantage à sacrifier ce salut (qui importe seul) à de vénérables mais bien contestables et, en tout cas, bien inu- tiles spéculations sur les règles de l'ancienne royauté « chez les Francs ».

Des traditionalistes zélés nous font observer, en effet, que nos anciens rois (ils devraient dire les plus anciens : mais les dynasties de la France sont-elles *nationales* avant Hugues Capet?) con- sultaient ou leur peuple ou leurs lieutenants sur l'opportunité des expéditions militaires. Il est pos- sible, bien que le contraire soit plus que possible, certain... Les philosophes de l'histoire particu- lière, comme ceux de l'histoire générale, conver- tissent en règles des cas privés. Quoi qu'il en soit de ce passé, il a changé. Il y a des transforma- tions du pouvoir royal que l'on peut regretter : celle qui fit du roi l'arbitre de paix et de guerre était nécessitée par la nature même des choses. La rapidité des communications fera, de plus en plus, de toute guerre une affaire d'État; de plus

en plus, le roi sera l'agent naturel des guerres
modernes : en lui seul est le point où s'entre-
croisent tous les services supérieurs de l'État.

En tout cas, un pays soucieux de sa sécurité
devra éliminer de l'œuvre de préparation et de
déclaration de la guerre tout élément démocratique, tout élément parlementaire, tout élément
républicain. Ce n'est pas un sujet où la foule,
les collectivités, avec leur délibération lente, ver-
beuse, indiscrète, soient de saison. Type de l'État
faible incomplet, arrêté dans son développement
ou amputé de ses fonctions supérieures et direc-
trices, le régime parlementaire-républicain-démo-
cratique fut de tous temps inférieur dans la guerre,
mais la guerre moderne achève de le condamner.

On peut prévoir deux cas : ou l'on respectera
la Constitution, et l'ennemi prendra une avance
irréparable, et les premiers désastres seront multi-
pliés par l'opinion qu'ils auront démoralisée; ou
la Constitution sera sagement et patriotiquement
violée par des actes pareils à ceux que le président Faure médita ou consomma, et, dans ce cas,
l'on reniera le principe républicain-démocratique-
parlementaire, on abolira, en pratique, l'institution. Seulement on le fera en des circonstances
défavorables, à la précipitée, sans réflexion, peut-
être sans fruit : pourquoi ne point le faire à
l'avance, c'est-à-dire à tête reposée, méthodi-
quement, avec toute la réflexion et l'art nécessaires à ce grand travail? Nous serions à peu
près assurés de le faire bien, comme nous sommes

à peu près sûrs de le manquer si nous le différons jusqu'au jour de l'irrésistible nécessité.

Il faut donc adjurer les citoyens français de se régler sur l'acte du président Faure, le jour où celui-ci a « renversé » la République : pour éviter d'autres renversements partiels, inefficaces et périlleux, renversons-la utilement et complètement, avant qu'il soit trop tard. Il y va de la sécurité nationale. *Rendons à notre État ce qui appartient à l'État,* ou plutôt ajoutons à son édifice un étage supérieur, un organe souverain, — un roi — faute de quoi les libertés, les biens, l'existence même de chacun de nous, resteront sans défense et sans garantie.

*Comme on pourrait craindre que la nécessité de faire confiance à l'État politique ne nous ait induits à concevoir un État tyran, il n'est peut-être pas inutile de noter que cet examen des fonctions propres de l'État était suivi, dans la revue d'*Action française*, d'une étude non moins étendue sur les fonctions qu'il importe d'arracher à l'État. En conseillant de lui rendre le nécessaire, nous montrions qu'il fallait lui retrancher le superflu L'ensemble du travail était intitulé : « Pour l'État et contre l'État. »*

La deuxième partie, qu'il serait hors de propos de reproduire dans ce livre, établissait, d'après la discussion parlementaire du 16 juin 1901, à propos de la loi sur les Caisses de retraites ouvrières, en faisant l'analyse d'un très ferme discours prononcé alors par M. de Gailhard-Bancel, comment il faut distinguer, en matière d'organisation économique, professionnelle ou locale, le rôle « présidentiel » de l'État d'avec le rôle « providentiel » de la société (LA TOUR DU PIN). *Il existe un parlementarisme sain, utile, nécessaire, c'est celui des assemblées représentatives des corps et des communautés. Ces assemblées, dans l'ordre de leur compétence, paraissent avoir un rôle consultatif de la plus haute importance. Elles peuvent aussi administrer les intérêts professionnels et locaux, et c'est non seulement leur avantage propre, mais, d'un point de vue plus général, c'est l'avantage de l'État, car elles le délivrent d'une lourde charge. En tant qu'il gouverne, l'État doit laisser les compagnies et les corps s'administrer sous son contrôle par leurs délégations et représentations. En tant qu'il légifère, il doit consulter à tout propos et aussi souvent que possible ces délégations compétentes. Tout manquement fait par l'État à cette double règle est une faute qu'il commet,* et contre lui-même. *Il se lie, il s'encombre, il se diminue en croyant s'agrandir, et les citoyens dont il pense faire le bonheur en sont liés, chargés et diminués avec lui.. L'article se terminait ainsi :*

En fait donc, nous voilà plus libéraux que les libéraux de doctrine. Nous voilà, également en fait, plus autoritaires que les autoritaires de profession. Et cela, sans nous contredire, en exposant notre pensée successivement sous son double aspect.

De nos deux séries de remarques au sujet de

l'État, *contre l'État* et *pour l'État*, se dégagent deux conclusions assez directes :

I. Il faut tendre à éliminer tout élément démocratique, parlementaire et républicain de l'*État politique* d'un grand pays Cet État politique doit être indépendant. Cet État politique doit être « absolu », mot qui signifie indépendant en latin, et qui doit être répété, dans son grand sens, par tous les esprits sains qui, n'étant pas malades, n'ont pas la peur des mots, qui est une maladie. Il y a des questions qui ne peuvent être réglées sans une indépendance souveraine : là, le chef de l'État politique doit être un souverain indépendant, donc *absolu*.

II. Il faut tendre à éliminer de la vie populaire l'élément État. Il faut constituer, organiser la France, ou plutôt la laisser se constituer et s'organiser en une multitude de petits groupements, naturels, autonomes : véritables *républiques* locales, professionnelles, morales ou religieuses, d'ailleurs compénétrées les unes par les autres, mais se gouvernant par libres conseils spontanés. Le parlementarisme, expulsé de l'État central, peut se réfugier dans ces États inférieurs, à condition que l'État central soit demeuré le maître de la diplomatie, des armées de terre et de mer, de la haute police, de la haute justice, et qu'il veille à toutes les fonctions d'intérêt général.

Qui ne voit que ces deux questions, très connexes, s'appellent, mais se subordonnent? Il existe en France une vigoureuse tendance à former de

ces petites républiques, vraiment autonomes et
fortes . jamais un État électif, jamais un État
faible, jamais l'État parlementaire démocratique
et républicain ne laissera se composer des centres
de forces si redoutables pour lui; s'il a la distraction de les laisser paraître, ou bien leur répres-
sion vigoureuse s'imposera (souvenons-nous de la
Gironde) ou bien ils lui échapperont complètement, ce sera la pure anarchie [1]. Il faut un État
politique très puissant, tant pour constituer que
pour maintenir et protéger les républiques, mais
si cet État très puissant se constitue, — *en bon
français si la Monarchie se fait,* — l'intérêt du
Prince soucieux de réserver l'indépendance et l'in-
tégrité nécessaires de son pouvoir politique, sera
de seconder de toutes ses forces la renaissance de
nos républiques d'autrefois. En laissant prendre
à celles-ci les pouvoirs et les libertés de leur compétence, il garantira les pouvoirs et les autorités
qui n'appartiennent qu'à lui, qui doivent être
absolues en lui.

Je ne saurais terminer cette notice sans affirmer que tel est l'équitable et raisonnable partage
d'attributions que j'attends pour ma part du règne
de *Philippe VIII, roi de France,* et *protecteur des
républiques françaises.*

De tous les actes de ce prince, de son natio-

---

1 L'histoire des ministères Clémenceau (1906-1909) et
Briand (1909-191..) ne vérifie pas mal ces deux pronostics
du 15 juillet 1901.

nalisme, de son antisémitisme, de sa politique populaire et militaire tout à la fois, de son goût pour l'autorité, de ses déclarations décentralisatrices [1], nous avons le droit de conclure que Philippe VIII rétablira *l'État* français : par là même, il le bornera, il le limitera, il le DÉFINIRA en rendant *aux États* ce qui leur appartient.

---

1 N'eût-il même rien fait ni rien dit en ces sens divers, l'on serait encore fondé à attendre les mêmes biens du chef de la Maison de France, une fois remonté sur le trône de ses aïeux · car, par position, par fonction, *il y serait le sens même du bien public* Les esprits réfléchis admireront pourtant que le duc d'Orléans, éloigné du trône, absent du pays, ait fourni un programme aussi bien adapté aux nécessités générales.

IV

Suite du précédent.

« MAIS IL FAUT LA VIOLER »

. On essaya d'impro-
viser. Page 62.

Les notes suivantes. publiées au *Figaro* du 8 novembre 1901, au moment où le Gouvernement
français envoyait en Orient une escadre pour
assurer le recouvrement des créances Tubini et
Lorando, illustrent et précisent l'une des idées
exprimées à l'appendice qui précède.

La presse de gauche et de droite nous assure
depuis quelques jours que M. Émile Loubet et ses
ministres sont en train de violer la Constitution.
Hardi, ferme, poussez! dirai-je à ces messieurs.
Ils font une œuvre pie. Toutes les fois qu'il leur
arrivera de violer la Constitution, je les prie d'être
assurés de mes compliments Et s'ils ont besoin
de mon aide...
En fait, l'ont-ils violée? Cela ne peut faire de
doute, depuis l'appareillage de l'amiral Caillard
En embarquant cet officier général, avec des hommes, des canons et des munitions, le ministère nous
embarquait par là même dans une de ces aventures dont personne ne saurait deviner l'issue. Le
Grand Turc peut bien se soumettre, c'est un cas

à prévoir, mais un autre cas doit être prévu aussi :
le Grand Turc peut nous résister, et alors c'est la
guerre, une guerre engagée par la seule initiative
gouvernementale et sans l'aveu du Parlement.

M. de Pressensé, qui choisit ses adverbes, écrit
qu'un tel état de choses « viole effrontément la loi
constitutionnelle ». Effrontément, ou non, on la
viole, voilà le fait. On la viole, et on a l'habitude
de la violer C'est une habitude assez vieille Elle
a vingt-cinq ans : l'âge de la Constitution.

Depuis vingt-cinq ans, la loi constitutionnelle
dispose que « la législature seule peut exercer le
droit de guerre ou de paix. » Et cela est conforme
à cette justice théologique, qui est, à vrai dire,
l'âme d'une bonne république démocratique

La Justice dit, en effet, que, si la guerre est
faite par tout le monde, elle doit être aussi déclarée par tout le monde, ou du moins par les mandataires de tout le monde Et la Justice veut que
les soldats, avant d'être exposés au feu, soient aussi
consultés au scrutin secret par leurs chefs. Et, peu
importe, au point de vue de la Justice, qu'ils courent ainsi mille risques nouveaux de défaite et de
mort Fiat Justitia, disent les justiciers, ruat cœ-
lum ! Que la Justice soit, et que la France en crève !

Une république démocratique est le régime dans
lequel la volonté de chaque citoyen jouit des pré-
rogatives du souverain. Mais de toutes les préro-
gatives souveraines, le droit de paix ou de guerre
est bien l'essentielle. C'est proprement un cas royal
que le casus belli Si nous sommes des rois, ce droit
nous appartient Tout au plus, si nos délégués
immédiats, et les plus fraîchement élus, peuvent
l'exercer en notre lieu et place. Foin du président
de la République, foin des ministres et du Sénat l
Républicainement, le seul pouvoir ici compétent,
c'est la Chambre basse, et s'il était au monde une

Chambre plus basse (j'entends plus près de l'électeur), c'est elle qu'il faudrait saisir.

Qui se méfie des députés se méfie de la République. Qui se substitue à leur assemblée substitue
à la royauté populaire sa royauté : il renverse la
République.

Tel est le droit républicain promulgué depuis
vingt-cinq ans. Mais, depuis vingt-cinq ans aussi,
les faits n'ont pas cessé de détruire la République,
en obligeant les différents chefs de l'État à violer
la Constitution.

En effet, toujours ou presque toujours, l'Exé-
cutif a procédé de sa propre initiative à des expéditions qui, dit M. de Pressensé, ne se distinguaient
que « nominalement » des entreprises militaires et
qui, en tout cas, « pouvaient aboutir d'une minute
à l'autre à la guerre ». L'expédition de Chine, celle
de Tunisie, celle du Dahomey, celle de l'Indo-
Chine, en sont de bons exemples L'histoire de
Fachoda, que racontait naguère ici Saint-Simonin,
en est un autre encore, tout aussi bon. Quand
Saint-Simonin la conta, elle fit pousser les hauts
cris à tous les amis de la Constitution

J'étais autrefois bien curieux de savoir quelles
étaient les dispositions de M. Loubet sur ce point.
L'initiative qu'il vient de prendre me rassure à
quelque degré. Si je la tiens pour dangereuse (et
je dirai tantôt pourquoi), elle est beaucoup moins
dangereuse que ne le serait, par exemple, l'état
d'esprit juridico - métaphysico - blagologique d'un
Président qui refuserait de tirer son pays d'affaire,
dans la crainte de violer la Constitution

Pourquoi les actions diplomatiques et militaires de la troisième République ont-elles été toujours, ou presque toujours, en désaccord si violent

avec le droit républicain, c'est, je pense, ce qui
pourra s'expliquer d'un seul mot.

La Nécessité le voulait.

Ou plutôt deux nécessités : l'une aussi vieille
que le monde, l'autre toute moderne.

Une nécessité aussi ancienne que le monde.
De tout temps, les opérations militaires et diplomatiques étaient soumises à trois ordres de conditions : la rapidité, la continuité, le secret De tout
temps, les assemblées nombreuses ne pouvaient
être ni très promptes, ni très sûres, ni très discrètes.
C'est pourquoi, de tout temps, ce sont les rois,
les chefs qui conduisent la diplomatie et la guerre.
De tout temps, les démocraties, quand elles sont
parlementaires, ne s'entendent pas plus à la guerre
qu'à la diplomatie. Les républiques vigoureuses,
comme celles de Rome ou de Venise, sont conduites
par des patriciats puissants. Toutes choses étant
égales d'ailleurs, on peut dire que le succès final
en matière de diplomatie ou de guerre dépend de
l'unité dans la direction et le commandement.

Ceci est très ancien Passons au moderne. Les
conditions de la diplomatie et de la guerre modernes
exigent plus sévèrement que jamais la promptitude et le mystère. Il arriva aux chefs germains
d'assembler leurs guerriers et de recueillir leurs
opinions avant d'entreprendre une guerre Nos anciens rois consultaient parfois leurs États. Serait-ce
possible aujourd'hui? De l'avis des spécialistes, la
victoire appartient au peuple qui sera le plus vite
et le plus nombreux sous les armes On s'attendait,
en 1870, à un laps de trois mois entre la déclaration
de guerre et l'appel des réservistes . ce fut une
question de jours Et ce serait une affaire d'heures
aujourd'hui. Le parlementarisme, sorti, dit Montesquieu, des forêts de la Germanie, est une machine barbare . bien lente et bien pesante pour
répondre aux conditions de l'ordre nouveau ! Ce

chariot mérovingien doit céder à l'automobile [1].

C'est ainsi que la reine du monde, la Nécessité, accumule contre la République les faits qui la renversent. C'est ainsi qu'elle impose aux magistrats républicains, au nom des devoirs de leur charge, les procédés naturels à la monarchie. Toutes les fois qu'un fait politique important, un problème international se présente, ils sont conduits à violer la Constitution

Ils le font. Ils font bien. Leur seul tort est de ne la violer qu'en détail. Le salut du pays voudrait qu'ils eussent assez de cœur et d'esprit pour oser la violer en gros.

Ils s'improvisent rois. Un roi qui ne serait pas improvisé, mais reconnu, mais installé dans la fonction souveraine, pourrait faire à loisir et avec réflexion ce qu'ils sont obligés de bâcler en se dérobant

Ils s'improvisent rois, c'est-à-dire ils usurpent l'autorité royale : mais la responsabilité royale, ils l'esquivent complètement D'abord parce que la leur est divisée entre plusieurs personnes. Ensuite parce qu'elle porte sur un espace de temps extrêmement court. Un roi est responsable devant son peuple, devant sa dynastie et devant l'histoire : j'ai trop bonne opinion du bon sens de M. Loubet pour lui prêter seulement l'idée la plus vague de cette triple responsabilité

Enfin, nos magistrats républicains, en s'improvisant rois, usurpent l'arbitraire royal, et, tout le long de cet article, j'ai supposé, pour leur faire la partie belle, qu'ils l'usurpaient seulement en vue du salut public Mais, par hasard, s'ils l'usurpaient en faveur des intérêts de leur parti? S'ils l'usurpaient

1 Comparaison souvent reprise, dont on me permettra de rappeler, en ce qui concerne l'usage que j'en ai fait, la date et le lieu de naissance.

au profit d'intérêts privés [1]? Si ces intérêts privés
étaient tournés contre l'intérêt général? Nous
n'avons, à ce triple égard, aucune GARANTIE. La
royauté héréditaire identifie le Roi régnant avec
l'intérêt national : un roi peut se tromper, mais
il a plus d'intérêt que personne à ne point se
tromper, et, l'erreur commise, à s'en apercevoir, à
la réparer au plus tôt. Même malhonnête homme,
comme le fut Louis XI, il sert l'intérêt de son
peuple lorsqu'il sert son propre intérêt. Qui ne
voit, au contraire, que ces deux intérêts se dédou-
blent trop facilement dans le cœur d'un président
élu et de ses ministres, quelle que soit, au reste,
la valeur intellectuelle ou morale de chacun ?

Oui. Nous avons une royauté, mais qui n'a
pas l'expérience du « métier de roi ». Nous avons
la royauté sans la compétence royale. Nous avons la
royauté sans unité, sans responsabilité personnelle,
domestique ni dynastique. Et nous avons la royauté
sans ce patriotisme qui est naturel aux rois, comme
l'expression de leurs intérêts les plus chers Nous
avons une royauté sans aucune de ses garanties
essentielles

C'est la royauté, cependant. Établie par la
nécessité et par la nature des choses, c'est la
royauté, malgré tout. Mais, puisque la nature nous
en fait le présent, soyons hommes, faisons ce que
les hommes de tous les âges ont fait avec les produits naturels : perfectionnons ce mécanisme brut.
Tirons de cette royauté anonyme, irresponsable,
fugitive, précaire, une royauté qui réponde aux
quatre ou cinq grandes conditions du salut public.

Renversons la République une fois pour toutes,
et venons au roi national.

---

1 Il semble bien que tel ait été le cas en novembre 1901.
les créances Tubini et Lorando étaient-elles seulement des
créances françaises?

V

DIRIGEABLES ET AÉROPLANES

Les incontestables pro-
grès obtenus sous la République dans l'armée de terre
ne doivent pas faire illusion
Page 66

Tant que l'idée de la Revanche a été la reine
de France, l'armée de terre s'est ressentie des
heureux effets de cette régence. Comme l'a
dit éloquemment M Latapie dans sa brochure
« *Sommes-nous prêts?* », l'ancien État-Major, « tant
décrié », « nous a tenus constamment au premier
rang » Les premiers, nous avons eu le fusil de
petit calibre ; les premiers, nous avons eu le canon
à tir rapide, les premiers, aussi, nous avons
connu « les réformes de la tactique nouvelle... ».
Mais, depuis que le stimulant de la grande guerre
prochaine a disparu sous l'action de la politique
et des politiciens, la technique du matériel de
l'armée de terre menace d'incliner aux mêmes
nonchalances et à la même incurie que la
technique navale.

Non que cette dernière soit indigne du nom et du
génie français. L'écrit que je cite plus haut rap-

pelle que nous avons été également les premiers à
posséder des torpilles et des sous-marins. Seulement, l'initiative brillante n'a pas été suivie
d'application ni d'exécution dignes d'elles. La
France invente, l'État français n'utilise pas,
n'emploie pas l'invention de la France. L'administration de notre armée de mer cède au goût
du sommeil, à ce désir de l'examen indéfini,
qui est le fléau de toute bureaucratie livrée
à elle-même.

La bureaucratie du ministère de la Guerre
commence-t-elle à être touchée du même mal?
Un véhément et juste article, paru au *Temps* du
21 janvier 1910, permet de le penser. Il est inutile
de dire combien l'appréciation d'un grand journal
républicain qui est tantôt l'officieux du jour, tantôt l'organe des officieux du lendemain, mérite
d'être pris en considération. Un réquisitoire
aussi fort, lorsqu'il vient du *Temps,* équivaut à
la confession du régime Tout est digne d'être
remarqué dans ce chapelet d'aveux, auquel il
ne manque, pour être parfait, qu'une conclusion
royaliste.

« L'opinion publique s'est émue lorsqu'une lettre
vigoureuse de M Capazza, appuyée par le témoignage autorisé de M d'Estournelles de Constant [1],
a comparé la continuité des efforts de l'Allemagne
et notre nonchalance en ce qui touche l'aérostation
militaire. Une fois de plus il était démontré que

[1] Saluons l'incohérence bien républicaine de ce pacifiste
hanté d'aérostation militaire...

nos savants, nos ingénieurs, nos mécaniciens savent
vaincre les résistances de la nature et reculer les
limites de notre domaine, mais que nous ne savons
pas — nous citoyens, nous Français, nous *nation*
[*j'ajouterais, pour dire mieux encore : nous État*]
— profiter de la victoire pour prendre, tout au
moins, une avance considérable sur nos rivaux.
Créateurs de l'automobilisme, pionniers de la navigation aérienne, nous avons laissé l'Allemagne se
servir de nos découvertes ou de nos améliorations
pour accroître sa puissance militaire. Et certes,
nous ne voulons pas nier la science et l'industrie
allemandes, que nous avons en très haute estime.
Nos voisins ont dû certainement faire quelques
trouvailles, adapter plus spécialement certains mécanismes à leur destination guerrière. Il ne s'agit
pas ici d'une contestation d'amour-propre national Bien au contraire . nous proclamons *un vice
de gouvernement* ou un défaut de sens pratique
lorsque nous constatons ce qu'a fait l'Allemagne
— tout entière — pour donner au pays une flotte
aérienne.

« Ici, nous disions que l'opinion publique s'est
émue. On avait peine à concevoir l'inertie du ministère de la Guerre français, son manque d'initiative et son scepticisme délétère. Il n'aurait pas
fallu un grand effort pour que la déception du
public se changeât en une colère trop justifiée; mais
le général Brun trouva le biais — non point pour
rattraper le temps perdu — mais pour détourner
l'attention française des dirigeables militaires allemands et pour nous lancer sur une fausse piste.
Il déclara que ce n'était point la peine de nous
épuiser en efforts sur les dirigeables, puisque l'aéroplane — qui est par excellence une œuvre de
chez nous — semble approcher du moment où il
pourra être pratiquement utilisé. L'aéroplane devenu pratique sera bien supérieur au dirigeable.

Attendons un seul instant, et, par un raccourci, nous aurons repris la tête du progrès.

« Attendons. Attendons. Demain . Demain... Mots qui encombrent l'esprit français, l'encrassent et le rouillent ! L'habile diversion du ministre de la Guerre endormit encore une fois l'opinion Mais voici qu'avant-hier le *Temps* a publié une dépêche de son correspondant de Berlin : « Le gouverne-« ment allemand vient d'adopter un type d'aéro-« plane. » Il suffit de cette ligne pour dégonfler tou-tes les promesses du général Brun. Vous avez bien compris. L'Allemagne a toute une flotte de diri-geables, et nous n'en avons pas ou pour ainsi dire pas. Nous aimions à nous consoler en disant que nos aéroplanes, bientôt, fourniraient à notre armée une aide bien supérieure, selon nous, à celle que les dirigeables pourraient apporter à l'armée alle-mande. Et voici l'Allemagne qui coupe court à cette vaine controverse entre dirigeables et aéro-planes : *elle avait les uns, elle aura les autres, elle aura de tout en quantité et vite, — avant nous, tou-jours avant nous !...* Nous sommes curieux de savoir quelle thèse nouvelle (naturellement très ingénieuse et toujours inféconde) le ministère de la Guerre va trouver pour nous démontrer une fois de plus que tout va pour le mieux, conformément à la tradition léguée par le maréchal Lebœuf. »

Notons que, si le général Brun est le ministre d'une République démocratique, le maréchal Le-bœuf était le ministre d'une démocratie couronnée, d'un gouvernement plébiscitaire, obligé aussi à capituler devant l'opinion, non devant l'opinion de l'élite, mais devant ses éléments les plus inertes et les moins clairvoyants.

« Nous avions aussi des sujets de controverses brillantes dans la marine. Fallait-il construire des cuirassés? Des croiseurs? De petites unités? Chaque système avait des défenseurs éloquents, brillants, puissants par leurs grades ou par leur compétence technique. En fin de compte, nous avons passé ces dernières années sans construire ni un cuirassé, ni un croiseur, ni rien   Toujours rien. Pardon ! *Tantôt le Sénat et tantôt la Chambre nomment des Commissions* .

« Il est évident que cette méthode — laquelle aboutit au désarmement sans bruit... et à la mort sans phrases — met en jeu plus particulièrement la responsabilité des *ministres techniques*. Sauf de rares exceptions, sauf un très petit nombre de personnalités, les profanes ont mauvaise grâce à rappeler aux *spécialistes* le souci de la défense nationale. On déconcerte d'abord l'intrus ou l'indiscret par quelques affirmations plus audacieuses que vraies, et l'on complète la thèse des *bureaux* avec des considérations techniques qui achèvent la déroute des curiosités gênantes. Procédé connu, mais qui réussit encore. »

Le procédé réussira toujours, forcément, parce que la partie n'est pas égale. Les techniciens, les bureaucrates, sont maîtres du terrain pour deux bonnes raisons : ils y restent, et ils le connaissent; l'élément parlementaire (ou ministériel), auquel la démocratie donne la charge de les contrôler, ne connaît pas ce terrain, et il n'y reste même pas le temps de faire un apprentissage sérieux. Le contrôleur compétent, c'est le contrôleur permanent, le contrôleur unique, le contrôleur héréditaire. C'est le Roi. Quand les assemblées politiques veulent

faire du contrôle à tout prix, elles délèguent un
André ou un Pelletan, lequel contrôleur casse tout
et ne refait rien. Le *Temps*, qui sait bien tout
cela, se retourne avec désespoir du côté de la
fumisterie intitulée Conseil supérieur de la défense
nationale, dernier saint auquel il se fie et qui ne
paraît guère plus puissant que les autres [1] :

« Cependant, il n'y a pas que les responsabilités
des ministres spéciaux. Il y a la responsabilité
éminente des Conseils supérieurs de défense que
préside M. le Président de la République. Il y a
aussi la responsabilité gouvernementale Les ministres sont solidaires, d'après la Constitution. Et
quand même la Constitution serait muette sur ce
point, cette solidarité s'imposerait de toute évidence lorsqu'il s'agit de la sécurité nationale. D'ailleurs, la défense nationale ne peut être conçue
qu'en fonction d'une certaine politique extérieure,
puisque tout finit par des projets de loi et des
demandes de crédits. Il n'est donc pas permis à
un gouvernement, à une réunion de ministres *solidairement responsables,* de se désintéresser de ce qui
se passe dans les ministères de défense nationale,
et de les abandonner aux seules inspirations des
titulaires de ces départements, si éminents qu'ils
soient. Des échanges de vues constants sont nécessaires pour que l'impulsion ne se ralentisse pas; et
quand l'opinion publique est obligée de constater
que, depuis quelque temps, l'inertie règne dans
certaines administrations très importantes, c'est
au gouvernement tout entier qu'elle en fait grief. »

1 Voir le chapitre XXIII de ce livre, pages 191 et suivantes.

Si le *Temps* voulait réfléchir sur ce sujet à propos duquel il préfère dormir ou bavarde, comme un simple parlementaire devenu ministre de la Guerre ou de la Marine, le *Temps* se rendrait compte de l'inanité politique des entités qu'il appelle « le Gouvernement tout entier », ou « réunion de ministres solidairement responsables ». Ces solidarités collectives ont un sens en jurisprudence, parce qu'il existe des tribunaux réguliers devant lesquels sont évoquées les collectivités responsables. Devant quel tribunal évoquera-t-on la responsabilité des douze personnages que le hasard ou l'intrigue parlementaire a juchés au pouvoir, et comment, au surplus, seraient-ils rendus comptables des dégâts et désastres amenés par les trente ans de dégénérescence antérieure ?

La question du rapport de solidarité qui devrait unir nos techniciens militaires est très bien posée par le *Temps*, qui n'oublie que de montrer comment, en république, elle est insoluble.

VI

LE ROYAUME D'ITALIE ET L'ESPRIT REVOLUTIONNAIRE

> Ainsi la République, si elle
> s'aliénait les catholiques,
> fortifiait une dynastie étran-
> gère... Page 136.

I

L'enseignement de politique royaliste enfermé dans les colonnes du *Temps* est, à la lettre, iné-puisable. On lisait dans le *Petit Temps* du 30 juin 1905, sous un titre déjà suggestif, « Mazzini et l'unité italienne *par* la royauté nationale », les deux documents, plus suggestifs, que voici :

Nous recevons la lettre suivante :

Paris, 28 juin

« Mon cher Hébrard,

« J'ai lu avec un bien vif intérêt le très instructif article : « Une leçon de politique », publié dans le *Temps* du 27 juin. J'y trouve ce passage :

« Comme Garibaldi, Mazzini, à la fin de sa car-
« rière, a su sacrifier ses préférences personnelles à

« l'idéal commun : sacrifice plus pénible pour un
« homme de doctrine que pour un homme d'action
« *Théoriciens désintéressés, ces bons soldats de la patrie*
« *italienne avaient conçu l'unité de l'Italie sous la*
« *forme républicaine Quand l'expérience eut prouvé*
« *que la monarchie seule était capable de réaliser cette*
« *unité, ils restèrent les soldats de la cause dont la di-*
« *rection leur échappait.* Et, d'une place effacée, par-
« fois comme Mazzini sous un faux nom, survivance
« des conspirations d'autrefois, ils virent lever la
« moisson dont leur enthousiasme avait semé le
« grain — et ceux-là en recueillir le profit qui,
« jadis, n'avaient eu pour eux que défiance, hosti-
« lités, rigueurs. »

« Peut-être trouveriez-vous intéressant de publier, à l'appui de cette constatation si exacte, la
lettre ci-jointe, écrite par Giuseppe Mazzini au
général Nino Bixio le 24 août 1859, au lendemain
du traité de Villafranca C'est la traduction d'une
lettre originale en italien que j'ai dans ma collec-
tion.

« La publication de cette lettre serait un hommage à la mémoire du grand agitateur qui, pendant
tant d'années, a entretenu le feu sacré de la patrie
italienne, à laquelle son existence entière a été
vouée.

« Bien à vous de cœur Bixio »

Voici la lettre de Mazzini :

24 août 1859.

« Nino,

« Le mouvement meurt de consomption.
« La diplomatie voudrait que la restauration [des
anciens petits États particularistes italiens] sti-

pulée à Villafranca s'accomplît par réaction intérieure. Les anciens maîtres y travaillent sans se
lasser. La troupe est gâtée, l'artillerie surtout A
Florence, trois cents de l'aristocratie sont allés dé-
poser leur carte de visite chez Poniatowski, et on
signe en cachette des listes pour le retour du duc
Les éléments volontaires, Ombriens, Marchisans,
Vénètes, qui entrent pour une grande partie dans
le corps de Mezzacapo, trompés dans leurs espérances, se débandent; aucun ne veut faire le soldat
pour le simple plaisir d'être soldat Le peuple, sans
liberté, sans journaux à lui, sans réunions, sous
ce silence de dictature, est mécontent, sans savoir
que faire, ou retombe dans le sommeil indifférent
à toutes choses. L'élan est éteint. Une révolution
va en avant ou va en arrière. Elle se défend en
attaquant, elle n'abdique pas le programme avec
lequel elle s'est faite sans périr *El le programme
était italien et unitaire,* en *devenant toscan, par-
mesan, romagnol,* il périt. Ceci, croyez-moi, est le
véritable état des choses. Nous cheminons vers la
restauration.

« Une seule chose peut sauver ce mouvement
maladif, trahi : c'est ce que vous aviez promis en
paroles, ce que je vous disais que vous n'avez pas
tenu et que vous ne tenez pas : « l'italianiser ». Et
un seul moyen peut l'italianiser : l'offensive.

« Il faut marcher sur Pérouse, la reconquérir;
de là, en avant, à marches forcées, sur les Abruzzes,
y entrer et donner le signal de l'insurrection du
royaume [de Naples].

« Cette opération et un nom : le nom devrait
être Garibaldi

« Il faut, pour ce qui concerne Pérouse, réussir.
C'est une condition *sine qua non.* Le reste viendra
de soi-même. Garibaldi à Pérouse équivaut au sou-
lèvement de toute l'Ombrie et de toutes les Marches. D'autre part, il équivaut à la réunion de tous

les congédiés, de tous les volontaires des colonnes
mobiles qui sont à San Archangelo, de tous les
Ombriens et Marchisans qui sont dans les Roma-
gnes La victoire de Pérouse sera le signal d'une
nouvelle mobilisation de tous les éléments qui,
aujourd'hui, blâment le temps d'arrêt, et, de tous
les nôtres qui ne voulaient pas combattre sous
Napoléon, *mais qui sont prêts à le faire pour l'unité,
et si vous la voulez royale, royale.* Je n'ai pas besoin
de dire que *tout ce que je puis* serait au service de
celui qui assumerait l'entreprise

« Entre Pérouse et Rieti, ou un autre point quelconque de la frontière des Abruzzes, il n'y a pas
de forces qu'on puisse nous opposer. Les Pontificaux s'uniront à nous.

« Si on arrive six ou sept mille hommes dans les
Abruzzes, l'insurrection y est immanquable. Garibaldi en tirera une douzaine de milliers de volontaires en peu de jours

« La Sicile, avec laquelle je suis en contact régulier, est prête à agir Elle attendait d'abord le signal
qu'elle n'a jamais eu de Turin elle l'attend maintenant d'un mouvement qui menace le royaume
et en divise les forces

« Pour retenir dans Rome le peu de troupes françaises qui penseraient à s'opposer à la marche, il
suffit d'y susciter un ferment qui n'aille pas au delà,
par prudence, mais qui force les Français à rester.

« Si nous avons l'insurrection du royaume, nous
ne devons pas craindre d'intervention : elle entraî-
nerait la guerre à Napoléon de la part de la Prusse,
de l'Allemagne et de l'Angleterre.

« Je sais que Garibaldi se préoccupe du bonapartisme intérieur et prédominant à Bologne, mais il
devrait voir qu'un tel coup serait le plus décisif
pour le bonapartisme intérieur. La révolution devenue agressive, menaçante et forte, personne ne
pense plus au bonapartisme, qui est le refuge de la

peur, et non d'autre chose D'autre part, le peuple
de Bologne est organisé, et avec nous; il supporte
tant que les choses sont calmes, une fois les choses
en mouvement, elles le mettront en action, si nous
le voulons.

« Le mouvement, en réussissant, réentraînera le
Piémont, et, s'il est de bonne foi, *le roi*

« De cette manière, nous accomplirons un grand
devoir, et il me paraît que devrait vous peser sur
l'âme la nécessité de l'accomplir.

« J'aurais écrit à Garibaldi lui-même, mais, sans
que j'en sache le pourquoi, trompé, je crois, par de
faux rapports, Garibaldi ne m'aime pas. J'en parle
à vous et à Médici pour que, si vous le croyez, vous
lui en parliez.

« Malgré la position actuelle, Garibaldi n'est rien
s'il n'est pas une incarnation de l'action pour
l'unité; omnipotent sur le peuple, il trouvera dans
les milices régulières, en partie, toutes sortes d'amer-
tumes et d'obstacles

« Puisqu'il ne m'aime pas, je voudrais qu'on lui
dît que *j'aime avant toute chose l'unité de l'Italie,
et abhorre par-dessus toute chose le protectorat orgueil-
leux français; que je suis avec qui partage ma haine
et mes affections; qu'AU ROI DE TOUTE l'Italie, nous
ne nous opposons pas; que j'assisterais inconnu à
l'opération, sans que mon nom figure une seule fois;*
que ce nom, au-delà de la frontière des Abruzzes,
aiderait puissamment à l'insurrection; qu'alors
donc je le donnerai avec le sien et d'autres, s'il le
veut, s'il ne le veut pas, je ne le donnerai jamais.

« Fatigué des hommes, des choses, de la vie, des
déceptions, de l'abandon des vieux amis, de tout,
exilé dans ma patrie et forcé de me cacher comme
si j'étais un voleur, je n'ai plus qu'une pensée :
celle qu'on ne tombe pas dans la fange, et qu'après
tant de serviles bassesses de municipalités, de gouvernements, de journaux au magnanime empereur

des Français, il surgisse au moins un noble fait
qui parle d'*unité, de conscience, de force propre.*
J'aiderai et je bénirai qui dirigera ce fait, puis je
m'en irai mourir en Angleterre, où, du moins, j'ai
des amis, et des amis constants. Si donc il veut,
qu'il compte sur moi pour toute chose que je pour-
rai faire à l'appui, en me montrant ou non, à son
choix Qu'il ne craigne pas que je veuille partager
la gloire de l'entreprise ou la vie politique avec lui
ou avec d'autres. A vous j'écris par impulsion de
devoir, avec peu ou point d'espérance.

                        « Gius. Mazzini. »

« Les deux colonnes de volontaires mobiles com-
mandées par Roselli, à San Archangelo, sont plus
que disposées parmi les soldats et les sous-officiers :
elles suivraient un mot de Garibaldi. »

Quel patriotisme de flamme ! Et comme ces
nationalistes comprenaient bien la primauté de
l'idée de patrie sur l'idée de gouvernement ! Révolutionnaires, mais partisans de l'Unité, ils n'hésitaient pas à écrire : « si vous la voulez royale,
royale. » Encore un coup, quelle leçon pour les
nationalistes français !

                        II

Il n'est pas inutile de comparer à ces documents originaux le témoignage d'un écrivain libéral, avec qui nous avons peu d'idées communes,
mais qui expose ce qu'il a vu, le comte d'Haus-

sonville. A l'automne de 1905, il s'en revenait
d'un séjour à Florence, qu'il n'avait pas traversée
depuis quarante-trois ans Quelques points de son
article au *Gaulois* du 21 octobre compléteront
heureusement la magnanime lettre qu'on vient de
lire.

« En 1862, date de mon premier séjour, l'unité
italienne n'était pas accomplie, tant s'en faut. Venise était aux mains des Autrichiens. Partie des
États pontificaux appartenait encore au Pape,
qu'une garnison française protégeait dans Rome,
et Turin n'avait pas cessé d'être la capitale de
l'Italie. Le jeune royaume, né de la veille, était
coupé en deux, et les plus graves doutes subsistaient sur sa durée. Cavour était mort... L'Italie
traversait à l'intérieur des moments singulièrement
difficiles. Tout l'ancien royaume des Deux-Siciles
était livré au brigandage, la misère sévissait dans
l'Italie du Nord et dans les anciens Duchés La
crise économique et financière était intense, et la
plupart des grands États de l'Europe assistaient,
non sans quelque satisfaction, à ces débuts pénibles
d'une monarchie qu'ils n'avaient pas encore reconnue Aussi, parmi les hommes les plus sérieux et
les plus dénués de parti pris, se discutait chaque
jour la question de savoir si l'unité italienne dure-
rait et se compléterait, ou si, au contraire, le fragile édifice ne s'écroulerait pas bientôt et si les
matériaux qui avaient servi à l'élever ne seraient
pas repris par leurs légitimes possesseurs. »

M. d'Haussonville constate que l'Italie a duré.
Même il exprime la pensée qu'il n'y a plus rien
à faire et que l'Italie Une est « un fait définitif

acquis à l'avenir autant que l'unité française, peut-être plus que l'unité allemande ». Quant à la crise économique,

« L'Italie est également sortie de sa crise économique. Le cours de la rente italienne en fait foi. Le peuple est devenu plus laborieux et plus économe, bien que la déplorable institution de la loterie continue de le solliciter à gaspiller le produit de son travail Partout on rencontre des caisses d'épargne et des sociétés coopératives. La mendicité a, sinon complètement disparu, du moins beaucoup diminué L'administration fait de grands progrès, la propreté des villes est suffisante; la viabilité, excellente, au moins dans l'Italie du Nord et du Centre, et si l'exploitation des chemins de fer demeure invraisemblable, si les trains sont toujours en retard, les employés toujours en grève, et les wagons toujours sales, on peut espérer que cet état de choses s'améliorera .

« Enfin, la question des rapports entre l'État et l'Église qui, par la force des choses, s'est posée en Italie d'une façon si aigue, est en voie d'arrangement, et on peut prévoir le moment où elle sera résolue dans la mesure où elle peut l'être. De là une grande pacification dans les esprits dont il est impossible de ne pas être frappé quand on lit les journaux des opinions les plus diverses. La différence de ton, surtout depuis le pontificat de Pie X, est frappante Sans doute, les Italiens n'en demeurent pas moins avec leurs divisions, leurs difficultés : quel est le pays qui n'en a pas? Mais aucun des problèmes intérieurs qui se posent devant eux ne semble insoluble et n'est gros de menaces pour l'avenir On sent qu'ils constituent un peuple jeune, vivant, plein de confiance en lui-même, et cette confiance est justifiée. A qui compare, comme j'ai

pu le faire, l'Italie d'il y a quarante ans, avec
l'Italie d'aujourd'hui, une chose apparaît avec évidence : c'est que de toutes les contrées de l'Europe
elle est celle où ont été réalisés les plus rapides progrès

« Comment les Italiens ont-ils réalisé ces progrès? En faisant juste le contraire de ce que les
Français ont fait depuis trente-cinq ans.

« D'abord, ils ont choisi une dynastie à laquelle
ils se sont attachés passionnément. Ils ont compris
que le sentiment national avait toujours plus de
force lorsqu'il s'incarnait dans une famille, et que,
pour eux, en particulier, cette famille deviendrait
le symbole de leur unité. Aussi Florentins, Napoli-
tains, Romains même, sauf une minorité respectable, se sont-ils ralliés de tout cœur à cette dynastie savoyarde, qui est aujourd'hui la plus vieille
famille régnante de l'Europe, et qui, depuis huit
siècles, se préparait, suivant le mot d'un de ses
princes, « à manger l'artichaut italien feuille par
feuille ». Ils ont eu raison, car elle leur a toujours
fourni, comme le disait Weiss de la dynastie capé-
tienne, *le juste roi au juste moment,* tantôt un hardi
batailleur comme le roi *galant homme,* tantôt un
politique avisé comme Victor-Emmanuel II, sans
parler d'une reine comme la reine Marguerite. *C'est
la maison de Savoie qui a fait l'Italie, comme c'est
la maison de France qui a fait la France. .*

« Puis, tant que leur unité n'a point été réalisée
ils n'ont point pensé à autre chose. Bien qu'à nos
yeux à nous, cette unité paraisse aujourd'hui complète, *ce qui les a détournés,* sauf pendant la période
désastreuse où a dominé l'influence de Crispi, *de
la mégalomanie coloniale à laquelle s'abandonnent
les autres peuples de l'Europe, et les en détourne
encore, c'est la pensée qu'il y a un territoire italien
qui, à leurs yeux à eux, n'est pas encore réuni à
l'Italie.* Je causais précisément un jour avec mon

cocher de fiacre, ancien soldat, des affaires de l'Érythrée et des lamentables résultats de cette campagne coloniale. Il m'exprimait en termes énergiques les répugnances populaires pour les expéditions de cette nature; mais tout à coup, et sans que je l'eusse provoqué, il s'écria : « Ah ! s'il s'agissait de l'*Italia irredenta,* ce ne serait pas la même chose; il se lèverait des milliers de volontaires. » Cette ambition prochaine de racheter, peut-être, au fond, sans avoir envie d'en payer le prix, le Trentin et Trieste, couve, j'en suis persuadé, au fond de toutes les âmes italiennes, bien que leur diplomatie n'en convienne point, et elle les préserve des ambitions lointaines. En tous cas, si le territoire vénitien était encore occupe par les Allemands, ils demeureraient hypnotisés devant le quadrilatère Nous, nous n'avons pas voulu demeurer hypnotisés devant la trouée des Vosges et nous avons cherché à nous consoler de la perte de l'Alsace et de la Lorraine en nous installant au Tonkin, à Madagascar, au Congo, au Maroc.

« Enfin, dans l'œuvre, par plus d'un côté révolutionnaire, qu'ils ont accomplie, ils ont gardé cer tains ménagements, et, loin de poursuivre la révo lution jusqu'au bout, ils s'efforcent au contraire aujourd'hui, dans la mesure du possible, de relever les ruines qu'ils ont faites. Je suis loin d'absoudre cette œuvre Les procédés en ont été assez vilains, comme ceux de toutes les œuvres révolutionnaires et on ne saurait oublier ni les manquements au droit des gens dont le gouvernement piémontais s'est, à l'origine, rendu coupable, ni les coups portés à l'Église, ni les blessures faites aux catholiques qui ont pris sa défense. Pour ne prendre qu'un point, la façon dont ils ont procédé vis-à-vis des congrégations a pu servir de modèle à nos radicaux dans leur dernière campagne, et ce qu'on appelait, dans la langue politique d'alors, les *inca-*

mérations des biens conventuels, ressemble beaucoup à nos expulsions et confiscations françaises. La différence est cependant qu'en France la question des congrégations a été soulevée à plaisir par un ministre pour le moins imprévoyant dans un pays qui n'y pensait pas, tandis qu'en Italie elle s'imposait et qu'il était vraiment difficile d'y laisser subsister les *latifundia* que certaines communautés possédaient.

« De plus, l'opération en elle-même, pour discutable qu'elle fût, n'a pas été opérée avec la brutalité, on pourrait dire la sauvagerie avec laquelle elle a été opérée en France. Dans un grand nombre de couvents confisqués, les moines, réduits à un petit nombre, ont été constitués gardiens et séquestres des biens qu'ils possédaient jadis et continuent d'en faire les honneurs aux visiteurs A la Chartreuse du Val d'Ema, près de Florence, c'est un Chartreux à barbe grise qui vous montre les tombeaux de Donatello, à Monte-Oliveto, c'est un Olivetain, en froc blanc et noir, qui vous explique les fresques de Sodoma. Le pittoresque y gagne, et non pas seulement le pittoresque, mais aussi la liberté des cultes, car les chapelles de ces couvents n'ont point été fermées. La messe n'a pas cessé d'être célébrée, et les paysans des environs continuent d'y venir.

« Une législation suffisamment libérale permet d'ailleurs aux congrégations de se reconstituer peu à peu dans des couvents qui leur appartenaient autrefois et qui ont été rachetés pour leur compte par des sociétés pieuses. Ils y recrutent librement des novices. Au couvent de l'Osservanza, près de Sienne, c'est un tout jeune moine, un moinillon, aurait dit Rabelais, avec une figure candide et des yeux magnifiques, qui nous a montré l'admirable della Robbia, gloire de ce couvent, et il nous a dit que les maisons de son Ordre étaient au nom-

bre de quarante-trois Ainsi, les disciples de François d'Assise peuvent encore promener en Italie la
robe brune de leur saint fondateur et fouler de
leurs pieds nus garnis de sandales les trottoirs des
rues où circulent les tramways.

« De même, si les maîtres des écoles publiques
sont, autant que je puis savoir, généralement laï-
ques, la législation n'interdit point de confier à
des Congrégations les écoles privées. Rendant visite,
aux environs de Florence, à un grand seigneur
romain, dans les veines duquel coule du sang français, et qui habite la demeure patrimoniale des
Médicis, je n'ai pu voir sans envie une école libre
tenue par sept Sœurs de Saint-Vincent de Paul.
Quand on pense que cet Ordre si français peut
enseigner en Italie, où, de tous côtés, on s'adresse
à lui, et qu'il ne le peut plus en France, on se sent,
en face de ces étrangers, partagé entre la confusion
et la tristesse

« Dans un autre ordre d'idées, les Italiens se
rattachent par les souvenirs à ce passé, dont il
ont cependant supprimé les institutions, et ils s'efforcent de le marier au présent. Quand ils ont
débaptisé certaines places ou certaines rues pour
les appeler *place de l'Indépendance, via Victor-
Emmanuel* ou *via Cavour,* ils ont eu soin d'inscrire
l'ancien nom au-dessous de la plaque nouvelle. Je
ne sache pas qu'à Paris on ait fait la même chose
pour la place si sottement baptisée place des
Vosges. C'est qu'ils demeurent fiers de ce passé, dont
ils sentent que l'éclat rejaillit sur eux, et ils ne coupent pas en deux leur histoire nationale : avant
et après le *Risorgimento,* comme certains historiens
coupent en deux notre histoire : avant et après la
Révolution, décriant le passé pour mieux glorifier
le présent. Leurs historiens à eux savent parfaitement que leur XIVe et leur XVe siècles, qui furent
pour l'art une époque si brillante, furent aussi un

temps de désordre et souvent de crimes, souvent
aussi ensanglanté par des guerres. Mais ils ne s'avi-
sent point à cause de cela de qualifier cette époque
« d'époque barbare », car ils pensent avec raison
qu'il faut pardonner certaines erreurs à un siècle
qui a enfanté des chefs-d'œuvre Aussi, les jeunes
générations sont-elles élevées dans le culte, et non
point dans la haine et dans le mépris du passé.
Ceux qui ont charge de les former estiment que la
meilleure manière d'entretenir chez elles l'amour
de la patrie, c'est de leur apprendre à l'aimer dans
les siècles antérieurs à celui qui les a vus naître et
que les entretenir dans cette admiration un peu
aveugle est le plus sûr moyen d'éviter « la crise
du patriotisme à l'école [1] ».

III

M. d'Haussonville avait abordé le point de vue
économique sans toucher à la question sociale ni
à l'agitation socialiste. Si l'on en jugeait par les
imprécations d'Amilcare Cipriani, dans l'*Humanité*
de Paris, le socialisme italien aurait adopté une
attitude véhémente et farouche à l'égard de la
Maison de Savoie. Toutefois, au moment de la
mort du socialiste Andrea Costa, qui, en 1873 et
1874, en 1876, 1877, 1878, 1880, 1889, avait subi
d'innombrables mois de prison pour des faits de
conspiration continuelle, mais à qui tous les partis
ont fait des funérailles « officielles, et quasi triom-

1 On connaît l'excellent livre de M. Émile Bocquillon
qui porte ce titre

phales », le *Temps* du 27 janvier 1910 disait dans
son Bulletin de l'Étranger :

« Il n'est pas, dans l'histoire de l'Italie moderne,
de phénomène plus curieux que l'évolution du parti
socialiste, et c'est parce qu'elle éclaire cette évolution que la vie d'Andrea Costa offre un intérêt
plus général encore que personnel. Quand, il y a
trente ans, Costa passait de prison en prison, le
socialisme apparaissait comme un groupement de
subversion, incapable à tout jamais de participer,
soit directement, soit indirectement, à l'exercice du
pouvoir. Aujourd'hui, c'est un parti organisé, qui
pèse dans la balance du Parlement, qui influe sur
le sort des ministères, qui discute et qui transige.
Combien loin déjà le temps où Cavallotti, Imbriani
et Costa lui-même, dans le pittoresque naïf d'une
tenue où la longueur de leurs chevelures, l'ampleur de leurs chapeaux et l'éclat de leurs cravates
passaient pour un symbole de hardiesse intellectuelle, effaraient le « bourgeois » de leurs outrances
révolutionnaires !

« Aujourd'hui, les socialistes italiens sont, pour
la plupart, des gentlemen corrects, que la lutte des
classes ne détourne pas d'une existence pratique
et mesurée, qui débattent à la Chambre les intérêts
de l'État, qui exercent souvent dans les grèves une
influence conciliatrice, qui se résignent aux dépenses
militaires, qui les justifient même et qui, aux
heures de crise ministérielle, donnent, par l'organe
de leurs journaux, de respectueux conseils à Sa
Majesté le roi... »

Tel a été le cas, tout récent, d'Enrico Ferri,
faisant une conférence devant le roi et le saluant
du titre de Majesté.

VII

LE COMTE TORNIELLI

> S'il est vrai que le ca-
> binet Waldeck-Rousseau
> fut en partie constitué
> par l'Italie, l'ambassa-
> deur ne laissa pas oublier
> ses services. Page 138.

Comment ce crispinien, respirant la haine de
la France, au point d'avoir osé signifier aux
gouvernements de Casimir-Périer et de Félix
Faure qu'ils avaient en Europe un rang de par-
venus, comment, deux ans plus tard, ce gallo-
phobe de profession avait-il pu être agréé à
Paris?

Mystère, et intrigue maçonnique peut-être.
Peut-être aussi, la tension causée par le premier
procès Dreyfus entre les puissances tripliciennes
et le quai d'Orsay explique-t-elle notre capitulation. Après ce coup d'éclat de 1894, nos ministres
modérés tenaient-ils à se montrer souples? La
politique d'entente allemande avait rencontré une
pierre d'achoppement; il fallait établir qu'on ne
voulait pas élever de hautes murailles. Ce désir
de sagesse peut paraître assez naturel chez des
hommes que le souci de l'honneur national n'a

jamais étouffés. Une chose est certaine : dès le
premier jour, le Vieux Parti républicain —
juifs, protestants, maçons, métèques — fit sa
cour à celui qui l'avait traité de si haut. La
raison de cette attitude tenait également au secret
de l'Affaire. On venait de dégrader Dreyfus;
Dreyfus avait trahi pour le compte d'un ami de
l'attaché militaire Panizzardi, Panizzardi avait
tenu le rôle d'honnête courtier et, dès le lendemain de la condamnation, le plan de revision
avait été mis à l'étude   impossible d'aboutir
sans le patron de Panizzardi, Tornielli ..

Pendant les trois ans qui suivirent, l'ambassadeur d'Italie manœuvra de manière à ne pas
s'aliéner les divers cabinets modérés en fonction,
mais favorisa de son mieux les intrigues des gens
qu'il tenait en réserve pour le gouvernement de
demain. Il se montrait ainsi le digne concitoyen
de Cavour et des grands hommes de l'Unité.
Leur valeur militaire est plus que discutable,
leur marine ne s'est distinguée qu'à rebours .
leur diplomatie fut de premier ordre, comme
le prince qu'elle servait, comme l'idée que servait
le prince. Jamais peuple n'aura mieux profité des
fautes de ses rivaux Ce que l'on avait vu entre
1855 et 1870 se reproduisit en 1898. Dès que
les amis de l'ambassade furent maîtres de la
France, l'ambassadeur organisa l'invasion économique, la pacifique pénétration qui, en dix ans,
nous a recouverts de produits agricoles et industriels italiens. Les concessions et arrangements

obtenus du cabinet précédent furent exploités à fond. Les secrets décisifs qu'il avait en dépôt le rendant maître du personnel au pouvoir, Tornielli imposa tout ce qu'il désirait. Bientôt, il fit signer de nouvelles facilités. Puis un traité d'arbitrage. Enfin, toujours par lui, l'Italie conduisait M. Loubet à Rome, le brouillait avec le Saint-Siège, nous acculait à la Séparation, qui, pratiquement, nous chassait de l'Orient latin. La même année, nous devenions les vassaux de Londres.

Et, tandis que baissait ainsi notre fortune, celle des Italiens de Paris s'élevait. Le vieil ambassadeur pouvait s'apercevoir d'année en année que Paris devenait colonie italienne. En prenant pour centre l'horloge du carrefour où se rencontrent les rues de Richelieu et Drouot, il pouvait compter dans un rayon de quelques centaines de mètres plus d'une douzaine de restaurants italiens; il en existait deux pour tout Paris en 1898. Depuis 1900 abondent les boutiques où l'on ne vend rien que le riz, les olives et la charcuterie de la péninsule. Ces denrées italiennes, autrefois simples amusements d'amateurs, sont entrées dans la consommation générale Des bureaux de la rue de Grenelle jusqu'aux boulevards étincelants de vitrines timbrées à l'écu de Savoie et pavoisées aux trois couleurs de son pays, l'ambassadeur voyait vivre et grandir son œuvre. Il se redisait que le comte Joseph de Tornielli Brusati de Vergano avait bien mérité de sa jeune patrie. Paysans, négociants, ouvriers, chefs d'industrie, lui devaient autant de reconnaissance que son roi pour ce résultat économique d'une bonne diplomatie.

Il y a de bons diplomates sous tous les régimes : on ne les utilise que dans les États organisés fortement, aristocraties nationales ou monarchies.

VIII

LA GESTION EXTÉRIEURE DE L'ANCIEN RÉGIME D'APRÈS M. ÉTIENNE LAMY

> Si Louis XVI avait eu
> quatre ou cinq successeurs
> réguliers... Page 199

M. Étienne Lamy a publié, dans le *Correspondant* du 25 septembre 1905, à propos de la *Question d'Égypte* de M. de Freycinet, un bien curieux et bien remarquable article. Il serait désolant de gêner cet ancien chef du catholicisme républicain, en s'attachant à exagérer la portée de ses paroles, mais, enfin, de sa part, les observations qu'on va lire paraissent bien manifester de profondes désillusions quant à la valeur intrinsèque du régime.

M. Étienne Lamy n'est pas un rallié, à proprement dire, bien qu'il ait, en 1898, présidé aux élections du ralliement C'est un républicain d'origine. Une évolution monarchiste lui serait plus facile qu'à d'autres, il n'aurait point à se dédire pour la seconde fois.

Je relèverai, tout d'abord, quelques lignes pénétrantes sur Gambetta, auquel M. Lamy s'était rallié dans l'affaire des 363. Le dernier conducteur de la démocratie pouvait-il la diriger convenablement en Europe? M. Lamy répond :

« Le régime dont il est issu ne lui a appris ni la
« familiarité avec les gouvernements, d'où naissent
« les confidences, la divination et la plénitude des
« renseignements, ni l'habileté à manier en les mê-
« lant les fils multiples de la diplomatie, ni l'art
« de trouver dans les forces ambiantes les auxi-
« liaires des desseins nationaux »

Plus loin, l'opinion est appelée (p. 1185 du *Correspondant*) « la grande distraite ». Au contraire, le pouvoir suprême, « la nature de ce pouvoir », c'est-à-dire la faculté de gouverner seul, bénéficie, même chez un Napoléon III, d'une appréciation favorable. Le Gouvernement de Juillet est jugé inférieur aux dynasties européennes, faute de traditions et par la faute des révolutions, etc.

Mais, tout ceci n'est que préparation. Ce qu'il faut lire et retenir, c'est le témoignage apporté par M. Lamy à la constitution de l'ancienne France, c'est l'explication qu'il fournit de la bonne gestion des Affaires étrangères sous la royauté. Depuis que le Comité de Salut public déclarait que « le département des Affaires sous la monarchie était le seul bien administré », en, ajoutant que, « depuis Henri IV jusqu'à 1756, les Bourbons n'ont jamais commis une faute majeure [1] », on n'a rien écrit de plus fort, de

1 Toujours le rapport à l'arrêté du 14 octobre 1794.

plus net ni de mieux rassemblé sur ce magnifique
sujet :

« Sous l'ancien régime, un monarque héréditaire
veillait sur les intérêts durables, sans demander
conseil aux égoïsmes viagers de ses sujets. Son
rang parmi les rois était fixé par le rang de son
royaume parmi les États. Ce n'était pas une garantie pour le repos des peuples, c'était une sûreté
contre l'oubli de leur grandeur. La fortune de chaque État trouvait le principal de ses facilités ou
de ses obstacles dans les dispositions des autres
couronnes *C'est donc au dehors que l'attention du
souverain était naturellement appelée* S'y ménager
des amitiés par les alliances de famille, y surveiller
les intentions et les préparatifs des cours par une
diplomatie attentive et, quand il y avait lieu, corruptrice, tenir un marché perpétuel de combinaisons où s'échangeaient les concours et, par un travail continu, éliminer de ses desseins l'ignorance
et de ses entreprises le hasard, voilà parfois « le
secret du roi », toujours le devoir du roi.
« *Il y avait une opinion publique,* mais elle n'était
pas faite par la multitude. Celle-ci ne se reconnaissait pas compétence sur la politique, de toutes les
sciences la plus complexe, et recevait docile ses
pensées *de trois aristocraties : l'église, la noblesse
et celle bourgeoise* qui, sous le nom de Tiers État,
administrait les villes, exerçait les professions libérales et dirigeait les métiers C'est à elles que les
rois donnaient la parole dans les circonstances
extraordinaires où ils consentaient à recevoir des
avis en même temps que des subsides : c'étaient
elles qui, par l'action de l'enseignement, de l'exemple et du prestige, étaient les évocatrices perpé-
tuelles d'une *plus grande France.*
« L'élite des bourgeois avait le souci d'étendre

sa richesse en étendant ses marchés. Ces hauts arbitres de nos intérêts commerciaux savaient, dans les cités, gouvernées par eux, *préparer au loin et de loin l'avenir.* Non seulement les hardis armateurs de la Manche et de l'Océan avaient, les premiers, poursuivi la fortune jusque sur la côte occidentale d'Afrique, pris, peu après les Espagnols, pied sur le sol américain, aux Antilles, au Canada, exploré le Mississipi, occupé la Louisiane; non seulement le haut commerce de Marseille, plus ancien et plus puissant encore, *dominait* sur toutes les côtes de la Méditerranée et, associé à la puissance de l'État, *nommait et payait les consuls dans tout le Levant;* mais les grandes places de commerce, Lyon, Paris, Rouen, gouvernées de même par les « *notables* », *les plus intelligents des intérêts généraux* s'associaient à ce trafic international et travaillaient à multiplier les rapports entre la métropole et les colonies.

« La noblesse, guerrière de race et réduite par la monarchie absolue aux services de l'épée, était toujours prête à conquérir les colonies ou à les défendre. Outre que *la guerre était l'industrie des gentilshommes,* les possessions d'outre-mer offraient aux cadets la chance d'obtenir des terres et des emplois. Le concours des nobles secondait donc, toujours fidèle, toujours impatient, le dessein des rois, et souvent les gentilshommes n'attendaient pas l'invitation royale pour courir les fortunes d'outre-mer. Tantôt solliciteurs de privilèges qui leur assuraient le gouvernement de terres à découvrir ou à occuper, tantôt se fiant à eux seuls pour tirer les meilleures chances de l'inconnu vers lequel se tendait leur voile, ils employaient les années trop calmes aux explorations hardies et fécondes, où nombre d'entre eux ont illustré leur nom. Et l'exemple, donné par une caste dont la France était fière, entretenait *dans toute la nation un certain goût*

d'aventures, quelque curiosité des contrées lointaines,
l'admiration pour le courage

« L'Église, *universelle par sa vocation,* montrait
a la plus vieille des races chrétiennes les autres
races répandues sur toute la terre, rappelait à la
sœur aînée la tâche de justice, de tutelle, d'amour
envers les sœurs plus jeunes, plus faibles, encore
enténébrées de barbarie, et par-dessus toutes les
frontières élevait l'autel unique, symbole de la
misère et de la dignité communes aux enfants du
même Dieu. Cette conscience du devoir avait été
assez puissante pour jeter en Asie, par l'élan des
croisades, *le peuple d'Europe le plus attaché à son*
sol. Quand les croisades eurent pris fin, elle se
continuait plus parfaite par ces vocations qui portaient une partie de notre sacerdoce hors de la
terre natale et avec le dévouement d'une seule race
suffisait presque à l'évangélisation du monde. Elle
avait ouvert, outre le Levant de la Méditerranée,
l'occident de l'Afrique, le nord de l'Amérique,
l'Inde, le Siam. l'Annam, la Chine, au christianisme
et à la France, et *marquait d'avance à nos trafi-*
quants et à nos soldats les places de nos conquêtes.

« Grâce à cette *hiérarchie sociale* et à ses *influences*
concordantes, un témoignage perpétuel était rendu
à la mission de la France dans le monde par tous
ceux dont les paroles et les actes avaient autorité.
La foule qui, réduite à ses propres idées, les eût
tenues closes dans *l'étroite enceinte des intérêts quo-*
tidiens, recevait, par l'enseignement de ses chefs,
l'intelligence d'une vie plus vaste, de doctrines plus
nobles, s'élevait a un idéal de gloire nationale, avait
une vision des sacrifices dus par chaque être aux
autres, par chaque génération à la race, par chaque
race au genre humain

« Sans doute, les rois eux-mêmes et leurs auxi-
liaires apportaient à l'œuvre leur caractère de Français : l'allure de leur sagesse n'était pas régulière.

Dans les monarchies absolues, tout vice du souverain, s'il amoindrit chez ce maître la volonté saine
qui est la garantie des sujets, devient un malheur
public Mais, malgré le désordre de ces mouvements,
l'équilibre de notre fortune finissait toujours par
se rétablir, *tant étaient efficaces et stables les institutions.* LEUR PUISSANCE RÉPARATRICE APPARUT EN-
CORE LA VEILLE DU JOUR OÙ ELLES ALLAIENT DIS-
PARAITRE. L'initiative des Français, donnant à la
mère-patrie deux royaumes d'Amérique et d'Asie,
le Canada et les Indes, a travaillé en vain pour le
roi qui s'amuse. Louis XV, qui n'a pas aidé à leur
conquête, n'a employé sa prérogative qu'à les
abandonner et n'a pas plus pleuré leur perte que
la mort de Mme de Pompadour MAIS POUR QUE
TOUT SOIT REMIS EN SA PLACE, IL SUFFIT QUE LE ROI
REPRENNE LA SIENNE. Avec Louis XVI, la tradition de notre politique se renoue comme d'elle-
même. Nos armes prennent contre l'Angleterre une
revanche coloniale, en aidant à l'émancipation des
États-Unis. Nos flottes obtiennent l'avantage sur
les flottes britanniques. Avec ces forces reconsti-
tuées renaît l'espoir secret de Henri IV, de
Louis XIII et de Louis XIV, qui, tout en maintenant au jour le jour le pacte des Valois avec l'Islam, rêvaient de revenir à la politique des Capé-
tiens et de partager entre la chrétienté l'empire
ottoman. Les anciens pourparlers recommencent
avec la Russie et l'Autriche pour fixer les préten-
tions de chacun sur l'immense dépouille. La part
reconnue à la France par les chancelleries étrangères
est la Syrie et l'Égypte, d'où sera reprise l'Inde. La
France assemble sans précipitation toutes ses chances et attend, prête et attentive, l'occasion de cueillir
au moment propice le beau fruit qui mûrit pour elle.

« C'est alors que la Révolution détruit l'ancien
régime et *que commence notre impuissance à en
établir solidement aucun autre.* »

On n'a pas exposé plus clairement les fonctions vitales de l'ancien État. Oh ! sans doute, M. Étienne Lamy peut ensuite se reprendre ou se dérober par quelque formule de fatalisme mystique, comme il en court un peu partout de nos jours : « La Monarchie est morte, vous ne la ressusciterez pas. » Mais ce sont là des mots qui ne signifient rien. Les réalités comptent seules. Une réalité bien constatée, une réalité vivante et agissante, — une force, donc, — c'est l'article du *Correspondant*. Il n'y a qu'à l'utiliser dans notre propagande, d'où s'élancera tôt ou tard, sous la pression des circonstances, un état d'esprit royaliste, à la faveur duquel la Monarchie démontrera sa subsistance et sa puissance en reparaissant.

IX

« DANS CENT ANS »

Une partie de l'univers
s'unifie, mais une autre tend
à se diviser, et ces phénomènes de desintégration,
comme disait Herbert Spencer, sont très nombreux.
Notre ami Frédéric Amou-
retti avait profondément
étudié ce point de vue. Pages 200 et 201.

J'avais résumé quelques-uns des travaux
d'Amouretti (si largement corroborés depuis) dans
la *Revue Hebdomadaire* du 20 août 1892, à propos
du livre de M. Charles Richet : « Dans cent ans ».
M. Richet ne prévoyait que l'unification croissante de la planète. Je lui répondais avec la timi-
dité de mon âge :

« Le monde tend à l'unité », dit-il à un moment,
et je préférerais qu'il s'en tînt à paraphraser cette
belle hypothèse platonicienne Mais il la traduit en
tableaux historiques et géographiques qui me déso-
lent. L'unité de M. Richet tuera les langues, les
nations et toute la variété de l'univers. Au pam-
béotisme qui nous régit, M. Richet fait succéder
un panyankeesme abominable Mais les statistiques
dont il se sert donnent une envie folle de le combattre. Il ne serait point difficile de rassembler

contre ces demi-certitudes un ramassis de demi
certitudes équivalentes. Par exemple, un poète, qui
ne penserait point que l'unité fût bien souhaitable
en ce monde ou qui n'admettrait ce règne de la
monade que dans les systèmes supérieurs des
sciences ou dans les figures de l'art, un poète pourrait répondre, et, selon moi, sans trop de désavantage, aux savants arguments de M. Richet.

« Il dirait :

« Sans doute, mon cher maître, le monde futur
est destiné à voir se raccourcir l'espace et s'abréger
le temps. La vapeur, l'électricité, ne peuvent manquer d'aboutir à multiplier les rapports des hommes
et des nations. Mais cela veut-il dire que les signes
distinctifs des races soient plus proches d'être effa-
cés? Les nations seront-elles plus portées à confondre leurs langues et à noyer au même flot leurs
souvenirs? Laissez-moi n'en rien croire.

« Une observation superficielle permet seule de
dire que le voisinage et, pour ainsi parler, le frottement des individus amoindrissent les différences
qui les séparent Nulle part les distinctions nationales ne sont mieux affirmées que parmi les populations des frontières, qui se trouvent pourtant en
relation continuelle de voisinage et de parenté.
L'exemple de l'Alsace est assez éclatant... Les peuples qui se détestent le plus sont ceux-là mêmes
qui se fréquentent le plus.

« La raison en est simple Les rencontres fré-
quentes multiplient les occasions où l'on voit s'accuser profondément les traits particuliers de chaque sensibilité et de chaque pensée. On se connaît.
La connaissance est loin d'envelopper nécessairement l'amitié. Paul Bourget, qui visite un peuple
par saison, a déjà remarqué que ces fréquentations
où nos cosmopolites ont fondé tant d'espoir ont
plutôt compromis l'idée qui leur est chère. « Plus
« j'ai voyagé, écrit-il dans ses *Sensations d'Italie,*

« plus j'ai acquis l'évidence que, de peuple à peu-
« ple, la civilisation n'a pas modifié les différences
« radicales où réside la race. Elle a seulement re-
« vêtu d'un vernis uniforme les aspects extérieurs
« de ces différences. Le résultat n'est pas un rap-
« prochement. » Il pourra bien être créé une langue
internationale, la *lenga catolica* d'Alberto Liptay
ou le célèbre *volapuk*, qui rendra les mêmes services
que rendait le latin aux voyageurs du moyen âge
(car on sut, en ces jours de pèlerinage incessant,
unir le particularisme à cette large bienveillance
internationale sans laquelle il n'est point de haute
intelligence ni de profondes conceptions); les savants pourront adopter, comme les diplomates et
comme nos marins sur les Échelles du Levant, un
idiome à leur usage : cela sera commode, profitable
et sensé Mais qu'à la suite de ces conventions on
doive ravir aux peuples leur langage et qu'il y ait,
de notre temps, des raisons légitimes de s'attendre
à ce rapt, voilà qui semble contredit par tout ce
que l'on sait de l'histoire contemporaine.

« Voyez plutôt ce qui se passe dans ces États-
Unis [1], pour lesquels vous rêvez un avenir si merveilleux et desquels vous prédites avec assurance :
« *Dans l'Amérique du Nord, on parlera anglais.* »
Êtes-vous bien certain que toutes ces populations
s'y doivent servir de l'anglais? La vérité est qu'il
se reforme la-bas une sorte de vieux continent et
que les immigrants y parviennent à retenir tous
leurs traits nationaux. Les Français du Canada, si
fidèles à leur parler, envahissent les États du Nord,
ceux-là mêmes qui forment la Nouvelle-Angleterre,
premier berceau de l'Union, et leurs minorités sont

---

1 Le contradicteur de M. Richet doit confesser ici qu'il
emprunte ses plus fortes raisons aux précieuses études de
M. Frédéric Amouretti (note de 1892)

si compactes et si solidement organisées qu'ils ont pu, dans le Maine, faire élire deux sénateurs et quatre députés de leur langue.

« Les Allemands, dont on vantait jadis la facile assimilation, se sont groupés dès qu'ils en ont trouvé le moyen. Ils pullulent dans les États du Michigan et du Wisconsin. A Chicago, leur nombre est supérieur à celui des Américains de naissance. A Milwankee, où il est question de fonder une université allemande, ils étaient naguère maîtres absolus du gouvernement; il est vrai qu'ils ont été récemment battus aux élections municipales, mais par des Polonais tout aussi particularistes. Ils ont *sept cents* journaux. Il y a dans l'Union américaine trois États dans lesquels l'enseignement de l'allemand est obligatoire au même titre que celui de l'anglais Les congrégations luthériennes allemandes sont distinctes des autres. Les catholiques allemands ont leurs paroisses spéciales, et leur Société de Saint-Raphaël, qui a tenu en échec le zèle un peu brouillon de l'évêque irlandais de Minnessota, ne cesse d'exiger de Rome que l'épiscopat ne soit point choisi uniquement dans le clergé de langue anglaise. C'est l'idée religieuse qui organise, on le voit, la solidarité nationale. Les Danois, les Suédois, les Norvégiens, au nombre d'un million, ont leurs congrégations particulières et leur organisation ecclésiastique séparée. Les Hongrois, fort nombreux autour des mines de pétrole de la Pensylvanie, forment également un noyau résistant. Les Italiens commencent à se serrer de même, et ils ont obtenu de Rome l'envoi d'un clergé qui fît résonner le *si*. — Un César ne dissoudrait point tant de forces agglomérées. Si les pouvoirs américains s'en montrent soucieux, ils n'ont tenté rien jusqu'ici contre ce mouvement qu'ils sentent plus fort que tout.

« Mgr Ireland semble vouloir serrer les liens de

l'Union Il a pu faire décréter au Concile de Balti-
more « le catéchisme unique » pour toute l'étendue
des États-Unis. Mais, peut-être un peu malgré lui,
les Pères ont ordonné aussi que ce catéchisme fût
traduit en français, en italien, en allemand, en
espagnol, en portugais, en polonais, en hongrois,
en tchèque et dans les langues indiennes...

« Un semblable spectacle doit assurément préparer à l'Amérique des destins très particuliers ou
tout à fait pareils aux destins de la vieille Europe
Ou ces nationalités distinctes iront s'accentuant,
se différenciant jusqu'à l'inimitié — et ce sera le
démembrement de la plus puissante unité ethnique
de l'avenir. Ou, sage, instruit par nos expériences
européennes de la vanité des discordes et, par ses
souvenirs, des bienfaits de l'union dans la liberté,
le peuple américain élargira les bases de sa constitution et formera une sorte d'Europe nouvelle.
apaisée et harmonisée par une habile entente du
principe fédératif, tous les instincts, toutes les langues étant, plus qu'aujourd'hui, livrés à leur propre vertu... Et, cher maître, dans les deux cas,
votre cité des hommes et cet unitéisme dont vous
ne doutez point semblent s'évanouir du pays des
probables où vous avez voulu un moment les placer.. »

Le divorce de la Suède et de la Norvège, les
mouvements sécessionnistes qui n'ont pas cessé
d'agiter l'empire ottoman, la fédération austra-
lienne, la fédération de l'Afrique du Sud, les progrès du mouvement autonomiste en Égypte, la
résistance de l'Alsace-Lorraine et de la Pologne
prussienne aux entreprises de germanisation, le
mouvement catalaniste à demi triomphant sous

le ministère Maura, le retour accentué de l'esprit public français au sentiment provincial, mille autres faits contemporains peuvent témoigner que la centralisation et l'unification sont loin d'être fatales, que les tendances à la désintégration abondent par tout l'univers et que Frédéric Amouretti ne se trompait pas en montrant que l'œuvre du XIXᵉ siècle n'avait pas été purement et simplement une évolution régulière de tous les peuples vers l'unité. Dans les premières années du XXᵉ siècle, un écrivain qui fit le tour du monde pour le compte du *Temps*, M. Gaston Donnet, a ratifié purement et simplement les vues d'Amouretti et les nôtres : il admettait la coexistence future de quelques grands empires avec une poussière de principautés et de républiques.

X

LA MONARCHIE ET LA POLITIQUE EXTÉRIEURE

> On a beaucoup exagéré la publicité donnée aux questions extérieures dans le Parlement britannique .... Edouard VII était devenu le maître de ce département. Pages 192, 193.
> La Norvège et la Suède ont divorcé. Page 201.

Le sens commun de l'Europe contemporaine tient pour vérités démontrées que l'État monarchique est particulièrement apte aux manœuvres de politique extérieure. Le divorce suédo-norvégien n'a pas témoigné seulement des tendances à la désintégration, il a mis en lumière l'évolution autoritaire et monarchique : la population « démocratique » de la Norvège s'est prononcée hautement en faveur de « ces raisons de Nansen » qui sont devenues populaires et qu'il conviendra néanmoins de rappeler ici. Interrogé sur les motifs du choix de ses concitoyens, Nansen a répondu qu'il en connaissait trois :

« Le premier, c'est que la Norvège n'étant pas riche, nous voulons un gouvernement économique, et, vous le savez, il n'y a pas de gouvernement plus coûteux que les républiques.

« Le deuxième, c'est que nous voulons être forts, et la république nous eût rendus trop faibles vis-à-vis de la Suède.

« Enfin, le troisième motif, c'est que nous voulons être libres, nous ne nous soucions nullement de subir la tyrannie des partis. »

La presse anglaise, la plus libérale, la plus avancée, souligna vivement un acte aussi sage, bien convaincue, nota M Arren dans l'*Éclair* (4 novembre 1905), que l on ne fait pas de bonne politique étrangère démocratiquement.

« Écoutons, » dit-il, « la grande revue libérale le *Spectator* célébrer la manière dont fut conclu le traité anglo-japonais :

« Il y a là un acte politique de l'intérêt le plus vital qui fut accompli sans qu'on ait fait la moindre tentative pour consulter la nation. La plupart des Anglais n'ont jamais entendu parler de l'ancien traité avec le Japon avant qu'il soit devenu un fait accompli. Le nouveau traité fut signé secrètement, et ses termes furent publiés presque par hasard deux mois après. Il est vrai que la grande masse du peuple anglais approuve de tout son cœur le nouveau traité dans son principe et dans ses détails; mais on peut bien se demander ce qui arriverait si la majorité de la nation était d'une opinion contraire »

« Et le *Spectator* répond lui-même :

« La diplomatie ressemble beaucoup aux grandes combinaisons commerciales. Beaucoup de choses

22

doivent se passer dans la coulisse, et une publication prématurée peut signifier un échec. D'autre
part, la vitesse est aussi nécessaire que le secret,
et le délai qu'implique la consultation d une assemblée nationale serait fatal au succès On pourrait
tout aussi bien demander à un général de communiquer à un Parlement tous les développements de
son plan de campagne avant de les mettre en exécution. »

Un journaliste français, collaborateur du *Temps*
et de confession protestante, M. René Puaux,
publia dans son journal, le 18 octobre 1905, une
lettre de Norvège si curieuse qu'il faudrait la
donner en entier. En voici tout au moins le mot
décisif :

« ... Ce que veulent les Norvégiens, c'est avant
tout une « situation internationale », des amitiés
étrangères qui donnent un essor à leur industrie,
un développement à leurs affaires.

« Un prince danois . c'est l'amitié anglaise et
danoise assurée, c'est la neutralité allemande, c'est
une cour à Christiania, des capitaux anglais, une
monarchie soucieuse de la dignité nationale vis-à-
vis de la monarchie suédoise.

« Et le sentiment de jalousie, de fierté, d'amour-
propre vis-à-vis de la Suède est si fort, qu'on envi-
sage comme une humiliation le mépris de la Suède
pour la Norvège républicaine.

« Ce sont ces éléments d'amour-propre et le
spectre de l'Étranger qui dirigent l'opinion. Le
besoin de tranquillité vient s'ajouter à ces mobiles. »

XI

NOS SECRETS D'ÉTAT

> Le public n'a pu voir sans
> en éprouver une surprise
> mêlée d'effroi comment les
> hommes d'État de la Répu-
> blique, au sortir de négo-
> ciations et de difficultés
> encore brûlantes, dispo-
> saient des plus grands se-
> crets de la politique exté-
> rieure de leur pays. Page
> 216

Pour être tout à fait complet, il faut savoir que la doctrine des secrets d'État a trouvé des contradicteurs dans le monde républicain.

D'écoles différentes, MM. Hanotaux et Delcassé avaient semblablement essayé de faire de la diplomatie classique en se passant des moyens naturels qu'elle met en œuvre. L'échec était inévitable. Si l'échec prouve infiniment contre l'homme qui emploie une méthode à contre-sens et à contre-temps, prouve-t-il contre la méthode elle-même?

M. Deschanel et ses libéraux ont osé le dire. M. de Pressensé et ses anarchistes ont crié dans le même sens. Avant de se prononcer sur la valeur

de ces opinions si vives, il faudrait être certain
qu'elles ne signifient pas, tout uniment, qu'anarchistes et libéraux voudraient bien renverser le
ministre existant afin de devenir ministres à leur
tour. Ils n'en paraissent pas moins dévorés de la
curiosité des mystères et parfaitement résolus à
les publier devant tous. L'expérience de l'automne
1905 ne les a pas découragés. Ils ne se sont même
pas rendu compte du tort presque matériel que
ce gouvernement de la place publique avait fait
au pays dans l'été précédent. M. Stéphane Lauzanne n'a pas fait réfléchir un seul député libéral par cet énergique tableau de la pression allemande contre M. Delcassé :

« Puisque l'Allemagne s'est tant indignée du
débarquement *éventuel* de soldats anglais en son
territoire, il semble que la France, elle, a quelque
peu le droit de s'émouvoir du débarquement *effectif* d'émissaires allemands sur son sol. Cette inva-
sion-là, personne ne l'a démentie, personne n'en a
parlé. Elle a pourtant eu lieu, silencieuse et sûre
Rappelez-vous un peu, rappelez-vous l'atmosphère
dans laquelle nous avons vécu et ces personnages
bizarres qui, en ces heures troubles, émergèrent
brusquement à la surface. *Qui nous racontera le
rôle de Henckel de Donnersmarck, depuis lors rentré
dans l'ombre, et le silence de ses campagnes pomé-
raniennes?* Et qui nous dira ce qui se passa dans
ce déjeuner où, *pendant six heures,* il resta en tête-
à-tête avec deux ministres? Qui nous dévoilera le
nom de cet envoyé de M. de Bülow, dont, il y a
deux jours, nous parlait M. Maurice Sarraut, et
qui vint déclarer au chef du Gouvernement français

que la chancellerie allemande ne causerait pas avcc
M. Delcassé, parce qu'il n'avait plus sa confiance?
Qui nous expliquera ce que M. le Dr Hamman,
directeur du bureau de la presse à la Wilhelmstrasse,
chef de cabinet de M. de Bülow, est venu faire à
Paris au moment où les négociations étaient les
plus critiques et les plus tendues?

« Il y a eu une mobilisation générale de toutes
ces forces éparses, inconnues, mystérieuses, par lesquelles on arrive à troubler *l'âme d'un pays,* à l'empêcher de voir clair en lui-même, et ces forces ont
agi simultanément sur tous les points de l'organisme
national On a agi *sur le monde de la Bourse* par
l'entremise de cette coulisse allemande qui la tient
entre ses mains, et M. Rouvier téléphonait avec
colère à M Delcassé : « Voyez, voyez... la rente
baisse !... » On a agi sur le monde politique par les
deux leviers les plus puissants qui meuvent le cœur
humain : *la vanité et l'ambition.* « Vous qui, demain,
serez le gouvernement de la France », disait M Rosen
à l'opposition « Vous qui, demain, serez à l'Élysée »,
disait M. le prince de Radolin aux ministres ou
aux hommes politiques qui le venaient voir pour
s'entremettre. On a *agi sur ce monde parlementaire,*
si facile à impressionner, en disant aux adversaires
personnels du ministre des Affaires étrangères
que le devoir patriotique exigeait *qu'ils crias-*
sent très fort dans les couloirs, et en disant à ses
amis particuliers que le devoir patriotique exigeait
qu'ils se tussent en séance » (*Malin* du 17 octobre 1907.

M Stéphane Lauzanne n'oubliait qu'un trait
ou qu'un personnage de ce tableau. C'était lui-
même. Lui-même qui parlait, lui-même qui écrivait cette protestation et qui, au même instant,
jetait par la fenêtre des confidences qu'il eût été

bien inspiré de garder pour lui. Ainsi péchait-il, en tonnant contre le péché Mais on vit alors quelque chose de plus curieux encore. Ce fut la colère de M. Clémenceau, qui, simple sénateur, désireux de passer ministre, soucieux de se composer un visage d'homme d'État, se mit à crier contre tant de « bavardages », contre ces révélations que son esprit civique lui faisait devoir d'ignorer. Il poussait son oubli de ses indiscrétions de 1899, pendant l'Affaire, au point de déclarer : « Si vous voulez une parole franche, je vous dirai qu'à mon avis nous en savons même un peu plus qu'il n'est absolument nécessaire. » Et d'en faire remonter la responsabilité à M. Delcassé! Il écrivait dans la *Dépêche de Toulouse* du 22 octobre 1905 ·

« En somme, ce qui reste de tout ce tapage, c'est qu'on a inutilement aggravé les dissentiments des diplomaties qui vont bientôt se rencontrer à la conférence d'Algésiras, et que M. Delcassé, en causant trop librement avec M Stéphane Lauzanne, du *Matin,* a donné à l'étranger *le sentiment qu'il était dangereux de confier un secret à la diplomatie française.* Qui peut nier qu'il y ait là un préjudice porté à notre pays? Enfin, si M. Rouvier a pu vraiment, au Conseil des ministres, pour exagérer l'argument contre M. Delcassé, émettre la crainte que, même avec l'aide de l'Angleterre, notre partie contre l'Allemagne fût incertaine, ce n'est pas une raison pour pousser l'opinion publique au découragement, en affirmant que, dans ces conditions, nous irions à *une défaite probable,* alors qu'il y a tant de raisons de juger l'événement d'une façon toute contraire.

« On voit *le mal que peut faire l'indiscrétion
ministérielle.* Il faudrait encore s'en réjouir si, par
cette leçon, nos gouvernants apprenaient à refré-
ner désormais leur fringale de bavardage. »

Pour ceux qui se souviennent des temps de
Dreyfus, cette gravité dans la farce a quelque
chose de moliéresque. Le même auteur avait écrit
dans le même ton, articles sur articles, à l'*Aurore*
des jours précédents contre cette « diplomatie de
Landerneau », qui aboutissait à faire mettre en
cause « impertinemment » le roi d'Angleterre dans
des journaux allemands, tels que le *Lokal Anzei-
ger.* Pendant que M. Clémenceau, posant en ces
termes hardis et clairs sa candidature auprès
d'Édouard VII, lui promettait d'être un Delcassé
plus solide ou moins sot, les ministres en fonction,
comme M. Rouvier, faisaient chorus et décla-
raient qu'il n'y avait pas de gouvernement possible dans ces conditions. En sa qualité d'ancien
vaudevilliste, M Lockroy trouva le mot de la fin

« Eh bien ! c'est lamentable ! C'est *lamentable,*
parce que telle puissance *hésitera* maintenant, se
méfiera, avant de traiter avec la France ou de conclure avec notre pays une alliance, ou même une
entente, de peur que le secret dont dépend leur
existence à toutes les deux ne soit révélé le lendemain à l'Europe entière. » (*Écho de Paris* du 21 octobre 1905.)

Mais tous les gémisseurs commettaient exactement la même faute que tous les vitupérateurs .

ils supposaient que M. Delcassé, le coupable, avait agi par une erreur quelconque de l'intelligence ou du sens moral alors qu'il n'avait fait que ce que chacun d'eux eût fait s'il eût été dans la même nécessité que lui de se faire réélire, et, pour cela, de maintenir intacte sa réputation d'homme politique chez les électeurs de l'Ariège. Il n'avait pas commis de faute. Du moment que, ayant pris habilement son temps, M. de Bulow l'avait accusé devant l'Europe, il n'avait plus le choix qu'entre la justification publique, dont le pays pouvait souffrir, ou le silence dont sa carrière électorale devait mourir. Seul, un héros eût choisi la mort. Ce régime outrancier nous oblige donc à choisir entre l'héroïsme et la trahison. Le renverser, c'est revenir d'une zone inhumaine aux justes proportions de la nature et de la vie [1].

1 J'ai indiqué en note quelques-uns des ouvrages contemporains où l'on trouvera des renseignements sur les questions traitées au cours de ce livre Je tiens à mentionner, en outre, l'*Avenir du patriotisme* de M de Contenson, qui exagère la note chagrine ou pessimiste, *La France conquise* de M Flourens, à qui sa qualité d'ancien ministre républicain des Affaires étrangères donne une autorité particulière, et enfin et surtout *La France qui meurt* de M. Alcide Ebray, livre hésitant et découragé, mais, sur un point très ferme : l'auteur a l'immense mérite de ne point se tromper ni tromper son lecteur sur la cause essentiellement politique de notre mal

TABLE DES MATIÈRES

DEUXIÈME PARTIE

Le Septennat des radicaux et la politique du monde (1898-1905).

TROISIÈME PARTIE

Inertie et mouvements depuis 1906.

ÉPILOGUE

APPENDICES

ACHEVÉ D'IMPRIMER

Le vingt-neuf juin mil neuf cent dix

PAR

L'Imprimerie de Montligeon

POUR

La Nouvelle Librairie Nationale

Lightning Source UK Ltd.
Milton Keynes UK
UKHW021853140921
390594UK00002B/193